Jahrbuch für Musikwirtschafts- und Musikkulturforschung

Reihe herausgegeben von

Carsten Winter, Hochschule für Musik, Theater und Medien Hannover
Hannover, Deutschland

Martin Lücke, Macromedia Hochschule für Medien und Kommunikation
Berlin, Deutschland

D1677178

Das neue *Jahrbuch für Musikwirtschafts- und Musikkulturforschung* [JMMF] der GMM e.V. ist mit der Reihe „Musikwirtschafts- und Musikkulturforschung" verbunden und wie sie überdisziplinär angelegt. Es dokumentiert aktuelle Forschung, Diskussionen, Publikationen und Veranstaltungen insbesondere zu Entwicklungen der Musikwirtschaft und Musikkultur und ist als thematisches und zugleich offenes Forum konzipiert. Als begutachtete und bewusst inter- und transdisziplinäre Fachpublikation lädt das JMMF sowohl zu thematischen Forschungsbeiträgen, zu aktuellen Forschungsbeiträgen sowie auch zu Rezensionen und Veranstaltungsbesprechungen ein. Vorgesehen sind für jedes Jahrbuch neben Beiträgen zu Titel und Thema jedes Jahrbuchs weiter Beiträge, die rechtliche, politische, ästhetische o.ä. Aspekte aktueller Entwicklungen in Musikwirtschaft und Musikkultur thematisieren.

Lorenz Grünewald-Schukalla ·
Barbara Hornberger · Anita Jóri ·
Steffen Lepa · Holger Schwetter ·
Carsten Winter
Hrsg.

Musik & Krisen

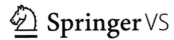
Springer VS

Hrsg.
Lorenz Grünewald-Schukalla
Berlin, Deutschland

Anita Jóri
Post-Doc Wissenschaftliche Mitarbeiterin
Universität der Künste Berlin
Berlin, Deutschland

Holger Schwetter
Systematische Musikwissenschaft
University of Kassel
Kassel, Deutschland

Barbara Hornberger
Institut für Musik
Musik der Hochschule Osnabrück
Osnabrück, Deutschland

Steffen Lepa
Audiokommunikation, Sekr. EN-8
Technische Universität Berlin
Berlin, Deutschland

Carsten Winter
Department of Journalism and
Communication Research
Hanover University of Music
Drama and Me
Hannover, Deutschland

ISSN 2524-3101   ISSN 2524-311X (electronic)
Jahrbuch für Musikwirtschafts- und Musikkulturforschung
ISBN 978-3-658-43382-6   ISBN 978-3-658-43383-3 (eBook)
https://doi.org/10.1007/978-3-658-43383-3

Die Deutsche Nationalbibliothek verzeichnet diese Publikation in der Deutschen Nationalbibliografie; detaillierte bibliografische Daten sind im Internet über https://portal.dnb.de abrufbar.

Planung/Lektorat: Barbara Emig-Roller
Springer VS ist ein Imprint der eingetragenen Gesellschaft Springer Fachmedien Wiesbaden GmbH und ist ein Teil von Springer Nature.
Die Anschrift der Gesellschaft ist: Abraham-Lincoln-Str. 46, 65189 Wiesbaden, Germany

Inhaltsverzeichnis

Über die Autoren

Désirée Blank is a Chief of Staff at Sales Impact GmbH, the distributor of Axel Springer SE. In her role, she is constantly confronted with (digital) transformation processes and change. Previously, she worked as a Manager Global Recordings for BMG Rights Management and was among others working on implementing new (digital) tools on a global scale and as manager for cooperations and partnerships at Metropolregion Rhein-Neckar GmbH. She studied Music Business (B.A.) and Music and Creatives Industries (M.A.) at Popakademie Baden-Württemberg and was supported by the Studienstiftung des deutschen Volkes (German Academic Scholarship Foundation), MLP SE, the Karriereförderprogramm für Frauen der Begabtenförderungswerke (career advancement program for women from the German organizations for the promotion of talent) organized by Cusanuswerk and Deutschlandstipendium.

Niklas Franke absolvierte sein Bachelorstudium im Fachbereich Medienmanagement mit der Spezialisierung Musikmanagement an der Hochschule Macromedia in Hamburg. Das anschließende Masterstudium im Fachbereich International Management Studies an der Europa-Universität Flensburg schloss er im Jahr 2021 ab. Hierbei spezialisierte sich Niklas Franke in den Bereichen Marketing und Medienmanagement sowie Strategie und Organisation. Er verbrachte überdies im Rahmen mehrerer Auslandssemester längere Zeit in Spanien und in Mexiko. Neben seinem akademischen Werdegang ist Niklas Franke zudem seit 2016 als freiberuflicher Konzertveranstalter einer jährlich wiederkehrenden Veranstaltungsreihe in seiner Heimatstadt Elmshorn tätig.

Lorenz Grünewald-Schukalla ist Kultur- und Kommunikationswissenschaftler und Referent für digitale Technologien und Innovationen beim AWO Bundesverband e.V. In seiner Forschung beschäftigt er sich mit Medienentwicklungen im Kontext von Kunst, Kultur und Zivilgesellschaft.

Prof. Dr. Barbara Hornberger ist Professorin für Musikwissenschaft mit einem Schwerpunkt in Populärer Musik und Digitalen Musikkulturen an der Bergischen Universität Wuppertal. Sie hat an der Universität Hildesheim im Fach Kulturpädagogik studiert und war dort als Wissenschaftliche Mitarbeiterin am Institut für Medien, Theater und Populäre Kultur tätig. 2009 wurde sie dort mit einer Arbeit zur Neuen Deutschen Welle promoviert. Von 2016 bis 2022 war sie Professorin für die Didaktik populärer Musik an der Hochschule Osnabrück. Ihre Arbeitsschwerpunkte in Forschung und Lehre sind transdisziplinäre Forschung zu Populärer Musik, Kulturgeschichte Populärer Musik, Inszenierungen Populärer Musik, Didaktik des Populären sowie Populäre Musik im postdigitalen Zeitalter.

Dr. Anita Jóri ist wissenschaftliche Mitarbeiterin am Vilém Flusser Archiv an der Universität der Künste Berlin. Jóris Forschung konzentriert sich auf die diskursiven und terminologischen Aspekte Elektronischer (Tanz-)Musikkultur. Sie ist eine der Kurator*innen des Diskursprogramms des CTM-Festivals. Sie ist außerdem Autorin der Monografie *The Discourse Community of Electronic Dance Music* (transcript, 2022) und Mitherausgeberin der Bücher *The New Age of Electronic Dance Music and Club Culture* (Springer, 2020), *Musik & Empowerment* (Springer, 2020) und *Musik & Marken* (Springer, 2022).

Dr. Martina Kalser-Gruber studierte Musikwissenschaft an der Universität Wien und sammelte erste Berufserfahrungen im Archiv des Österreichischen Rundfunks und im Künstlerischen Betriebsbüro des Grafenegg Musikfestivals, ehe sie 2014 als wissenschaftliche Mitarbeiterin an das Department für Kunst- und Kulturwissenschaften der Donau-Universität Krems wechselte. Seit September 2020 betreut sie Musikbestände am „Archiv der Zeitgenossen". Des Weiteren war sie mehrere Jahre für Kommunikation und PR des Departments (Forschung und Lehre) zuständig und vertiefte ihr Wissen über Kommunikation im Kulturbereich in dem Studium „Kommunikation und Management". Ihre Forschungsschwerpunkte sind Kommunikation und Reputationsmanagement in der Kreativwirtschaft, unterhaltendes Musiktheater sowie zeitgenössische Musik im deutschsprachigen Raum.

Dr. Steffen Lepa M.A. M.A., *1978, Medien- und Kommunikationswissenschaftler, zurzeit Postdoc-Researcher und Lecturer am Fachgebiet Audiokommunikation der Technischen Universität Berlin. Leiter des DFG-Forschungsprojekts „Survey Musik und Medien – Empirische Basisdaten und theoretische Modellierung der Mediatisierung alltäglichen Musikhörens in Deutschland" (2012–2016). Antragsteller und Subprojektleiter im EU Horizon 2020 Forschungs- und Entwicklungsprojekt „Artist-to-Business-to-Consumer Audio Branding System – ABC DJ". 2018–2019 Gastprofessor für „Medien und Musik" am Institut für Journalistik und Kommunikationsforschung (IJK) der HMTM Hannover. Forschungsgebiete: Populärkultur, Nutzung und und Wirkung von Audiomedien, Digitaler Medienwandel, Methoden der Sozialforschung, Music Information Retrieval, Machine Learning.

Patricia Mersinger ist Leiterin des Fachbereichs Kultur der Stadt Osnabrück. Die studierte Geografin betätigte sich zunächst innerhalb wissenschaftlicher Forschung an der Universität Mannheim. Von 1992 bis 2015 leitete sie das Referat „Strategische Stadtentwicklung" der Osnabrücker Stadtverwaltung. Letzteres entwickelte sich unter ihrer Leitung zum Fachbereich für Stadtentwicklung, Integration und Bürgerbeteiligung, ehe die Autorin ihre Funktion beim Fachbereich Kultur und aktuell zusätzlich auch die Projektleitung zum *Friedensjubiläum 2023: 375 Jahre Westfälischer Friede* übernahm.

Emre Öztürk is a PhD Candidate at the Humboldt Universität-zu Berlin (HU). He has completed his bachelor's in B.Sc. Civil Engineering at Özyeğin University and continued to M.A. Music degree at Istanbul Technical University's Center for Advanced Studies in Music Institute (MIAM). In his dissertation he worked on the pandemic's impact on electronic dance music (EDM) and its culture(s), and specifically focused on the effects of virtual events. Currently continuing at HU's Musicology and Media Studies department, he researches the post-pandemic EDM industry, media, spaces, and culture(s). Simultaneously, he produces and performs music and hosts radio shows, organizes and curates events with Istanbul-based live-coding collective Algorave Istanbul, which he co-founded in 2020.

Dr. Melanie Ptatscheck is a visiting scholar at the Department of Music at New York University and a fellow of the Walter Benjamin program of the German Research Foundation (DFG). After her doctorate in popular music studies, she held a guest professorship at the Cologne University of Music and Dance and lectureships at various universities in Germany and abroad. She was trained as a Mental Health Facilitator (MHF) and completed an extra-occupational master's degree in public health. Focusing on mental health from a social science perspective, she works at the intersection of popular music studies and public health. Her research interests include music and wellbeing, health narratives in popular music, drug addiction, self-concepts, and urban music cultures. Her work was published in several scientific journals such as *IASPM Journal,* and the *Journal of Music, Health and Wellbeing.* In 2019, she received the *Record Union Award* ('73 percent initiative') for her qualitative research approaches to musicians' mental health. She currently researches the impact of COVID-19 on the wellbeing of subway performers in New York City.

Dr. Holger Schwetter hat Musik- und Medienwissenschaft studiert und lange freiberuflich und beratend in der Musik- und Medienproduktion gearbeitet. Im Jahr 2014 promovierte er mit der empirischen Studie *Teilen – und dann? Kostenlose Musikdistribution, Selbstmanagement und Urheberrecht* (Kassel University Press 2015) in Musikwissenschaft. Zurzeit arbeitet er als wissenschaftlicher Mitarbeiter am Institut für Musik der Universität Kassel und forscht zu Diskotheken und Schallplattensammlungen. Zudem ist er als Kulturmanager im Aufgabenfeld Kulturentwicklung bei der Stadt Osnabrück tätig.

Astrid Stoltenberg was born in Osnabrück in 1996. After completing her Bachelor in Cultural Studies and Popular Music Studies at Leuphana University Lüneburg in 2021, she enrolled in Musicology and Gender Studies at Humboldt University Berlin. She writes from a white, able-bodied, queer, middleclass perspective.

Dr. Elfi Vomberg studierte Musikwissenschaft, Soziologie und Literaturwissenschaft an der Universität zu Köln. Sie promovierte am Forschungsinstitut für Musiktheater der Universität Bayreuth mit der Arbeit *Wagner-Vereine und Wagnerianer heute* und führte
Recherchen und Feldstudien in den USA, Neuseeland und Japan durch. Die Arbeit wurde durch Stipendien der JSPS (Japan Society for the Promotion of Science), der Bayerischen Amerika Akademie sowie der Max-Planck-Gesellschaft gefördert.
Inzwischen lehrt und forscht sie am Institut für Medien- und Kulturwissenschaft der Heinrich-Heine-Universität Düsseldorf und leitet dort das von der Bürgeruniversität geförderte Citizen-Science-Forschungsprojekt *#KultOrtDUS – Die Medienkulturgeschichte Düsseldorf als urbanes Forschungsfeld.* Ihre Forschungsschwerpunkte liegen im Bereich der Kultur, Ästhetik und Geschichte akustischer Medien sowie auf dem Feld kulturwissenschaftlicher Gedächtnisforschung. Aktuell verfolgt sie ein PostDoc-Projekt zu *Cancel Culture und Kultur-Boykotte in Medienkulturen.*

Carsten Winter, Dr. phil. habil., Jahrgang 1966, ist seit 2007 Universitäts-professor für Medien- und Musikmanagement am Institut für Journalistik und Kommunikationsforschung (IJK) an der Hochschule für Musik, Theater und Medien Hannover. Er war u. a. Gründungsvorsitzender der Gesellschaft für Musik-wirtschafts- und Musikkulturforschung e.V. (bis 2016), deren Vorstand er aktuell angehört. Er ist Sprecher des Masterprogramms *Medien und Musik*, Boardmember der *International Music Business Research Association* e.V. (IMBRA), Mitherausgeber des *International Journal of Music Business Research* (IJMBR) und von Buchreihen zur Musikwirtschafts- und Musikkulturforschung. Arbeitsschwerpunkt ist strategisches Medien- und Musikmanagement. Aktuell erforscht er Musikökosysteme und Konjunkturen von Musiknetzwerken, Agency-Musikfestivals und Musikstädten.

Einleitung: Musik, Krisen und Transformationen

Lorenz Grünewald-Schukalla, Barbara Hornberger,
Anita Jóri, Steffen Lepa, Holger Schwetter
und Carsten Winter

> *Und ich dachte irgendwie, in Europa stirbt man nie.*
>
> *(Die Nerven, Europa, Glitterhouse Records, 2022)*

L. Grünewald-Schukalla (✉)
Berlin, Deutschland

B. Hornberger
Institut für Musik, Musik der Hochschule Osnabrück, Osnabrück, Deutschland

A. Jóri
Post-Doc Wissenschaftliche Mitarbeiterin, Universität der Künste Berlin,
Berlin, Deutschland

S. Lepa
Audiokommunikation, Sekr. EN-8, Technische Universität Berlin, Berlin, Deutschland
E-Mail: steffen.lepa@tu-berlin.de

H. Schwetter
Systematische Musikwissenschaft, University of Kassel, Kassel, Deutschland
E-Mail: schwetter@uni-kassel.de

C. Winter
Department of Journalism and Communication Research, Hanover University of Music
Drama and Me, Hannover, Deutschland
E-Mail: Carsten.Winter@ijk.hmt-hannover.de

Als wir Ende 2020 den Call für dieses Jahrbuch veröffentlicht haben, standen wir noch ganz unter dem Eindruck der globalen Corona-Pandemie. Die Maßnahmen gegen Covid-19 griffen in vielen Ländern tief in den Alltag der Menschen, wie auch die Musikkultur und Musikwirtschaft ein und Scooter sang „FCK 2020!". Zum Zeitpunkt des Verfassens dieser Zeilen hat Corona seinen Schrecken wieder verloren. Während die Pandemie offiziell von verschiedenen politischen Akteuren für beendet erklärt wurde, entsteht gerade eine neue Normalität, zu der möglicherweise auch eine Normalisierung von Einschränkungen für das Musikleben gehören wird. Auf jeden Fall ist eine Tendenz zur Verdrängung der jüngsten Ereignisse zu beobachten. Doch eine solche Krise beinhaltet ja auch immer eine Zäsur, welche die Gelegenheit bietet, sich zu fragen: Was wollen wir beibehalten? Was wollen wir ändern? Die Bedürfnisse der Musiknutzer*innen und Verhältnisse unter denen Musik geschaffen und produziert wird verändern sich fortwährend, und haben sich womöglich auch durch die Covid-19 Pandemie grundlegend verändert, darauf sollte die Forschung einen Blick haben.

Parallel verdichtet sich in der Medienberichterstattung die Frequenz der krisenhaften Dynamiken und Ereignisse: Zwischen Angriffskrieg in der Ukraine, Energieknappheit, Inflation, Flüchtlingstragödien an den EU-Außengrenzen, fortschreitender globaler Erwärmung und anscheinend zunehmendem Oberwasser autokratischer Regime zeichnen sich große Herausforderungen für Lebensweisen und Grundsätze ab, die bisher in westlichen Demokratien als selbstverständlich galten. Zugleich und zurecht werden etliche dieser Gewissheiten durch Postkolonialismus, Feminismus und Posthumanismus intellektuell herausgefordert.

Für die Wissenschaft bietet sich damit die Gelegenheit, das Thema Musik und gesellschaftliche Krisen noch einmal ganz grundlegend zu betrachten. Denn Musik kann auch und gerade in Krisenzeiten vielfältige Rollen spielen: Sie kann Stellung beziehen, gesellschaftliche Diskurse und mediale Trends thematisieren oder geteilten Emotionen Form und Ausdruck geben. Dies war auch in der Vergangenheit schon der Fall: Musik wurde während des Vietnamkriegs in den USA zu einem Medium des Ausdrucks von Widerstand, Schlagermusik wurde im zweiten Weltkrieg zur Verstärkung von Durchhalteparolen verwendet. Zugleich steckt in jeder Krise ein transformatorisches Potenzial. Gesamtgesellschaftliche Krisen beschleunigen sozialen Wandel und können hierzu auch missbraucht werden (Klein 2007). Wie haben Musikkünstler*innen auf die Corona-Situation reagiert? Wie verändern sich gegenwärtig der Musikmarkt und Musikkulturen? Welche Rolle spielt (und spielte) Musik in Transformationsprozessen, die durch Krisen ausgelöst werden? Was sind die Bezüge von Musik zu den vielfältigen aktuellen Krisen: Klimawandel, Covid-19, Europa, Populismus und neue Autokratie, um nur einige zu nennen? Nicht zuletzt ist der Musikmarkt selbst seit Jahren von ökonomischen

Krisen und daraus resultierenden Umbrüchen geprägt: Die Digitalisierung hat zu harten Anpassungsschwierigkeiten für viele Akteure am Musikmarkt geführt und neue Akteure hervortreten lassen. Welchen neuen Schub für die Digitalisierung, für neue Formate und Strategien der Publikumsbindung erzeugt oder verstärken die aktuellen Maßnahmen gegen die Pandemie? Welche dauerhaften Veränderungen im Verhalten der Musiknutzer*innen und Musiker*innen und dem Ökosystem „Musik" werden durch Corona und andere Krisen hervorgerufen?

Die populäre Musik, die einst in ihrer „heroischen Phase" (Diederichsen 2014) der 1960er- bis 1980er-Jahre ein Medium für gesellschaftlichen Wandel war (Schrage et al. 2019) und den Status Quo in vielfältiger Weise herausgefordert hat, scheint von den aktuellen Krisen selbst krisenhaft betroffen zu sein. So wurden insbesondere (aber nicht nur) im Bereich des Pop die Musikwirtschaft- und Musikkultur durch die Corona-Maßnahmen stark herausgefordert. Mit dem öffentlichen Konzertwesen kam ausgerechnet jener Bereich komplett zum Erliegen, der in den letzten Jahren ein starkes Wachstum verzeichnete und im Tonträgermarkt wegbrechende Einnahmen kompensierte. Für viele Akteure brach damit (mindestens kurzfristig) die gesamte Existenzgrundlage zusammen. Der stark eingeschränkte Veranstaltungsbetrieb zog auch viele für die Musikkulturen wichtige Gewerke in Mitleidenschaft: Von den selbstständigen Musiker*innen, Ton- und Lichttechniker*innen über die Venues bis zu den Veranstaltenden. Und hier zeichnen sich mit dem Ende der Pandemie nun erste Verschiebungen ab: Während aktuell die Konzerte der Topstars wieder ausgebucht sind und dort mit Hilfe dynamischer Preisgestaltung erneut Rekordumsätze generiert werden, haben es alle anderen noch immer schwer, wieder auf die Beine zu kommen.

Parallel ist, ausgelöst durch die Einschränkungen der Corona-Pandemie eine Beschleunigung der Entwicklung und Verbreitung digitaler Musikangebote festzustellen. Zwei der Beiträge in diesem Band widmen sich deshalb den durch Corona beschleunigten Experimenten von Musikfestivals mit digitalen Angeboten: Der Beitrag von Niklas Franke zeigt zunächst auf, welche Rolle solche virtuellen Angebote während der Pandemie für Musikfestivals gespielt haben und in welcher Form sie perspektivisch nach der Pandemie beibehalten werden. Martina Kalser-Gruber stellt dann in ihrem Artikel vergleichbare Entwicklungen im Bereich von Musikfestivals aus dem Bereich der klassischen Musik nach, und untersucht zugleich, mit welchen Strategien und Mitteln professionelle Krisenkommunikation der VeranstalterInnen dabei helfen kann, den Kontakt zum Publikum auch in Krisenzeiten nicht abreißen zu lassen. Virtualität spielte auch eine wichtige Rolle beim Weg der Clubkultur durch die Pandemie. Emre Öztürk fokussiert sich in seinem Artikel auf virtuelle Events während der COVID-19 Pandemie. Die Hauptfrage des Texts ist, wie die pandemische Situation die Entwicklung von Safe(r)-

Spaces von marginalisierten Gruppen im Kontext von elektronischer Tanzmusik beeinflusst hat. Vor der Pandemie hat die elektronische Tanzmusik-Branche hauptsächlich physische Veranstaltungen organisiert. Diese Veranstaltungen waren (und sind) oft Safer-Spaces für marginalisierte Gruppen, wo sie ihre Identitäten finden und erleben konnten. Diese Communitys haben ihre Safe(r)-Spaces in der frühen Pandemiephase virtuell weitergeführt. Darüber hinaus haben neue Technologien wie die virtuelle Realität (VR) die Bedeutung des Raums in Frage gestellt und die Möglichkeit anonymer Veranstaltungen mit erhöhter Interaktivität geschaffen, was zur Bildung neuer vielfältiger Communitys geführt hat. Öztürk zeigt, wie VR-Veranstaltungen durch Anonymität gemeinsame Safer-Spaces schaffen können und was die potenziellen Auswirkungen von VR auf die elektronische Tanzmusikszene und -Industrie in Bezug auf Diversitäts- und Gleichstellungsfragen sind. Er präsentiert seine Ergebnisse seiner teilnehmenden Beobachtungen, virtueller Feldforschung und Interviews.

Melanie Ptatschecks Beitrag nimmt Krisen von Songwriter*innen in den Blick, insbesondere die Krisen der „hidden artists", Künstler*innen, die für andere komponieren und Texte schreiben. Auf der Grundlage von Interviews analysiert Ptatscheck die Motivation und Selbstwahrnehmung der Songwriterinnen, die mentalen Herausforderungen ihrer Arbeit sowie den Einfluss der Covid 19-Pandemie auf ihre Berufstätigkeit und ihr Leben. Sie arbeitet heraus, dass von Seiten der Befragten multiple Krisen beschrieben werden: Der finanzielle Einbruch durch Veranstaltungsabsagen trifft eine Gruppe, die ohnehin in einem prekären Arbeitsfeld tätig ist. Neben den persönlichen Krisen (was Kreativität, Selbstwahrnehmung oder betrifft) identifiziert sie in ihrem Artikel auch strukturell verursachte Krisen (ökonomische Unsicherheit, Planungsunsicherheit und Diskriminierungen im Musikbusiness), die die mentale Gesundheit dieser Berufsgruppe beeinträchtigen können.

Elfi Vomberg greift in ihrem Beitrag das in den letzten Jahren viel diskutierte Phänomen der „Cancel Culture" auf. Damit kommen sowohl die politische und gesellschaftliche Positionierung von Künstler*innen in den Blick als auch die Dynamiken von Social Media Plattformen – und die Verbindung von beidem. Anhand einzelner Beispiele zeigt Vomberg, wie Fans und Social Media User einzelne Künstler*innen für Äußerungen angreifen und ihre Arbeit zu stören versuchen – aber auch, wo dies misslingt. Der Beitrag zeigt die Mechanismen und Bedingungen dieser Cancel Culture, fragt nach den Auswirkungen für Stardom und setzt dies außerdem auch in den Kontext der Covid-19-Pandemie, die Polarisierungen in sozialen Netzwerken sowohl abbildete als auch verschärfte.

Mit dem Ziel, die Auswirkungen der Pandemie für den Kulturbetrieb abzumildern, sind eine Vielzahl von staatlichen Förderprogrammen aufgelegt worden.

Der Beitrag von Holger Schwetter und Patricia Mersinger schildert am Beispiel der kommunalen Musikstrategie in Osnabrück, wie gerade Krisensituationen strategisch orientierten öffentlichen Beteiligungsprozessen einen produktiven Schub geben und damit die Situation der Musikschaffenden verbessern können. Im dargestellten Fallbeispiel waren es ein drohender Proberaumnotstand und kommunale Fördermaßnahmen zur Milderung der Corona-Auswirkungen, die letztlich auch neue Erkenntnisse zum Musikstandort Osnabrück lieferten und wichtige Impulse für seine langfristige strategische Optimierung und Vermarktung einbrachten.

Der Gesamtheit der Dynamiken von und in Krisen adäquat zu begegnen, ist für Einzelne meist unmöglich, die verbreitete Wahrnehmung einer Überforderung verständlich. Auch wir als Herausgeber*innen können mit diesem Band nur zu einzelnen, musikbezogenen Aspekten von Krisen entstandene Forschungsbeiträge unterstützen und publizieren. Der Themenkomplex Musik und Krisen wird darum sicherlich auch in den nächsten noch Jahren Stoff für viele weitere Publikationen bieten.

Abseits des Jahresthemas hat dieser Band noch weitere spannende Beiträge zu bieten. Desirée Blank befasst sich etwa in ihrem Beitrag mit möglichen Anwendungen des Transition-Managements in der Musikindustrie. Sie stellt fest, dass die Musikwirtschaft in den letzten Jahrzehnten nicht immer gut auf technologische Entwicklungen reagiert hat und fragt, ob sich daraus resultierende krisenhafte Entwicklungen durch ein stärker auf Veränderungen fokussiertes Management verhindern lassen. Ihre Antwort lautet: ja, und sie macht mit Bezug auf das Praxisfeld Musiklizensierung hierzu konkrete Vorschläge.

Die Gewinnerin des Young Scholars Awards der GMM im Jahre 2021 war Astrid Stoltenberg. Ihr hier veröffentlichter Beitrag widmet sich der wenig erforschten Praxis des Veranstaltungsbookings aus einer genderpolitischen Perspektive. Sie fragt nach den Arbeitsbedingungen von Frauen in der Branche und untersucht mit einer empirischen Studie Gender- und Machtverhältnisse. Ihre Befragungsstudie mit sechs Bookerinnen zeigt, dass existierende Probleme wie Exklusion und prekäre Arbeitsbedingungen dort mit Hilfe patriarchaler Strukturen noch immer verfestigt und gegendert sind.

Der vorliegende Band markiert auch einen Wechsel im Vorstand der Gesellschaft für Musikwirtschafts- und Musikkulturforschung (GMM). Unser Dank gilt darum abschließend besonders den Vorstandskolleg*innen Anita Jóri und Holger Schwetter, welche nicht nur an der Erstellung, Redaktion und Herausgabe dieses Bandes federführend beteiligt waren, sondern auch mit ihrer guten und produktiven Arbeit unsere Fachgesellschaft durch die vergangenen Jahre der Krise des Musiklebens gebracht haben und die GMM glücklicherweise weiterhin in Form der Mitarbeit in Gremien und auf Veranstaltungen unterstützen werden.

Ebenso bedanken wir uns bei unserem langjährigen Geschäftsführer Lorenz Grünewald- Schukalla, der seine Tätigkeit Ende 2022 an seine Nachfolgerin Franziska Schoch übergibt. Seit der Gründung der Gesellschaft hat er viele entscheidende Entwicklungen und Maßnahmen mit vorangetrieben und den Vorstand immer wieder zu kontinuierlicher Mitarbeit ermuntert. Ohne ihn wären die Fortschritte der GMM nicht möglich gewesen.

Literatur

Diederichsen, D. (2014). *Über Pop-Musik.* Köln: Kiepenheuer & Witsch.
Klein, N. (2007). *Die Schock-Strategie: Der Aufstieg des Katastrophen-Kapitalismus.* Frankfurt am Main: Fischer.
Schrage, D., Schwetter, H., & Hoklas, A.-K. (2019). Einleitung: Musikalische Eigenzeiten und gesellschaftliche Umbrüche seit den 1960er Jahren. In Schrage, D., Schwetter, H., & Hoklas, A.-K. (Hrsg.), *„Zeiten des Aufbruchs".* *Popmusik als Medium gesellschaftlichen Wandels* (S. 1–29). Wiesbaden: Springer VS.

Musik

Die Nerven. (2022). *Die Nerven* [Vinyl Album]. Glitterhouse Records, GRLP 1080.
Scooter. (2020). *FCK 2020* [Mp3]. Sheffield Tunes, ISRC 4251603255168.

Teil I

Analysen

Transitionsmanagement: Lizenzierung im Wandel. Ein Ansatz zum Umgang mit Wandlungsprozessen in der Musikindustrie anhand potenzieller Transformationen des Datenmanagements

Désirée Blank

Zusammenfassung

A look at the past shows that technologies were often brought into the music industry from outside and radically changed the way of doing business. An implementation of disruptive change has not succeeded often (cf. Mulligan 2015, p. 60). The transformation of current working processes and structures is imminent: the lack of licensing frameworks for new usage-models, and discussions on the industry-wide data-standards and –organisation cannot keep up with the rapid development of technological innovations. But how can the digital transformation be shaped?

In the 1990s, the transition theory was developed in the Netherlands as a concept for addressing social and climate change. Since then, the approach has been applied in various sectors (cf. Loorbach et al. 2017, p. 4 f.).

D. Blank (✉)
Sales Impact GmbH (Axel Springer Deutschland GmbH), Berlin, Deutschland
E-Mail: desiree.blank@axelspringer.com

© Der/die Autor(en), exklusiv lizenziert an Springer Fachmedien Wiesbaden GmbH, ein Teil von Springer Nature 2024
L. Grünewald-Schukalla et al. (Hrsg.), *Musik & Krisen*, Jahrbuch für Musikwirtschafts- und Musikkulturforschung,
https://doi.org/10.1007/978-3-658-43383-3_2

The following article will analyse whether transition management (TM) can be used as a model to support the digital transformation of the music industry as well as taking a deeper look at the possibilities of the approach in addressing change processes and crisis in general. In the end, the question "Can TM help to introduce disruptive technologies and working processes/structures into the music industry?" should be answered. The ongoing debate on the transformation of data management and music licensing is used as a use case. An architecture will be developed to make the construct applicable in practice. On request, parts of the work in English can be send to you by the author.

Schlüsselwörter

Change · Transition management · Disrupt · Music licensing · Managing model

1   Einleitung

Ein Blick in die Vergangenheit zeigt, dass Technologien oft von außerhalb in die Musikindustrie getragen wurden und die Art des Wirtschaftens radikal veränderten. Eine optimale Umsetzung von disruptiven Wandlungsprozessen gelang oftmals nicht (vgl. Mulligan 2015, S. 60). Seit Beginn der Digitalen Transformation wurden komplexe Problemstellungen teilweise potenziert. Der Wandel aktueller Wirtschaftsweisen ist imminent: Fehlende Rahmenbedingungen für neue Nutzungsarten, das Nachhalten der Datenorganisation und die Einigung auf Standards können der rapiden Entwicklung technologischer Neuerungen nicht folgen.

Wie kann die Digitale Transformation gestaltbar gemacht werden? In den Niederlanden entwickelte sich in den 1990er-Jahren die Transitionstheorie, als Konzept zur Adressierung sozialer Änderungs- und Nachhaltigkeitsprozesse. Seitdem fand der Ansatz in verschiedenen Sektoren Anwendung (vgl. Loorbach et al. 2017, S. 4 f.).

Kann Transitionsmanagement (TM) dabei helfen, potenziell disruptive Technologien in die Musikbranche einzuführen? Diese Forschungsfrage soll im Folgenden beantwortet werden. Hierzu wird zunächst ein allgemeines Verständnis für den Wandel anhand systemtheoretischer Grundlagen geschaffen. Nach einer kurzen Einführung in die methodische Basis, werden persistente Probleme der Branche genannt und diese in das theoretische Konzept des Transitionszyklus eingebettet. Die Diskussion um die Transformation des Datenmanagements in der Lizenzierung wird als Anwendungsfall genutzt mit dem Ziel, zukünftigen Krisen der Branche entgegenzuwirken. Am Ende steht eine Architektur, die das Konstrukt praxistauglich anwendbar machen soll. Als Inspiration hierzu dient ein Artikel von Wolfgang Senges zur „Blockchain als Chance der Verwertungsgesellschaften" (Senges 2019, S. 53 ff.).

2 Grundlagen des Wandels

2.1 Systemtheorie: Steigende Relevanz (technologieinduzierten) Wandels

Jedes zweite Unternehmen prognostizierte 2017 einen (sehr) starken Wandel. Im Rückblick gaben 67 % an, dass es mindestens eine starke Veränderung gab (vgl. Staufen 2019, S. 15). In der Wahrnehmung schreitet Wandel schneller voran: 62 % der CEOs gehen davon aus, dass die kommenden drei Jahre für die Entwicklung ihrer Branche eine größere Rolle spielen als die 50 Jahre zuvor (vgl. Linz et al. 2017, S. 46). Die Schnelligkeit, mit der Veränderungen stattfinden, verunsichert Marktteilnehmende. So schätzen 63 % (vgl. Staufen 2019, S. 16) die Disruptionsgefahr als hoch ein (vgl. Staufen 2019, S. 20 f.). Dies unterstreicht die steigende Relevanz aber auch Unsicherheit: So fürchten Unternehmen verstärkt Disruption und Verdrängung durch Innovation (vgl. ebd., S. 53 ff.). Der Change Readiness Index zeigt, dass es Marktteilnehmenden zunehmend schwerer fällt mit Disruption umzugehen (vgl. Staufen 2019, S. 52). Als hauptsächlicher Treiber von Wandel wird der technologische Fortschritt gesehen (vgl. Staufen 2019, S. 16). Dabei stören *disruptive (Technologie-) Innovationen* die aktuelle Art des Wirtschaftens, indem meist aus Low-End-Segmenten[1] stammende Produkte, Dienstleistungen oder Prozesse die bestehenden Technologien, Verfahren, Denkweisen, Systeme und Kulturen am Massenmarkt verdrängen (vgl. Zapfl 2016), beeinflussen und teilweise ablösen (vgl. Horx o. J.).

Die Grundlagen der Systemtheorie können helfen, den Wandel in seiner Vielschichtigkeit zu erfassen und komplexe Zusammenhänge zu sortieren. Ein *System* bezeichnet dabei einen

> „[g]anzheitlichen Zusammenhang von Einheiten (Elementen), deren Beziehungen untereinander sich quantitativ (höhere Anzahl von Interaktionen) und qualitativ (größere Ergiebigkeit von Interaktionen) von ihren Beziehungen zu anderen Entitäten abheben. (Feess und Gillenkirch 2018, Para. 1)"

---

[1] Der Begriff Low-end Segment beschreibt Marken und Produkte, die im unteren Preisniveau den qualitativen Mindestanforderungen entsprechen. (vgl. Kotler et al. 2002, S. 635 f.)

Diese Beziehungen, Symbol- und Sinnzusammenhänge grenzen das System von seiner Umwelt ab (vgl. Feess und Gillenkirch 2018). Die Musikökonomie beispielsweise besteht aus einem unüberschaubaren Netz an Interaktionen: Sie definiert sich als offenes System bestehend aus zahlreichen komplexen Ursache-Wirkungsbeziehungen. Das bedeutet das Systemelemente (z. B. Akteur*innen) branchen- (z. B. mit dem Rundfunk, Industrieunternehmen oder mit anderen Kreativbranchen), ebenen- (z. B. konstanter Ideenaustausch zwischen Start-up Akteur*innen und Investor*innen) und bereichsübergreifend (z. B. politisch-lobbyistische Aktivitäten oder Kommunikationswege zwischen Verlagen und Labels) kommunizieren und handeln. Diese Interaktionen sind zumeist nicht-linear, denn der Austausch zwischen Akteur*innen untereinander und über die Systemgrenzen hinaus ist konstant z. B. wenn Mitarbeitende die Unternehmenszugehörigkeit wechseln oder auf Impulse aufgrund individueller Erfahrungen unterschiedlich reagieren. Zahlreiche Feedbackschleifen in Form von Reaktionen tragen zur Komplexität von Systemen wie der Musikökonomie bei. Dabei ist es den einzelnen Komponenten eines Systems (Unternehmen, Vereine, Individuen etc.) nicht möglich alle Bereiche zu durchdringen und wahrzunehmen. Dies wird durch eine Vielzahl aus weiteren komplexen Systemen begünstigt, die zur Musikökonomie zählen wie z. B. Abteilungen, Unternehmen, Branchenzusammenschlüsse oder Teilbranchen. Die große Anzahl aus Akteur*innen erklärt auch, weshalb ein System mehrerer präferierte Ziel-Zustände besitzt. Branchenteilnehmende vertreten eigene Interessen und verfolgen eigene Agenden zur Zielerreichung. Die Einigung auf systemweite Prioritäten gestaltet sich daher als schwierig, wie die lobbyistische Einflussnahme auf politische Entscheidungen demonstriert (vgl. Rotmans und Loorbach 2010, S. 116 f.). Des Weiteren weisen Systeme eine pfadabhängige Entwicklung auf, indem deren Vorgeschichte (z. B. die Entwicklung der mp3) aktuelle Geschehnisse mitbestimmen (z. B. den Erfolg von Streaming-Plattformen).

Systeme sind demnach konstanten Veränderungen unterworfen, bei denen die unterliegende Systemordnung aber meist stabil bleibt (vgl. Picot et al. 1999, S. 3; vgl. Rotmans und Loorbach 2010, S. 116 f.). Ein Beispiel aus der Musikökonomie ist die Entwicklung der Blockchain, dass daraus resultierende NFT-Business und die mit dem Metaverse verbundenen Erwartungen für verschiedene Teilbereiche der Branche (z. B. virtuelle Konzerte). Trotz der stetigen technischen Weiterentwicklung und dem Aufkommen neuer Nutzungsarten, ist die unterliegende Systemstruktur vorwiegend konstant, so wird ein Großteil der Umsätze in der Musikindustrie seit Jahrzehnten von Unternehmen in ähnlicher Konstellation (Majors) erzielt. Kurz zusammengefasst sind die Charakteristiken komplexer-adaptiver Systeme demnach (Abb. 2.1 und 2.2) (vgl. Rotmans und Loorbach 2010, S. 116 f.):

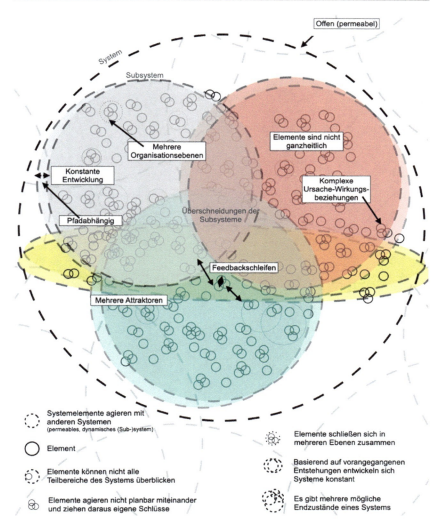

Abb. 2.1 Abstrakte Darstellung eines komplex-adaptiven Systems. (Quelle: Eigene Darstellung)

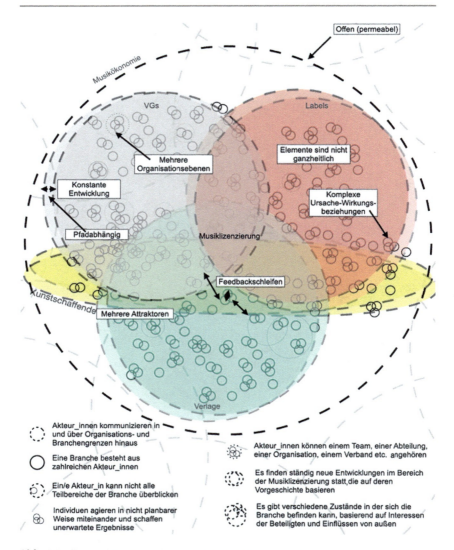

Abb. 2.2 Systemdarstellung des betrachteten Musiklizenzierungsregime. (Quelle: Eigene Darstellung)

- Offenheit und Umweltinteraktion
- Konstante Entwicklung und Stabilität
- Komplexe Ursache-Wirkungsbeziehungen
- Feedbackschleifen
- Nicht-ganzheitliche Komponenten (keine Omnipotenz bei einzelnen Beteiligten)
- Pfadabhängigkeit (vgl. Picot et al. 1999, S. 3; vgl. Rotmans und Loorbach 2010, S. 116 f.)
- Verschiedenen Organisationsebenen bestehend aus weiteren komplexen Systemen
- Mehrere Attraktoren (präferierte Ziel-Zustände)

Komplex-adaptive Systeme befinden sich meist in einem dynamischen Gleichgewicht, welches durch einen konstanten Strom kleinerer Entwicklungen (Variation/Selektion) gekennzeichnet ist (z. B. neue Distributionsformate: CD). Dieser Systemzustand hat meist für einen längeren Zeitraum Bestand, bis er durch eine Veränderung aus dem Rhythmus gerät (Einführung der mp3). Veränderungen ziehen Spannungen der Systemstruktur nach sich (vgl. Rotmans 2005, S. 32 f.), was zu *persistenten* – komplexen, unsicheren, schwer zu organisierenden und zu verstehenden *Problemen* führt (vgl. Rotmans 2005, S. 7 f.). Durch die Reorganisation wird ein irreversibles, neues System geschaffen (Streaming), welches weiteren Wandlungsprozessen ausgesetzt ist.

Diese Neustrukturierungen versucht die Transitionsforschung gestaltbar zu machen (Kap. 3) Dolata veranschaulicht in seinen Veröffentlichungen die Spannweite, in der Veränderungen stattfinden können. Abschn. 2.2 erläutert dies kurz anhand der Restrukturierungskrise der Musikindustrie.

2.2 Transformationskonzepte anhand der Restrukturierungskrise der Phonoindustrie

Historisch gesehen ist die Musikindustrie aus technologischer Sicht konservativ. Ein kollektives Desinteresse an sozioökonomischen Potenzialen, den wettbewerbsrechtlichen sowie institutionellen Auswirkungen neuer Technologien gepaart mit den Machtstrukturen oligopolistischer Märkte als auch der organisationalen Trägheit hierarchischer Strukturen führten zu Unsicherheit und Widerstand in deren Antizipation und Implementierung (vgl. Dolata 2011, S. 25 f.). Konnten diese

Widerstände im Laufe des 20. Jahrhunderts bei der Einführung neuer Nutzungsarten noch überwunden und Wachstumspotenziale ausgeschöpft werden, so stürzte
die Phonoindustrie Anfang der 2000er in eine tiefe Restrukturierungskrise (vgl.
Dolata 2008, S. 3).

Die Prozesse soziotechnischen Wandels[2] verlaufen nicht radikal, sondern
sind Ergebnis langfristiger Such- und Neustrukturierungsprozesse, die durch
technologische und sozioökonomische Veränderungen geprägt sind (vgl. Dolata
2011, S. 1). Die beschriebene Restrukturierungskrise (Diversifizierung von
Nutzungsarten z. B. CD > mp3 > Filesharing > Streaming und die dazugehörige
Umstellung betrieblicher Abläufe und unterliegender Prozesse) passt in das
Konzept *gradueller, reaktiver, krisengeschüttelter und pfadabhängiger Transformation* (vgl. Dolata 2008, S. 10). Neue Systemqualitäten sind dann vorhanden, wenn neue Technologien als Hauptstütze etabliert sind (Streaming als
Hauptumsatztreiber) (vgl. Musikindustrie 2019) und die Suche nach organisa-
torischen und regulatorischen Mustern so weit vorangeschritten ist, dass neue
sozioökonomische Rahmenbedingungen geschaffen wurden. Im vorliegenden
Fall bildeten sich neue Marktbeteiligte (z. B. Spotify): Prozesse wurden auf die
digitale Verbreitung ausgerichtet, Key Accounts umgestellt und Werte neu verhandelt. Dies bedeutet nicht, dass der Übergang beendet ist (vgl. Dolata 2008,
S. 16 f.). Um einen erneuten Umsatzeinbruch zu verhindern, müssen sektorale
Transformationen *graduell, antizipierend und proaktiv (transformationsunterstützend)* vonstatten gehen. In welcher Ausprägung ein Wandel stattfindet (zwischen den beiden genannten Extremen) hängt am Zusammenspiel der Transfor-
mations-/Disruptionskapazität einer Innovation – also inwieweit eine Innovation das Potenzial hat Teilbereiche oder ganze Systeme zu disruptieren/
transformieren – oder einer Kombination aus komplementären Technologien,
welche Veränderungsdruck erzeugen (z. B. die mp3 in Zusammenspiel neuer
Technologien wie dem iPod und Musiktauschbörsen) ab. Auch die sektorale Anpassungsfähigkeit der Beteiligten, welche Anpassungsmuster ausbilden (z. B. die
Entwicklung von Streamingdiensten wie Spotify 2006) und den technologieinduzierten Druck absorbieren, spielt eine Rolle (vgl. Dolata 2008, S. 9 f.).
Dabei bezeichnet die sektorale Anpassungsfähigkeit die Ausprägung in welcher
sich Systemkomponenten in bestimmten Bereich in unterschiedlicher Geschwindigkeit an spezifische Veränderungen anpassen. Die Transitionsforschung
(Kap. 3) beschäftigt sich damit, die genannten Aspekte bereits vor und während
deren Entwicklung erkennen und beeinflussen zu können.

---

[2]Der Begriff soziotechnisch weist auf die Wechselwirkungen und Beziehungen zwischen
technischen und sozialen Subsystemen in einem übergeordneten soziotechnischen System
hin (vgl. Karafyllis 2019).

3   Einführung in das Transitionsmanagement

3.1   Ein Governance-Ansatz

Die Transitionsforschung beschäftigt sich mit dem Erkennen, Anstoßen und Formen nicht-linearer disruptiver Veränderungen in komplex-adaptiven (Sub-)Systemen (vgl. Loorbach et al. 2017, S. 2, 7; vgl. Rotmans 2005, S. 43), welche die Struktur substanziell ändern (vgl. Rotmans et al. 2001, S. 22; vgl. Loorbach 2010, S. 167). Transitions sind multikausal, finden auf verschiedenen Ebenen, in unterschiedlichen Bereichen, mit zahlreichen Teilnehmenden und in mehreren Phasen statt (vgl. Loorbach et al. 2008, S. 18). Das Mehrebenen- und Multiphasenmodell der Transition, welche in Abschn. 3.2 näher erläutert werden, veranschaulichen die dem Wandel zugrunde liegende Komplexität.

Durch TM wird versucht, die Richtung und Geschwindigkeit der Veränderung zu beeinflussen, indem Prozesse langfristig systematisch koordiniert, Raum für Auswahlmechanismen gelassen und Governance ermöglicht wird. Als Governance wird ein Ordnungsrahmen bezeichnet, durch den – rechtlich und faktisch – die Überwachung ermöglicht wird, um opportunistisches Verhalten zu minimieren (vgl. Werder 2018). Er steht für die Verflechtung von Entscheidungsebenen und beschreibt Verfahren um Transformationsprozesse, durch nicht-hierarchische Steuerung zu führen (vgl. ComputerWeekly 2018). Das Management von Wandel bedeutet immer auch das Management von Menschen, d. h. Präferenzen, Verhaltensmuster und Interessen sind Ausgangspunkt der Planung, da die Einigung über Perspektiven die Grundlage einer gemeinsam getriebenen Veränderung sind (vgl. Picot et al. 1999, S. 3).

3.2   Mehrebenen- und -phasenmodell der Transition komplex-adaptiver Systeme

Disruptive Systemänderungen können in Regimen erkannt werden. *Regime* bezeichnet die vorherrschende Ordnung eines sozialen (Sub-)Systems (vgl. Loorbach et al. 2017, S. 7). Regime (z. B. dominante Technologien, Routinen, Kulturen) erwachsen aus historischen Transformationen und sind pfadabhängig (vgl. Geels und Schot 2007, S. 400). Sie besitzen drei verwobene Elemente:

- Netzwerke aus sozialen Gruppen (vgl. Geels 2006, S. 447)
- Formale, kognitive und normative Regeln (vgl. Geels 2004, S. 904 f.)
- materielle, technische Elemente (vgl. Geels 2006, S. 447)

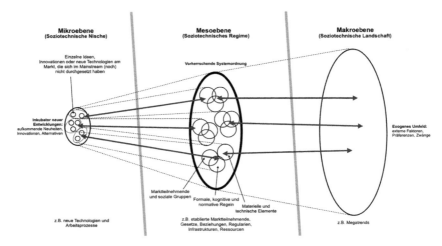

Abb. 2.3 Mehrebenenmodell der Transition. (Quelle: Eigene Abbildung nach Rip und Kemp 1998, S. 330 ff., 339 ff., 388)

Das Mehrebenenmodell (engl. MLP) (vgl. Rip und Kemp 1998, S. 327 ff.) beschreibt die Koevolution/-existenz der dominanten Ordnung mit Nischen und der Landschaft (Abb. 2.3) (vgl. Rotmans et al. 2001, S. 22). Die *Landschaft* bildet ein exogenes Umfeld, das die Entwicklung beeinflusst, wandelt sich meist langsam und kann nicht nach Belieben verändert werden (z. B. Demografie). *Nischen* fungieren als Inkubatoren für Innovation und sie schützen vor dem Mainstream-Wettbewerb. Wenn sich die Landschaft wandelt und Nischenalternativen aufkommen, erleben Regime interne Krisen, Destabilisierung und disruptive Umgestaltungen (vgl. Geels und Schot 2007, S. 400). Die Reorganisation ist definiert als stufenweise, chaotisch und unvorhersehbar (vgl. Loorbach et al. 2017, S. 7).

Dieser Systemsicht wird mit dem Mehrphasenmodell (MPM) eine zeitliche Perspektive hinzugefügt (Abb. 2.4). Es zeigt, dass die Bedingungen des Wandels je nach Phase variieren (vgl. Rotmans et al. 2001, S. 22) und die Transition durch die Systemdimensionen – Zeit, Größe, Geschwindigkeit – definiert ist (vgl. Rotmans et al., S. 18). Idealtypisch sind die Transition-Phasen wie folgt definiert:

1. *Vorentwicklung*: Dynamisches Gleichgewicht; langsamer Landschaftswandel; Anstieg der Bottom-up-Innovationen; neue Trends; Wandlungsdruck steigt
2. *Take-Off*: Systemstatus-Verlagerung; erste Änderungen auf Regimeebene (Experimente)

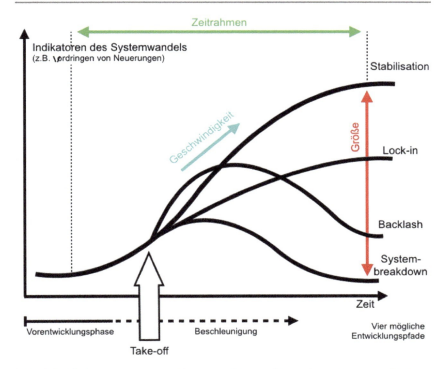

Abb. 2.4 Mehrphasenmodell der Transition. (Quelle: Eigene Darstellung nach Rotmans et al. 2001, S. 17 f. ergänzt nach Loorbach et al. 2017, S. 8)

3. *Beschleunigung/Durchbruch*: Strukturelle Veränderungen durch Anhäufung soziokulturellen, ökonomischen, ökologischen, institutionellen Wandels; Diffusion kollektiver Lern-/Einbettungsprozesse
4. *Stabilisation*: Die Geschwindigkeit des Wandels reduziert sich; neues dynamisches Gleichgewicht wird etabliert (vgl. Rotmans et al. 2001, S. 17)

Durch den Einfluss verschiedener Beteiligter scheint es wahrscheinlicher, dass das System neben der Stabilisation einen der drei alternativen Entwicklungspfade einschlägt:

A. *Lock-in (Systemverriegelung)*: Regime resistent; System bleibt stabil, kein Optimalzustand (vgl. Rotmans und Loorbach 2010, S. 127 f., 132 f.)
B. *Backlash (Gegenreaktion)*: verstärkter Widerstand; Alternativen sind eingeschränkt;

C. *Systemzusammenbruch*: Systemgleichgewicht gestört; kaum Alternativen, oder starke Alternativenkonkurrenz (vgl. van der Brugge und de Graaf 2006, S. 2 f.)

3.3 Transitionszyklus: Ein Ansatz zur Organisation von Wandel

Der Transitionszyklus ist ein Leitfaden zur Übergangsbegleitung (Abb. 2.5). Die strategische Ebene fokussiert auf Kulturveränderungen und betrachtet das Gesamtsystem (ca. 30 Jahre) (vgl. Loorbach 2010, S. 167). Die taktische Ebene versucht Strukturen des Regimes anzupassen (ca. fünf bis 15 Jahre), während Praktiken anhand operativer Projekte (max. fünf Jahre) umgesetzt werden (vgl. Loorbach 2010, S. 171).

Die strategische Ebene ist definiert durch Strategiediskussionen zur Visionsentwicklung, flexible Zielformulierungen und der Einigung über Normen, Werte, Identitäten, Ethik, Nachhaltigkeit und der gesellschaftlichen Bedeutung des Systems. Im Rahmen einer Problemstrukturierungsarena (Transitionsarena – TA), sollen in der Vorentwicklungs- und Take-Off-Phase (vgl. Loorbach 2007, S. 169) Perspektiven, Erwartungen und Interessen diskutiert, konfrontiert und zusammengeführt werden. Die TA ist charakterisiert als virtuelles, offenes und dynamisches Netzwerk (vgl. Loorbach 2007, S. 133) aus zehn bis 15 Teilnehmenden (vgl. Rotmans 2005, S. 45). Sie ist ein Ort, an dem ein freier Meinungsaustausch gesichert wird. Sie ist permeabel, um den stetigen Austausch sicherzustellen (vgl. Loorbach 2007, S. 117 f.; vgl. Rotmans 2005, S. 46).

Ihre Charakteristiken sind:

- Vertretende aus allen Bereichen der Branche (vgl. Rotmans und Loorbach 2010, S. 167)
- Gleichgewicht aus Regime- und Nischenvertretenden (vgl. Loorbach 2007, S. 139 ff.)
- Alle relevanten Perspektiven sollten vorhanden sein (vgl. Loorbach 2007, S. 117 f.)
- Teilnehmende benötigen Prozess- (z. B. Teamfähigkeit) und Substanzkompetenz (z. B. strategisch-analytische Denkweise) (vgl. Loorbach 2007, S. 140)

Perspektivisch befindet sich die TA zwischen der Nische und dem Regime und nähert sich an letzteres im Übergang an. Sie soll Räume für Innovation außerhalb, aber nicht abgetrennt der Regimestrukturen schaffen (vgl. Loorbach 2007, S. 117).

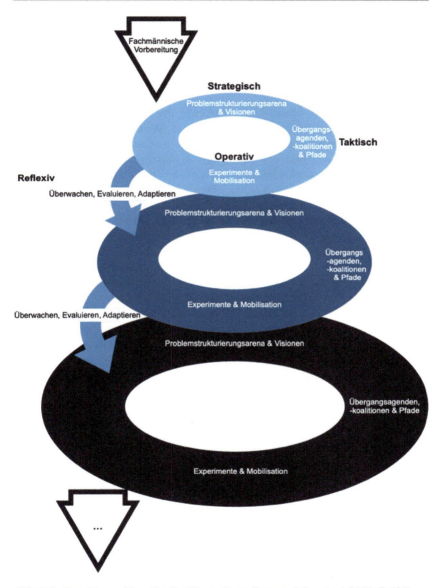

Abb. 2.5 Transitionszyklus. (Quelle: Eigene Darstellung nach Loorbach 2007, S. 124)

Ihr Erfolg hängt an der Legitimation/Finanzierung durch das Regime. Spannungen sind logisch, sollten aber nicht in Form von Machtmaximierungsprozesse den Zielen einer partizipativen Problemstrukturierung im Wege stehen (vgl. Loorbach 2007, S. 132 ff.). Basierend auf Szenarien können drei bis fünf verschiedene Transitionthemen (TT) ausgewählt werden (vgl. Loorbach 2010, S. 167; vgl. Loorbach 2007, S. 132).

Auf der taktischen Ebene finden lenkende Prozesse statt, indem aktuelle Regimestrukturen zur Diskussion gestellt werden. Weitere Fachleute werden in den Prozess eingebunden. Dabei handelt es sich um Menschen, die sich mit institutionellen Regularien und Förderprogrammen auseinandersetzen können, Erfahrungen in der Netzwerkorganisation haben oder spezifische Systeminteressen vertreten (vgl. Loorbach 2010, S. 169 f.). Durch den Zusammenschluss der strategischen TA und der taktischen Ebene entstehen Subarenen mit spezifischen TT. Innerhalb einer Subarena muss mindestens ein TA-Mitglied beteiligt sein, um den Austausch zu gewährleisten. Jede Subarena entwickelt aufbauend auf der Vision und Problemstrukturierung Transitionbilder und -pfade, die eine Beschreibung des Themenfeldes, eine Begründung des Handlungsdrucks inklusive Barrieren des Wandels, den gewünschten Systemstatus beinhalten und die Mehrdimensionalität des Systems widerspiegeln. Die Konstruktion zahlreicher Strategien ist aufgrund von Unsicherheit notwendig, um Experimente durchzuführen – ein Konsens ist nicht entscheidend. Es handelt sich um einen partizipativen, zielorientierten Prozess, dessen Pläne sich über die Zeit verändern dürfen. Geduld und Vertrauen in den Prozess sind wichtig, da der Erfolg vom Engagement der Teilnehmenden abhängig ist (vgl. Loorbach 2010, S. 144 ff.; vgl. Rotmans und Loorbach 2010, S. 157 ff.). Das Ergebnis der TA/Subarenen ist die Transitionsagenda. Sie enthält die Problemstrukturierung, Prinzipien, Visionen, Transitionbilder und -pfade, Ideen für Projekte und Experimente (vgl. Loorbach 2007, S. 146). Sie legt Verantwortlichkeiten für Instrumente, Projekte und Aktivitäten fest (vgl. Rotmans 2005, S. 47).

Routinen, Verhaltensweisen und standardisierte Abläufe sollen operativ verändert werden (vgl. Loorbach 2010, S. 170). Experimente finden in Form von Such- und Lernprozessen statt, um das Risiko eines Misserfolgs zu minimieren. Diese sollten aus der Agenda ableitbar sein und weitere Marktteilnehmende einbeziehen (vgl. Rotmans und Loorbach 2010, S. 157 ff.). Um Kosten und Zeit zu sparen, sollten sie gebündelt werden, um höhere Erfolgschancen zu erzielen (vgl. Rotmans 2005, S. 49 ff.). Eine hohe Anzahl an Nischen erhöht die Wahrscheinlichkeit, Alternativen zu finden, die in Zukunft vor einem Systemzusammenbruch schützen (vgl. Geels und Schot 2007, S. 408). Die praktische Umsetzung des Gebildes ist aufgrund von Meinungsvielfalt und verschiedenen Interessen oft schwierig. Wenn sich allerdings erste Erfolge einstellen, werden Routinen aus der beteiligten Nische herausgebrochen (vgl. Rotmans 2005, S. 49 ff.), was das Vertrauen in die erarbeitete Vision stärkt und die Transition vorantreibt (vgl. Loorbach 2007, S. 122 f.).

Die reflexive Ebene steht für regelmäßiges Monitoring, Evaluation und hilft, Lernprozesse anzustoßen. Während im Transitionsprozess die physische Veränderung des Systems betrachtet wird, beinhaltet das Monitoring die Beobachtung/ Bewertung von Teilnehmenden, den Fortschritt der Agenda und der Transitionexperimente (vgl. Rotmans und Loorbach 2010, S. 157 ff.).

4   Methodisches Vorgehen und Untersuchungsfragen

Das Forschungsinteresse besteht darin, den Untersuchungsgegenstand (Wandel) und das Vergleichsobjekt (TM) im Zusammenhang des Rechtemanagements zu analysieren. Die Methodenwahl musste umfassende Explorationsmöglichkeiten bieten, daher fand eine empirisch-qualitative Kombination aus akteurspezifischen, leitfadengestützten Interviews (15 Analyseeinheiten) und der qualitativen Inhaltsanalyse statt. Durch die inhaltliche Fokussierung wurden zwei Analyseeinheiten aus der Untersuchung entfernt. Abb. 2.6 visualisiert das inkrementelle Vorgehen im Detail. Die Interviews wurden 2020 geführt und ausgewertet.

Das Leitfadeninterview ermöglicht die Vergleichbarkeit von Interviewergebnissen und bietet die Möglichkeit der spontanen Anpassung des Gesprächsverlaufs, um nicht-intendierte Erkenntnisse zu gewinnen (vgl. Brosius et al. 2016, S. 105 ff.). Der halbstrukturierte Leitfaden, wurde anhand der zu untersuchenden Branchenbereiche angepasst. Es wurde sich auf die Stellung offener Fragen konzentriert, um höhere Komplexität abbilden zu können. Die Fragen bestanden aus einem Eisbrecher und aus Wissens- und Meinungsfragen (vgl. Brosius et al. 2016, S. 96 ff.). Die Elementauswahl – ein Element bezeichnet in diesem Zusammenhang die einzelnen Gesprächspartner*innen – orientierte sich an den folgenden Merkmalsausprägungen (vgl. Bogner et al. 2014, S. 43 f.):

- Organisations- & Abteilungszugehörigkeit (typische Fälle)
  - Mitglied der Musikökonomie
  - In einer strategischen Position oder in einer Führungsposition
- Besondere Auseinandersetzung mit mindestens einem der drei Themengebiete (Extremfälle) (vgl. Brosius et al. 2016, S. 72 ff.)

Abb. 2.6 Methodik und in-
krementelles Vorgehen.
(Quelle: Eigene Darstellung
nach Brosius et al. 2016; vgl.
Bogner et al. 2014; vgl. Mayring 2015)

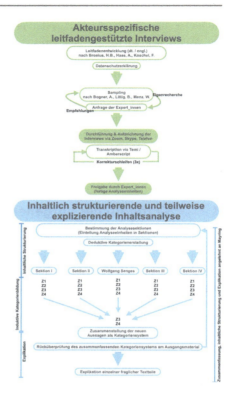

Durch die qualitative Inhaltsanalyse können Aussagen strukturiert werden, indem
eine bewusste Selektion/Reduktion vorgenommen wird (vgl. Brosius et al. 2016,
S. 180). Die strukturierende Inhaltsanalyse kann Daten induktiv, deduktiv oder anhand einer Mischvariante – wie vorliegend durchgeführt (vgl. Mayring 2015,
S. 68) – zusammenfassen. Um die Auswertung zu erleichtern, wurden die Analyseeinheiten nach Themenzugehörigkeit zusammengefasst (Abb. 2.7). Ziel der Analyse war, die Inhalte nach bereits deduktiv festgelegten Hauptkategorien inhaltlich
zu strukturieren und induktiv Unterkategorien zu bilden. Um im Folgenden die
Lesbarkeit zu erleichtern, wird die Nummerierung der einzelnen Analyseeinheiten
zur Zitation herangezogen. VG 2.2 weist bspw. auf die zweite Analyseeinheit in der
Analysesektion 2: Verwertungsgesellschaften, dass Expert*inneninterview mit
Turo Pekari (Teosto) hin.

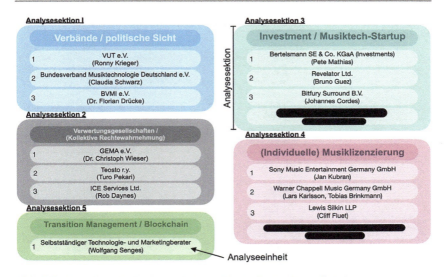

Abb. 2.7 Einteilung der Analyseeinheiten. (Quelle: Eigene Darstellung)

5 Status Quo der Musiklizenzierung

5.1 Persistente Problemstellungen und Lösungsansätze

Durch die Inhaltsanalyse können, die in Tab. 2.1 dargestellten Regimeherausforderungen festgehalten werden, die in überlappenden Kategorien zusammengefasst sind.

Diese können – aufgrund des bestehenden Wandlungsdrucks (veränderte Landschaft durch Trends und Covid-19 (vgl. Musikindustrie 2019, S. 3 ff.), Anstieg an Innovationen)[3] – in ihrer Komplexität als persistente Probleme bezeichnet werden. Dabei fällt auf, dass die Problemstellungen auf drei Punkte reduziert werden können (Tab. 2.2):

---

[3] Die gescheiterten Versuche den Bereich der Musiklizenzierung zu simplifizieren wie die Global Repertoire Database, die International Music Registry (vgl. Tschmuck 2012 nach Jenner 2011), die Diskussionen um die Verwendung von Blockchain-Technologien (vgl. Godsil 2019; vgl. Bernstein 2018; vgl. Madeira 2020; vgl. Coppini 2016) und die Versuche Datenstandards zu entwickeln und zu vereinheitlichen (vgl. Gerst & Gey 2015, S. 42; vgl. Senges 2019, S. 53 ff.; vgl. Gilli und Röver 2019, S. 99 ff.) deuten auf einen erhöhten Wandlungsdruck in der Musikökonomie hin.

Tab. 2.1 Zusammenfassung der Herausforderungen der Musiklizenzierung. (Quelle: Eigene Darstellung)

Tab. 2.2 Persistente Kernherausforderungen der Musiklizenzierung. (Quelle: Eigene Darstellung)

1) *Bildung* (z. B. fehlendes Branchenwissen, Unsicherheit)

2) *(Macht-)politische Aushandlungsprozesse:* Zahlreiche Herausforderungen liegen in der Aushandlung von – politischen (z. B. Lobbyismus), unternehmerischen (z. B. Wettbewerb), individuellen (z. B. Karriereziele, Emotionen) – Interessen begründet.

3) *Umgang mit Wandel:* Wie kann das Management von Unsicherheit (Ängste vor Kontroll- und Machtverlust), das Agieren im Übergang (fehlende Rahmenwerke) und die Organisation von Komplexität (dezentrales Konsumsystem) gehandhabt werden?

Die persistenten Problemstellungen sind divers und Lösungsideen oft nicht konkret formuliert, obwohl gerade im Umgang mit Wandel Ansätze wie z. B. Szenarioplanung/dezentrale Strukturen (vgl. Startup 3.1, 8/616), Innovationsmanagement (vgl. VG 2.1, 9 f.), ein Bewusstsein für den Wandel und Investitionen in Humankapital (vgl. Musiklizenzierung 4.2, 19/256; vgl. Verband 1.3, 2020, 12/2042; vgl. Verband 1.2, 11/2565 ff.) bekannt sind.

Gerade in der Lösungsdefinition fällt auf, dass es für die Umsetzung an Einigkeit und Absprachen unter den Beteiligten mangelt (vgl. Musiklizenzierung 4.2, 14/582; vgl. ebd., 14; vgl. VG 2.2, 8/1599). Diese wird aber benötigt, um globale Ansätze zu implementieren (vgl. VG 2.2, 8/29; vgl. ebd., 13/190.; vgl. ebd., 5/734), die alle Parteien involvieren (vgl. VG 2.1, 5/1045).

Zusammenfassend waren sich die Interviewten einig, dass der Bereich der Musiklizenzierung simplifiziert und ein Bewusstsein für (Meta-)Datenmanagement geschaffen werden muss. Lösungen müssen nischengesteuert sein, um deren Akzeptanz zu gewährleisten. Ein neues Bewusstsein für den Umgang mit Wandel und entsprechenden Arbeitsweisen ist genauso wichtig wie Finanzierungsmöglichkeiten und neue Governance-Strukturen. Tab. 2.3 verdeutlicht dies.

Anhand der Kernherausforderungen und Lösungsansätze lässt sich der Bedarf nach einem ganzheitlichen Führungs,- Planungs- und Finanzierungskonzept ableiten. Dieses sollte dabei helfen, langfristig Prozesse zu planen, zu entwickeln und zu implementieren, um übergreifende Änderungen zu erkennen, zu initiieren und zu steuern. Da von oben herab geplanten Lösungen in der Vergangenheit fehlschlugen (z. B. Global Repertoire Database[4] – Top Down), aus Gründen der Markt-

---

[4] Die globale Rechtedatenbank war ein mehrjähriges Projekt, dass die Werkdaten zahlreicher Kataloge weltweit zusammenführen sollte. Sie ist im Jahr 2014 gescheitert (vgl. Music Business Worldwide 2016; vgl. Milosic 2015; vgl. Tschmuck 2012 nach Jenner 2011; vgl. Musikwoche 2014).

Tab. 2.3 Ansätze zur Lösungsidentifikation. (Quelle: Eigene Darstellung)

Zusammenfassender Lösungsansatz	Schlussfolgerung durch Quelle
Simlifizierung des Datenmanagements	vgl. VG 2.1, 4/1547; 5/208; vgl. TM 5.1, 4/1032; 6/563; 8/520; 12/144; 13/626; 13/1731; vgl. Startup 3.3, 3/46; vgl. Verband 1.1, 3/1533; 8/1199; vgl. Musiklizenzierung 4.3, 4/818; 11/366; vgl. Startup 3.1, 3/911; 9/963; vgl. Musiklizenzierung 4.1, 3/880; 13/380; vgl. Musiklizenzierung 4.2, 16/333; vgl. VG 2.2, 11/952; vgl. Verband 1.3, 3/929; 5/1438; 11/1524; vgl. Verband 1.2, 7/518; vgl. VG 2.3, 3f./1085; 9/0; vgl. Startup 3.2, 14/808; vgl. Weikert, Joshua: 5/1153; vgl. Haayen, Rick: 3/262;
Aus der Nische gesteuerte Lösungs-implenetierungen	vgl. Startup 3.3, 5/29; vgl. VG 2.3, 10/139; 13/120; vgl. Startup 3.1, 7/14;
Neues Bewusstsein im Umgang mit Wandel und dementsprechende Arbeitsweisen	vgl. Musiklizenzierung 4.3, 10/355; vgl. Verband 1.2, 13/1639; 3/1422; vgl. VG 2.1, 10/346; vgl. VG 2.3, 12/2050;
Governance-Strukturen und für die Branchen passende Finanzierungsmöglichkeiten	vgl. Verband 1.2, 4/1411; 5/1968; 6/1527; vgl. Startup 3.1, 6/1249; 11/132; vgl. TM 5.1, 6/1526; 14/539; vgl. Verband 1.1, 7/382;

stabilität *unerkannte* Innovationen von außen vermieden werden sollten (iTunes[5] – Outside In) und bereits aus Regimenischen entstehende Ansätze vorhanden sind (Lizenzierungshubs[6] – Bottom Up), sollten nicht-hierarchische Formen der Prozessunterstützung Verwendung finden, um unternehmensübergreifende Strukturen schaffen zu können. Dabei ist es wichtig, wettbewerbsarme Inkubatoren für Innovationsentwicklungen zu schaffen, ohne das Marktgeschehen einzuschränken. TM scheint diese Voraussetzungen zu erfüllen, da opportunistisches Verhalten minimiert, Verständnis und Einigung über Perspektiven getroffen, nicht-hierarchische Formen der Steuerung gefunden und die Richtung/Geschwindigkeit von Ent-

---

[5] Siehe Restrukturierungskrise der Phonoindustrie, Abschn. 2.1 (vgl. Dolata 2011; vgl. Dolata 2008).

[6] In den letzten Jahren entwickelten sich territorial begrenzte Lizenzierungshubs wie Capasso (vgl. VG 2.2, 2/1119), Armonia (vgl. CISAC 2012), Polaris (vgl. Startup 3.2, 11/1128) oder ICE Services (vgl. ICE Services o. J.) aus dem Bedürfnis heraus pan-territoriale Lizenzierungen zu ermöglichen (vgl. VG 2.3, 7/1870; vgl. VG 2.1, 4/847). Rob Daynes ging im Interview davon aus, dass sich die Zusammenarbeit solcher Hubs in Zukunft ausweiten wird (vgl. VG 2.3, 10/139).

wicklungsprozessen beeinflusst werden sollen. Im Folgenden wird eine Konzept-konvergenz vorgenommen, um die Passung weitergehend zu überprüfen.

5.2 Zeitliche Einordnung im Transition-Prozess

Jeder gesteuerte Entwicklungsprozess sollte die Stabilisation eines Systems an-streben. Die Restrukturierungskrise der Phonoindustrie Anfang der 2000er ist das Ergebnis einer Systemblockade. Viele der damaligen Problemstellungen lassen sich heute im Bereich der Musiklizenzierung erkennen: Der Umgang mit Wandel und der Aufbau neuer Strukturen ist aufgrund von langwierigen Interessen-konflikten schwierig. Trotz des steigenden Marktanteils von KMU (vgl. Mulligan 2020) beherrschen hierarchisch-organisierte Unternehmen den Markt (Oligopol). Die Ängste vor neuen Technologien tragen immer noch zu einer Scheu in der Im-plementierung bei (vgl. Startup 3.3, 3/1030; 4/620). Betrachtet man die ver-schiedenen Phasen eines Übergangs nach dem MPM, so kann im Vergleich mit den genannten Herausforderungen und Lösungsansätzen, in Kombination mit den zu beobachteten Veränderungen in der Musikökonomie ein erhöhter Wandlungsdruck bestätigt werden. Erste Änderungen in den Arbeitsprozessen sind bereits klar er-kennbar und strukturelle Anpassungen werden vorgenommen (z. B. Lizenzie-rungshubs). Auch kollektive Lern- und Einbettungsprozesse sind sporadisch er-kennbar, wie z. B. die Kooperation von Teosto und Revelator (vgl. VG 2.2, 5/250; vgl. ebd. 9/480; vgl. Startup 3.1, 7/1170; vgl. VG 2.3, 11/990; vgl. Startup 3.2, 4/1095; vgl. ebd. 14/1330) oder die Entwicklung von MusicHub in Kooperation von Zebralution und GEMA (vgl. MusicHub GmbH 2020) zeigen. Allerdings ist die Branche von der Stabilisation noch weit entfernt und einzelne Projekte müssen sich branchenweit etablieren. Es sollte das Ziel sein, Veränderungen anti-zipierend-proaktiv zu begleiten, weshalb die sektorale Anpassungsfähigkeit der Branche erhöht werden muss, um den Wandlungsdruck effizienter absorbieren zu können. Im Folgenden wird überprüft, welche Organisationsmuster geschaffen werden müssen, um technologieinduzierten Wandel zukünftig leiten zu können und wie diese praktisch anwendbar gemacht werden können.

5.3 Der Transitionszyklus in der Musiklizenzierung

5.3.1 Initiierung und Aufgaben der globalen Transitionsarena

Das Vorgehen im Transitionszyklus (Abb. 2.8) sollte unabhängig, freiwillig und flexibel ablaufen. Dennoch ist es notwendig, dass der initiale Anstoß für den Ent-wicklungsprozess von einer zentralen Entität ausgeht, wie in Interviews an der

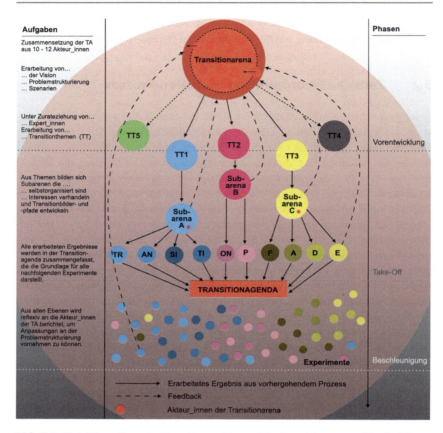

Abb. 2.8 Detaildarstellung des Transitionszyklus und der Transitionsarena. (Quelle: Eigene Darstellung)

Mehrfachnennung eines unabhängigen Organs ersichtlich wird (vgl. Verband 1.1, 7/382; vgl. Verband 1.2, 6/1527; vgl. TM 5.1, 14/539). Die Identifikation bestehender Strukturen ist zu präferieren, da durch die Schaffung Neuer zusätzliche Ressourcen benötigt werden. Unabhängigkeit ist selbst beim Aufbau einer neuen Organisation nicht gewährleistet, da Subjektivität in der menschlichen Zusammenarbeit nicht auszuschließen ist. Die Diversität der Teilnehmenden sorgt dafür, dass das Konglomerat in seinen Ausarbeitungen weitestgehend unabhängig bleibt. Dabei muss das Organisationskonstrukt neben der Sicherstellung unabhängiger Handlungsprozesse die Brancheninteressen gleichermaßen vertreten. Um die

Partizipationsoffenheit zu sichern, müssen bereits zur Initiierung möglichst viele – zumindest peripher – involviert sein. Verbände scheinen als Mittelnde zwischen Wirtschaft und Politik und als Vertretung der Industrie – sinnvoll (vgl. Startup 3.3, 7/3045). Pete Mathias weist darauf hin, dass Verbände nur einen Teilbereich der Branche vertreten und Unternehmen unterrepräsentiert werden (vgl. Startup 3.1, 11/1693).

Perfektionismus – im Sinne einer Branchen-Komplettvertretung – sollte allerdings nicht im Weg der Weiterentwicklung stehen (vgl. Musiklizenzierung 4.3, 2/1534; vgl. Verband 1.2, 13/938). Der initiale Anstoß muss über einen Zusammenschluss möglichst vieler internationaler Regime- und Nischenverbände vorgenommen werden, um sich dem Idealkonstrukt anzunähern. Dadurch dass die Branchenverbände nur den initialen Prozess- und Methodenaufbau unterstützen und nicht als Dominante Teil der TA sein sollen, wird das Argument der Notwendigkeit einer Branchen-Komplettvertretung weiter entkräftet. Die Finanzierung der Administration könnte anteilig an der Höhe der Einnahmen durch Mitgliedschaftsbeiträge auf die einzelnen Interessenvertretungen in Form von Personalentsendungen verteilt werden.

Die Zusammenstellung der TA ist ein schwieriges Unterfangen, da diese nicht durch einen Gatekeeper ausgewählt werden sollte, sondern durch ein initiierendes Team aus Prozessfachleuten, die mit dem Subjekt der Transition vertraut sind. Um so wichtiger ist die Initiierung eines möglichst unabhängigen Organisationskonstrukts, das zusätzlich als Schutz dient, damit sich die TA nicht zu einem allein administrativen und beratenden Netzwerk entwickelt. Ebenso wichtig ist, dass sie den stetigen Austausch ermutigt, auf freiwilliger Basis stattfindet und divers bleibt. Die in der Literatur genannten und benötigten Kompetenzen der potenziell Teilnehmenden an der TA sind nicht abschließend definierbar. Die subjektive Auswahl kann daher nicht ausgeschlossen werden. Aus diesem Grund sollten Fachleute aus weiteren Forschungsbereichen eingebunden werden, um nicht die durchlässige Natur der TA zu gefährden. Tab. 2.4 zeigt eine beispielhafte Annäherung an eine Zusammensetzung der TA mit möglichen Vertretenden auf unterschiedlicher Ebene, deren diverse Zusammensetzung sich an den erörterten Kriterien (Kap. 3) orientiert:

Die Teilnehmenden müssen frei von jeglichen Rollenzwängen und Visionen diskutieren, Problemstrukturierungen vornehmen und Szenarien entwickeln können. Die gemeinsame Vision, die sich aus den Interviews ergibt, ist es, einen fehlerfreien und effizienten Umgang mit Besitzrechten über internationale Grenzen hinaus zu etablieren, den Zugang zu Rechten zu vereinfachen, indem Rechteinhabende auffindbar gemacht werden und Nutzungen nachvollziehbar zu monetarisieren. Die finale Visionsdefinition sollte der TA überlassen werden und Ziele nach allgemeinen Richtlinien (z. B. SMART) (vgl. Boogaard 2021) formuliert werden.

Tab. 2.4 Beispielhafte Zusammensetzung der globalen Transitionsarena. (Quelle: Eigene Darstellung)

Akteur_innenanzahl	Beispielhafte Zusammensetzung	Beispiel von Organisationen aus denen Vertreter_innen stammen könnten
Akteur_in 1	Regierung	z. B. Europäische Kommission Creative Desk/UNESCO; Beauftragte_r für Kultur- und Medien//Äquivalente aus anderen Territorien und Regionen
Akteur_in 2	Forschungsinstitut	z. B. Berklee College of Music (Open Music Initiative); Popakademie Baden-Württemberg
Akteur_in 3	Forschungsinstitut	z. B. Sozialwirtschaftlichen Fakultät des Institute für Sozialwissenschaften: Abteilung für Organisations- und Innovationssoziologie; Universität Stuttgart
Akteur_in 4	NGO oder ähnliche Organisation	z. B. International Music Council; Initiative Musik
Akteur_in 5	NGO oder ähnliche Organisation	z. B. Vertreter_Innen aus Branchennetzwerken für Künstler_innen, Wirtschaftszusammenschlüsse etc. (z. B. Women of Music)
Akteur_in 6	Wirtschaft Regime	Vertreter_in Major Labels (z. B. von der IFPI oder dem BVMI als Vertretung mehrerer Labels)
Akteur_in 7	Wirtschaft Regime	Vertreter_in Major Verlage
Akteur_in 8	Wirtschaft Regime	Vertreter_in Verwertungsgesellschaften (z. B. von ICE Services, TEOSTO o. ä., als Vertretung mehrerer VGs)
Akteur_in 9	Wirtschaft Regime	Vertreter_in Künstler_innen/Veranstaltungsbranche/Kund_innen (Werbeagenturen, Filmproduktionen etc.) aber auch Vertreter_innen großer Technologiekonzerne und DSPs (Google, Facebook, TikTok, Spotify)
Akteur_in 10	Wirtschaft Nische	Vertreter_in Indie Label (z. B. vom VUT als Vertretung mehrerer Labels)
Akteur_in 11	Wirtschaft Nische	Vertreter_in Indie Verlag
Akteur_in 12	Wirtschaft Nische	Vertreter_in Künstler_innen
Akteur_in 13	Wirtschaft Nische	Vertreter_innen aus der Start-up Szene
Akteur_in 14	Meinungsbildner_inn/ Branchenvertretung	Unabhängige Berater_innen; Influencer_innen, YouTuber_innen und/oder aus der Technologiebranche
Akteur_in 15	Meinungsbildner_in/ Branchenvertretung	Vertreter_innen von der Schnittstelle zu anderen Branchen (z. B. Bundesverband Musiktechnologie) und/oder auch der Technologiebranche

Zwei identifizierten persistenten Problemstellungen – in Form der benötigten Adaptionszeit technologieinduzierten Wandels und der Herausforderungen durch (macht-)politische Aushandlungsprozesse – kann bereits durch die Methodik des TM entgegengewirkt werden. Der Aspekt der Bildung kann z. B. in Form eines Transitionsthemas in die Ausarbeitung einfließen. Die Analyse der Problemstrukturen sollte daher eine Ebene tiefer, in den in Tab. 2.1 zusammengefassten Herausforderungen der Musiklizenzierung beginnen. Dabei kann die Strukturierung thematisch, aber auch sektorspezifisch vorgenommen werden. Wie bereits in der Tabelle deutlich wird, ist es aufgrund der Komplexität rechtlicher Grundlagen und deren Umsetzung in digital-transformierte Prozesse schwierig, die Problemstellungen thematisch voneinander abzugrenzen. Eine getrennte Betrachtung ist daher kaum möglich. Aus diesem Grund würde es sich empfehlen, die Problemstrukturierung sektorspezifisch (Phonoindustrie, Verlagswesen, VGs, Kunstschaffende etc.) anzugehen, im Anschluss vergleichend gemeinsame Handlungsfelder zu identifizieren und Entwicklungsszenarien zu erarbeiten.

5.3.2 Entstehung der Subarenen und Umsetzung in der Transitionagenda

Aus der Vision, den Zielen und der Problemstrukturierung können drei bis fünf TT definiert werden, die die Grundlage für die Subarenen bilden. Die Subarenen sollten aus Vertretenden bestimmter politischer, rechtlicher, wirtschaftlicher und kultureller Interessensgruppen bestehen um erste Umsetzungsvorschläge erarbeiten zu können und Chancen für private- und öffentliche Fördermöglichkeiten zu eröffnen.

Anhand der Herausforderungen und der fokussierten Teilbranchen könnten die in Tab. 2.5 genannten TT als Beispiel für die Ausrichtung der Subarenen herangezogen werden. Die Subarenen erarbeiten Ansätze und bilden diese in den sogenannten Transitionwegen und -mustern ab. Diese beschreiben den Anfangs- sowie Endzustand eines Systems, als auch die Mechanismen, die im Zeitverlauf zu einem bestimmten Ergebnis führen (vgl. Haxeltine et al. 2008, S. 99). Diese Ausarbeitung findet durch die Aushandlung verschiedener Interessen statt. Zu diesem Zeitpunkt ist es nicht wichtig, dass alle Beteiligten einer Meinung sind, sondern dass möglichst viele Ideen und Entwicklungsrichtungen diskutiert und qualitative Ergebnisse erzielt werden. Alle erarbeiteten Muster finden sich in der Transitionsagenda wieder, die die Grundlage für die Transitionsexperimente darstellt. Die Transitionsagenda kann ein grundlegendes Strategiepapier der Branche darstellen, anhand dessen gemeinsame Projekte initiiert und Förderprogramme definiert werden können.

Tab. 2.5 Themen- und sektorspezifische Ausrichtungsbeispiele der Subarenen. (Quelle: Eigene Darstellung)

Thematische Ausrichtung der Subarenen (Beispiele für Transitionthemen)*	Sektorspezifische Ausrichtung der Subarenen (Beispiele für Transilionthemen)**
Subarena A: Simplifizierung rechtlicher Grundlagen und grenzüberschreitende Zusammenarbeit	Subarena A: Internationale Herausforderungsstrukturen der Musiklizenzierung in der Phonoindustrie
Subarena B: Schaffung von wettbewerbsfreien Räumen zum Schutz von Innovation	Subarena B: Internationale Herausforderungsstrukturen der Musiklizenzierung im Verlagswesen
Subarena C: Bildungsinitiativen zur Chancenschaffung für zukünftige themenübergreifende Zusammenarbeit	Subarena C: Internationale Herausforderungsstrukturen der Musiklizenzierung bei Verwertungsgesellschaften
Subarena D: …	Subarena D: Internationale Herausforderungsstrukturen der Musiklizenzierung bei Kunstschaffenden
	Subarena E: Internationale Herausforderungsstrukturen der Musiklizenzierung an den Schnittstellen zu weiterführenden Branchen, Mittler_innen und Händler_innen

5.3.3 Von der Agenda zu Experimenten: Einfluss kultureller Unterschiede

Der Übergang von der Theorie zur praktischen Umsetzung ist ein Risikofaktor, da die Unterstützung durch wirtschaftliche Akteur*innen oft an der Finanzierungsfrage aufgehängt wird. Die in der taktischen Ebene erarbeiteten Konzepte in Form von Incentivierungs- und Förderprogrammen sind daher essenziell. Eine Mischfinanzierung aus privaten und öffentlichen Geldern bspw. durch steuerliche Unterstützung bei der Mitarbeit in prozessunterstützenden Experimenten und deren Ergebniskommunikation können Unternehmungen zur Teilnahme motivieren. Dennoch scheint auch bei diesem Ansatz die aus vorherigen Versuchen bekannte Problemstellung der Besitz- und Machtstrukturen problematisch. Ein Modell könnte sein, dass Lösungsmodelle in Form eines Social Business entwickelt werden oder in ihrer Organisation an die öffentliche Hand gebunden sind. Die Schwierigkeit hierbei ist, dass in unterschiedlichen Territorien verschiedene Marktgegebenheiten vorherrschen, sodass Lösungen von Land zu Land verschieden sind. Eine Vereinheitlichung wäre allerdings nicht notwendig, wenn diese auf der gleichen flexiblen globalen Infrastruktur aufgehängt werden können. Dies würde auch die aktuelle Entwicklung territorial begrenzter Lizenzierungshubs wie Capasso, ICE Services oder Armonia einschließen, die aus dem Bedürfnis pan-territorialer

Lizenzierung im Anschluss an die gescheiterte Global Repertoire Database entstanden.

Umso mehr Individuallösungen per Territorium erarbeitet werden müssen, umso zeitaufwendiger und komplexer ist der Prozess. Aus diesem Grund könnte eine weitere Organisationsebene im Transitionszyklus in Form von territorial oder national begrenzten Transitionarenen aufgebaut werden, die auf der Grundlage der internationalen Transitionsagenda eigene Visionen und Ziele in reflexiver Abstimmung mit dem internationalen Konglomerat erarbeiten. In welcher Ausgestaltung die territorialbegrenzten Transitionarenen initiiert werden, muss auf Ebene der internationalen Arena diskutiert und wenn nötig im Zeitverlauf angepasst werden.

5.3.4 Entwicklung territorialbegrenzter Transitionsagenden: Initiator*innen

Auch auf der regionalbegrenzten Ebene können die jeweiligen nationalen Verbände und Branchenzusammenschlüsse initiativ tätig werden. Ist die TA territorial etabliert, so sollte diese genauso Einfluss auf die internationale Anpassung von Zielen und Problemstrukturierungen im fortschreitenden Prozess nehmen können, wie umgekehrt, die internationale TA mit der Erarbeitung der Transitionsagenda auf diese nimmt. Durch die Entwicklung eigener Visionen, Ziele und spezifischen Problemstrukturierungen können die internationalen Ideen lokal angepasst und in den jeweiligen Themen und Subarenen umgesetzt werden. Dabei darf nicht vergessen werden, dass Lösungen nicht von oben herab vorgegeben werden dürfen, sondern aus Nischen entstehen sollten, die durch die TA entstanden, beobachtet und/oder gefördert wurden. Für den Erfolg des Prozesses ist es elementar, dass bereits in der Entwicklung befindliche Nischenalternativen erkannt und eingebunden werden. Eine kontinuierliche Marktbeobachtung, verbunden mit Szenarioplanung und der Kommunikation der Ergebnisse ins Netzwerk, ist daher von hoher Bedeutung. Die TA sollte den Wettbewerb nicht behindern, aber auch nicht Teil von Wettbewerbsstrukturen sein. Sie ist ein Gebilde, das Schutzräume für Entwicklungen schafft und Marktteilnehmende miteinander verbindet. Mit den erarbeiteten Agenden können nun regionalbegrenzte Transitionexperimente stattfinden.

Anhand der territorialbegrenzten Transitionagenden werden Ideen ausgearbeitet. Die finanzielle Incentivierung ist auf dieser Ebene besonders wichtig, aber auch die Gewichtung der Teilnehmenden orientiert sich an dem jeweiligen TT. Die Subarenen können unterschiedlichste Ausgestaltungen annehmen: Sie können in Kooperation mehrerer, als loses Netzwerk aus Branchenteilnehmenden, als Verein oder Social Business organisiert sein. Um zu garantieren, dass Ideen mit der TA geteilt werden, sollten Förderinitiativen gestartet werden, die an bestimmte Bedingungen geknüpft sind. Werden die Ergebnisse mit dem Netzwerk geteilt, können Ressourcen in der Entwicklung gespart werden, was im Endeffekt dafür sorgt, dass weitere Experimente durchgeführt werden können. Die regelmäßige Dokumentation und

Rückmeldung an die TA sorgt zusätzlich dafür, dass Mittel gebündelt und Mehrarbeit reduziert werden kann. Dadurch dass Inkubatoren für Nischenentwicklungen geschaffen werden, können Alternativen im natürlichen Wirtschaftsprozess wachsen, ab einer bestimmten Größe und Relevanz am Wettbewerb teilhaben und sich so im Markt etablieren. Eine vorherige Einigung aller Akteur*innen auf eine Lösung ist nicht notwendig, solange eine Übereinstimmung in den grundlegenden Zielen und Visionen besteht. Erste Erfolge können im internationalen Netzwerk geteilt werden und so die globale Transition weiter vorantreiben.

5.3.5 Internationale Transitionexperimente

Gleichzeitig mit der Ausgestaltung der Transitionarenen auf territorialer Ebene finden internationale Transitionexperimente statt, in denen Modelle für den Austausch der Ebenen, die Kommunikation und internationale Verknüpfung von Lösungsansätzen erarbeitet werden. Ein stetiger Austausch ist gerade auf dieser Ebene notwendig, da ohne diesen Entwicklungsschritt regionale Ansätze nicht in eine globale Lösung einfließen können.

5.3.6 Reflexion und Anpassung

Die reflexive Ebene ist besonders wichtig für die Musikökonomie, um die verschiedenen Interessen der Beteiligten rechtzeitig wahrzunehmen und diese auch in den Experimenten implementieren zu können. Es eignen sich regelmäßige Reportingzyklen mit vorab festgelegten Formaten und Themen sowie Szenarioplanungen und kontinuierliche Planüberprüfungen. Die Finanzierung dieser Reportingzyklen sollte, wie bereits die Initiierung, über die Mitgliedsbeiträge der Branchenverbände abgewickelt werden, bis Alternativen gefunden werden.

5.4 Rekapitulation und kritische Auseinandersetzung

Im vorliegenden Beitrag wurde ein erstes Konstrukt für die Musiklizenzierung diskutiert, um eine bessere Einschätzung treffen zu können, ob TM im Umgang mit und dem Erkennen von Innovationen helfen kann, um das Risiko von Disruptionen und Krisen zu verringern. In Abb. 2.8 und Tab. 2.6 findet sich eine Darstellung des vorgeschlagenen Konstrukts. Es fällt auf, dass die verschiedenen Prozessschritte vorab grob geplant, aber in ihrer Ausführung frühestens mit der Entwicklung erster Ergebnisse eine konkrete Ausgestaltung erfahren können, weshalb der Ansatz zu Beginn auf Skepsis stoßen wird. Da die Ausarbeitung allerdings in einem kleinen Team aus zehn bis 15 Beteiligten beginnt, ist die vollständige Branchenunterstützung (noch) nicht notwendig, sondern wächst mit den Erfolgen des TM sukzessive. Themen und Fokussierungen entstehen durch die Problemstellungen in der Branche automatisch und sollten nicht von vornherein in ihrer Ausführung beschränkt werden. Der

TM-Ansatz ist kein Allheilmittel, allerdings kann er helfen, die Zusammenarbeit in einer Branche zu stärken, ohne den Wettbewerb einzuschränken. Er ist eine Chance, gemeinsamen Wandel voranzutreiben und möglichen Regulationen von politischer Seite, durch Selbstregulation vorzubeugen (Abb. 2.9).

Tab. 2.6 Umsetzungsansatz des Transitionszyklus. (Quelle: Eigene Darstellung)

	Beispiel Organisation, Unternehmung und/oder Akteur_in/Beispiel Ergebnisse	Theoretisches Vorgehen
1. Initiierung International	IFPI/WTO	Es werden möglichst akteursübergreifende Organisationen mit Expertise in der Organisation grenzüberschreitenden Handels und Aushandlungsprozesse identifiziert, die in Kooperation erste initiale Ressourcen zur Verfügung stellen. Diese sollten nicht im Definitionsporzess involviert sein
2. Zusammensetzung der internationalen TA	UNESCO, Berklee College of Music, International Music Council, Vertreter_innen global agierender Musik- und Technologieunternehmen, Vertreter_innen aus der Start-up Szene, Politiker_innen, …	Es werden Akteur_innen mit internationaler Strahikraft und grenzübergreifenden Erfahrungen gesucht und möglihst divers in einem Team von zehn bis 15 Personen zusammengastellt. Wichtig ist, dass die TA permeabel ist und den Austausch einzelner Akteur_innen zulässt
2.1 Erarbeitung der Vision	Globale Rechtedatenbank	Eine globale Vision wird erarbeite.
2.2 Erarbeitung der Problemstrukturierung	Bildung, Zeltrahmen (Macht-)politischer Aushandlungsprozesse, verkürzte Entwicklungszeiten technologischer Neuerungen	Globale Problemstellungen werden identifiziert
2.3 Festsetzung der Transitionthemen	Simplifizierung rechtlicher Grundlagen und grenzüberschreitende Zusammenarbelt; Schaffung von wettbewerbsfreien Räumen zum Schutz von Innovation; Bildungsinitiativen zur Chancenschaffung für zukünftige themenübergreifende Zusammenarbeit	Problemstellungen werden strukturlert und zu drei bis fünf Themen zusammengefasst

(Fortsetzung)

Tab. 2.6 (Fortsetzung)

	Beispiel Organisation, Unternehmung und/oder Akteur_in/Beispiel Ergebnisse	Theoretisches Vorgehen
3. Zusammensetzung der Subarenen	Rechtswissenschaftier_innen mit Schwerpunkt Urheber- und Digitalrecht; Expert_innen der Kultur- und Innovationsförderung; Bildungspolitiker_innen, Netzwerker_innen	Es werden Subarenen zu den einzelnen Themen gebildet, in danen erste taktische Vorgehensweisen erarbeitet werden
3.1 Erarbeitung der Transitionbilder- und -muster	Situation A, Weg A, Ergebnis A; Situation A, Weg B, Ergebnis AB; Situation B, Wag A, Ergebnis BA …	Es werden verschiedene Szenarien erstellt, anhand derer Entscheidungen, über Projekte und Experimente getroffen werden könenn
3.2 Fertigstellung der internationalen Transitionagenda	Strategie- und Visionspapier	Zusammenfassung der erarbeiteten Ergebnisse
4. Übergang zu den internationalen Transitionexperimenten	Umsetzung des Transitionzyklus auf nationaler Ebene	In Form von weiteren nationalen Transitionarenen werden zahlreiche „Experimente" durchgeführt
4.1 Initiierung auf nationaler Ebene	Nationale Verbände und deren Zusammenschlüsse in Deutschland z. B. BVMI, VUT o. ä.	Es werden möglichst akteursübergreifende Organisationen identifiziert, die in Kooperation erste initiale Ressourcen zur Verfügung stellen. Diese sollten nicht im Definitionsprozess involviert sein
4.2 Zusammensetzung der nationalen TA	Vertreter_innen von Untemehmungen, Beauftragle_r für Kultur und Medien, Netzwerke, Künstier_innen, Meinungsbildner_innen …	Es werden Akteur_innen mit nationaler Strahikraft und Erfahrungen zur Thematik gesucht und diese möglichst divers in einem Team aus zehn bis 15 Personen zusammengestellt. Wichtig ist, dass die TA permeabel ist und den Austausch einzelner Akteur_innen zulässt
4.2.1 Erarbeitung der nationalen Vision	Nationale Rechtedatenbank	Angelehnt an die internationale Vision. Wenn keine Übereinstimmung möglich, wird die Reflexion an die internationale TA notwendig, um Anpassungen vorzunehmen

(Fortsetzung)

Tab. 2.6 (Fortsetzung)

	Beispiel Organisation, Unternehmung und/oder Akteur_in/Beispiel Ergebnisse	Theoretisches Vorgehen
4.2.2 Erarbeitung nationaler Problem-strukturierung	Kulturelle Schwierigkeiten, Marktgegebenheiten und Förderstrukturen der einzelnen Länder werden einbezogen	Nationale Problemstellungen werden identifiziert bzw. vorhandene Problemstrukturierungen auf die vorhandenen Marktgegebenheiten angepasst
4.2.3 Festsetzung der nationalen Transitionthemen	Länderspezifisch	Problemstellungen werden strukturiert und zu drei bis fünf Themen zusammengefasst
4.3 Nationale Subarenen	Länderspezifisch	Es werden Subarenen zu den einzelnen Themen gebildet, in denen erste taktische Vorgehensweisen erarbeitet werden
4.3.1 Nationale Transitionbilder und -muster	Länderspezifisch	Es werden verschiedene Szenarien erstellt, anhand derer Entscheidungen über Projekte und Experimente getroffen werden können
4.4 Übergang zu der nationalen Experimenten	Länderspezifisch	Es werden erste länderspezifische Experimente in den einzelnen Nischen durchgeführt
5. Reflexion und Anpassung	Auf allen Ebenen durch alle Akteur_innen	Auf allen Ebenen des Transitionzyklus und zu jedem Zeitpunkt müssen ausführliche Reflextionprozesse und Feedback stattfinden, um die rechtzeitige Anpassung auf veränderte Marktgegebenheiten zu gewährleisten

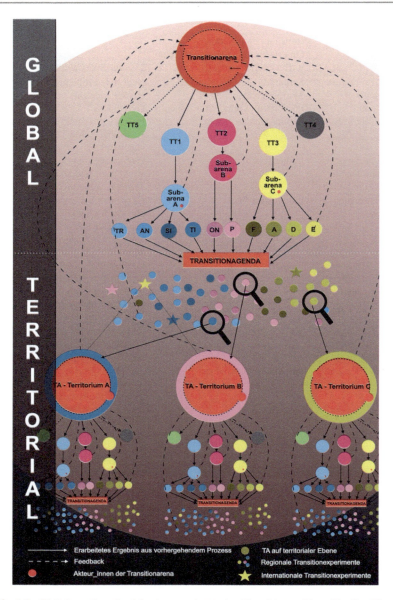

Abb. 2.9 Globale und territoriale Ausgestaltung des Transitionszyklus. (Quelle: Eigene Darstellung)

6   Fazit und Ausblick

6.1   Methodenkritik

Um TM in seiner Anwendbarkeit für persistente Probleme überprüfen zu können, ist ein ausreichendes Verständnis, umfassendes Systemwissen und die Aktualität der Informationsgewinnung vonnöten, was vorliegend nur ansatzweise möglich ist. Die sich überschneidenden Aussagen von Fachleuten und Erkenntnisse aus weiteren Forschungen lassen die Vermutung zu, dass die Reichweite qualitativer Forschung gewährleistet ist.

Die Fachleute konnten sich auf die Fragestellungen vorbereiten, was die Spontanität beeinflusste, gleichzeitig ermöglichte das halbstandardisierte Design spontane Reaktionen. Offene Fragen halfen, ein breit gefächertes Themengebiet abzudecken, beeinträchtigten allerdings Vergleichbarkeit und Auswertungsaufwand.

Um die Fülle an Informationen bearbeiten zu können, wurden deduktive Kategorien festgelegt und erst im Verlauf festgestellt, dass es persistente Probleme schwierig machen, feststehende Kategorien zu bilden. Die darauf folgende induktive Kategorienerstellung half dies auszugleichen. Die Fokussierung (Regime/Nische) war ausreichend, weitere Untersuchungen sollten allerdings die Landschaftsebene einbeziehen.

6.2   Beantwortung der Forschungsfrage

Die Herausforderungsstrukturen wurden in Tab. 2.1 und 2.2 konkretisiert und fassen die persitenten Problemstellungen in drei übergreifenden Aspekten zusammen:

- (macht-)politische Aushandlungsprozesse
- fehlendes (Branchen-)Wissen
- Schnelligkeit des (technologischen) Wandels

Durch die Reaktanz in der Implementierung von Innovation wird klar, dass ein Modell benötigt wird, das die Erarbeitung transformationsunterstützender Lösungsstrukturen ermöglicht.

Die Ergebnisse deuten darauf hin, dass TM helfen kann, die hier vorgefundenen Problemstellungen zu lösen. Diese Schlussfolgerung war aufgrund der folgenden Aspekte möglich:

1. Lösungsimplementierungen – Aushandlungsprozesse
   TM hilft opportunistisches Verhalten zu minimieren. Um Ressourcen zu sparen, werden Projekte gebündelt was die Ausarbeitung mehrerer Ideen zulässt und

Lernprozesse anstößt. Schutzräume werden geschaffen. Alternativen entwickeln sich im natürlichen Wirtschaftsablauf und werden eher akzeptiert.

2. Arbeitsweisen – Umgang mit Wandel
   Durch Markt-/Prozessbeobachtung und Feedback-/Reflexionsschleifen, wird eine weitestgehende Marktabdeckung gewährleistet. Die Nischenförderung wird gesichert, sodass zum Entscheidungszeitpunkt Alternativen vorhanden sind.

3. Simplifizierung – Bildung
   Initiierende Institutionen stellen Lehrmaterialien zur Verfügung, um das Prozessverständnis zu erhöhen. Bildungsprojekte können in Experimenten Ausgestaltung finden.

4. Governance

Durch die Verwendung des Transitionszyklus kann festgehalten werden, dass TM helfen kann die Entdeckung, Entwicklung und Begleitung von Innovationen zu unterstützen. Überzeugungskraft der initiierenden Institutionen ist gefragt, um ein möglichst diverses Set an Fachleuten für die TA zu gewinnen. Da der Prozess über Generationen andauert, ist Geduld vonnöten. Die vorliegenden Antworten können dazu genutzt werden die Forschungsfrage „Kann TM dabei helfen, disruptive Technologien und Arbeitsprozesse in die Musikbranche einzuführen?" zu beantworten:

TM kann unterstützen, potenziell disruptive Technologien frühzeitig zu erkennen und firmenübergreifende Arbeitsprozesse proaktiv zu verbessern. Dabei kann vor allem die reflexive Ebene Sorge tragen, dass Technologien früher erkannt/branchenintern erarbeitet werden können, um nicht auf Outside-In-Entwicklungen angewiesen zu sein/diese assimilieren zu können. Die übergreifende Zusammensetzung der TA sorgt für ein diverses Meinungsbild. Kommunikation kann effizienter gestalten werden, da auf strategischer Ebene keine Übereinstimmung notwendig ist. Der Ansatz ist, ein Governance-Konzept um Wandel transformationsunterstützend zu gestalten, branchenweit zu denken und sollte erst im Rahmen der TA thematisch fokussiert werden – die Konzentration auf das Datenmanagement im Bereich der Musiklizenzierung, wie zu Beginn angedacht, ist daher nicht sinnvoll, da der Transitionszyklus ein Konstrukt ist, dass sich mit den Marktentwicklungen bewegt, anpasst und wächst.

6.3   Wissenschaftlicher und wirtschaftlicher Ausblick

> Everyone knows what the solution is, but no one can pull it off. And that's all political.
> — Cliff Fluet

Um TM zukünftig verwenden zu können, sind noch weitere Auseinandersetzungen vonnöten. Zum einen müssen Modelle des TM analysiert werden, um eine exakte

Planbeschreibung zu ermöglichen. Zum anderen ist es notwendig, die Marktgegebenheiten ausführlich zu begutachten und eine Übersicht aktueller Verbände weltweit und deren (Nicht-)Mitglieder zu erstellen, um die Teilbereichsabdeckung der Branche in verschiedenen Territorien vor der Initiierung abschätzen zu können. Eine umfassende Marktanalyse der Nische hilft dabei, vorhandene Alternativen zu entdecken und muss kontinuierlich aktualisiert werden.

Verbände sollten über die Werkzeuge des Führungskonzepts informiert werden, um eine mögliche Anwendbarkeit zu diskutieren. Problemstrukturen sollten kontinuierlich evaluiert werden, da die Schnelligkeit des Wandels dafür sorgen kann, dass wichtige Aspekte außer Acht gelassen werden. Die Politik muss eingebunden werden (z. B. Erarbeitung Finanzierungskonzepte). Die Bereiche Forschung und Wirtschaft sollten in eine Kooperation und stetigen Austausch treten. Eine übergreifende Problemlösung und Regulation ist nicht nötig oder sinnvoll. Oftmals ergeben sich Lösungen im natürlichen Marktgeschehen, was TM als Governance Konzept – das solche Prozesse erkennen und unterstützen soll – attraktiv macht.

Literatur

Bernstein, A. (2018, 24. Juli). The sound of disruption. Blockchain in the music industry. *Accenture*. https://www.accenture.com/us-en/blogs/technology-innovation/bernstein-blockchain-music-industry Zugriff am 03. Januar 2021.

Bogner, A., Littig, B., & Menz, W. (2014). *Interview mit Experten – Eine praxisorientierte Einführung*. Wiesbaden: Springer.

Boogaard, K. (2021, 26. Dezember). How to write SMART goals. *Atlassian*. https://www.atlassian.com/blog/productivity/how-to-write-smart-goals Zugriff am 10. April 2021.

Brosius, H.-B., Haas, A., & Koschel, F. (2016). *Methoden der empirischen Kommunikationsforschung. Eine Einführung*. Wiesbaden: Springer.

CISAC (Hrsg.) (2012). *Sociedad Prensa. Armonia, first pan-European hub for licensing of online services is now live*. https://es.cisac.org/Sala-de-prensa/Sociedad-prensa/Armonia-first-pan-European-hub-for-licensing-of-online-services-is-now-live-en-ingles-frances. Zugriff am 28. Februar 2021.

ComputerWeekly (2018). *Corporate Governance*. https://www.computerweekly.com/de/definition/Corporate-Governance. Zugriff am 08. März 2021.

Coppini, I. (2016, 1. März). Beyond bitcoin. Blockchain is coming to disrupt your industry. *Deloitte*. https://www2.deloitte.com/mt/en/pages/financial-services/articles/mt-banking-alert-019-blockchain-is-coming-to-disrupt-your-industry.html Zugriff am 03. Januar 2021.

Dolata, U. (2008). Das Internet und die Transformation der Musikindustrie. Rekonstruktion und Erklärung eines unkontrollierten sektoralen Wandels. In Max Planck Institute for the study of societies (Hrsg.), *MPIfG Discussion Paper, 08/7*. https://www.mpifg.de/pu/mpifg_dp/dp08-7.pdf. Zugriff am 13. November 2020.

Dolata, U. (2011). The Music Industry and the Internet. A Decade of Disruptive and Uncontrolled Sectoral Change. *SOI Discussion Paper 2011-02*. https://elib.uni-stuttgart.de/bitstream/11682/5556/1/soi2_dolata_music_industry.pdf. Zugriff am 31. Dezember 2020.

Feess, E., & Gillenkirch, R. (2018). System. In *Gabler Wirtschaftslexikon*. https://wirtschaftslexikon.gabler.de/definition/system-50117/version-273342. Zugriff am 28. Februar 2020.

Geels, F. W. (2004). From sectoral systems of innovation to socio-technical systems. Insights about dynamics and change from sociology and institutional theory. *Res Pol, 33*(5), 897–920.

Geels, F. W. (2006). Major system change through stepwise reconfiguration: A multi-level analysis of the transformation of American factory production (1850–1930). *Technology in Society, 28*(4), 445–476.

Geels, F. W., & Schot, J. (2007). Typology of sociotechnical transition pathways. *Research Polity, 36*(3), 399–417.

Gerst, M., & Gey, R. (2015). Zum Begriff des Artefakts. In Klingner, S., & Schumacher, F. (Hrsg.), Metadaten in der Musikindustrie. Artefakte, Prozesse, Lösungsansätze. Leipziger Beiträge zur Informatik: Band LI (S. 27–37). Leipzig: Institut für Angewandte Informatik e.V.

Gilli, L., & Röver, A. (2019). Die Blockchain in der Musikindustrie. In Ahlers, M., Grünewald-Schukalla, L., Lücke, M., & Rauch, M. (Hrsg.), Big Data und Musik (S. 99–128). Wiesbaden: Springer.

Godsil, J. (2019, 26. November). How Blockchain can disrupt the music industry in 2020. *Irish Tech News*. https://irishtechnews.ie/how-the-blockchain-can-disrupt-the-music-industry/. Zugriff am 3. Januar 2021.

Haxeltine, A., Whitmarsh, L., Bergman, N., Rotmans, J., Schilperoord, M., & Köhler, J. (2008). A Conceptual Framework for transition modelling. Int. J. Innovation and Sustainable Development, 3(1/2), 93–114.

Horx, M. (o. J.). Der Mythos der Disruption. *Zukunftsinstitut*. https://www.zukunftsinstitut.de/artikel/innovation-und-neugier/der-mythos-disruption/. Zugriff am 12. November 2020.

ICE Services (Hrsg.) (o. J.). Services. https://www.iceservices.com/services/. Zugriff am 3. Januar 2021.

Karafyllis, N. C. (2019). Soziotechnisches System. In Liggeri, K., & Müller, O. (Hrsg.) (2019). *Mensch-Maschine-Interaktion, Handbuch zu Geschichte – Kultur – Ethik*. (S. 300–302). Stuttgart: J.B. Metzler. S.

Kotler, P., Armstrong, G., Saunders, J., & Wong, V. (2002). *Grundlagen des Marketing*. 5. Auflage. München: Person Studium.

Linz, C., Müller-Stewens, G., & Zimmermann, A. (2017). Fit für die Zukunft. *Harvard Business Manager, 7*(17), 44–55.

Loorbach, D. (2007). *Transition Management: New Mode of Governance for Sustainable Development. Erasmus Universität Rotterdam*. Utrecht: International Books.

Loorbach, D. (2010). Transition Management for Sustainable Development: A Prescriptive, Complexity-Based Governance Framework. *Governance: An International Journal of Policy, Administration, and Institutions, 23*(1), 161–183.

Loorbach, D., Frantzeskaki, N., & Avelino, F. (2017). Sustainability Transitions Research: Transforming Science and Practice for Societal Change. *The Annual Review of Environment and Resourc, 42*: 4.1–4.28.

Loorbach, D., van der Brugge, R., & Taanman, M. (2008). G Governance in the energy transition: Practice of transition management in the Netherlands. *International Journal Environmental Technology and Management, 9*, 3.

Madeira, A. (2020). Blockchain to Disrupt Music Industry and Make It Change Tune. *Cointelegraph*. https://cointelegraph.com/news/blockchain-to-disrupt-music-industry-and-make-it-change-tune. Zugriff am 3. Januar 2021.

Mayring, P. (2015). *Qualitative Inhaltsanalyse. Grundlagen und Techniken.* 12. überarbeitete Auflage. Weinheim und Basel: Beltz Verlag.

Milosic, K. (2015). GRD's Failure. *Music Business Journal. Berklee College of Music.* http://www.thembj.org/2015/08/grds-failure/ Zugriff am 4. Februar 2020.

Mulligan, M. (2015). *Awakening: The Music Industry in the Digital Age.* London: Midia Research.

Mulligan, M. (2020, 5. März). Recorded Music Revenues Hit $21.5 Billion in 2019. *Music Industry Blog MIDiA.* https://musicindustryblog.wordpress.com/tag/record-label-market-shares-2019/. Zugriff am 31. Dezember 2020.

Music Business Worldwide (Hrsg.) (2016). Who will build the Music Industry's Global Rights Database?. https://www.musicbusinessworldwide.com/who-will-build-the-music-industrys-global-rights-database/. Zugriff am 3. Februar 2021.

MusicHub GmbH (Hrsg.) (2020). Veröffentliche Deine Musik mit MusicHub. https://www.joinmusichub.de. Zugriff am 9. April 2020.

Musikindustrie (2019). Umsatzanteile aus dem Musikverkauf 2019 Physisch/Digital. https://www.musikindustrie.de/markt-bestseller/musikindustrie-in-zahlen/umsatz. Zugriff am 02.01.2020.

Musikwoche (Hrsg.) (2014, 10. Juli). Global Repertoire Database vor dem Aus. https://beta.musikwoche.de/details/382190. Zugriff am 9. November 2020.

Picot, A., Freudenberg, H., & Gaßner, W. (1999). *Maßgeschneidertes Management von Wandel. Ergebnisse des DFG-Forschungsprojekts Anreiz zu Wandel.* Paper. https://www.iom.bwl.uni-muenchen.de/forschung/veroeffentlichungen/veroeffen_pdf/zuerich_manuskript.pdf. Zugriff am 17. Januar 2021.

Rip, A., & Kemp, R. (1998). Technological Change. In Rayner, S., & Malone, E. (Hrsg.), Human choice and climate change: Vol. II. Resources and Technology. Columbus, Ohio: Battelle Press. S. 327–399.

Rotmans, J. (2005). *Societal Innovation. Between dream and reality lies complexity.* Rotterdam: DRIFT, Erasmus Universiteit Rotterdam.

Rotmans, J., Kemp, R., & van Asselt, M. (2001). More Evolution Than Revolution: Transition Management in Public Policy. Foresight, 3(1), 15–31.

Rotmans, J., & Loorbach, D. (2010). Towards a better understanding of transitions and their governance. A systematic and reflexive approach. In Grin, J., Rotmans, J., & Schot, J. (Hrsg.), *Transitions to sustainable development. New directions in the study of long term transformative change* (S. 105–220). New York: Routledge.

Senges, W. (2019). Blockchain als Chance der Verwertungsgesellschaften. In Ahlers, M., Grünewald-Schukalla, L., Lücke, M., Rauch, M. (Hrsg.) (2019), *Big Data und Musik* (S. 53–98). Wiesbaden: Springer Nature.

Staufen AG (Hrsg.) (2019). Erfolg im Wandel – Deutscher Change Readiness Index 2019. https://www.staufen.ag/fileadmin/HQ/02-Company/05-Media/2-Studies/Beratung_Studie__Change_Readiness_2019_DT_DPS.pdf. Zugriff am 06.02.2020.

Tschmuck, P. (2012). Peter Jenner über die Digitale Revolution in der Musikindustrie und die Notwendigkeit eines ‚International Music Registry‘. *Österreichische Gesellschaft für Musikwirtschaftsforschung.* Nach Jenner, P. (2011). *Vortrag über die digitale Revolution in der Musikindustrie am Institut für Kulturmanagement und Kulturwissenschaften der Universität für Musik und darstellende Kunst Wien.* https://musikwirtschaftsforschung.wordpress.com/2012/02/08/peter-jenner-uber-die-digitale-revolution-in-der-musikindustrie-und-die-notwendigkeit-einem-international-music-registry/. Zugriff am 22. November 2020.

van der Brugge, R., & de Graaf, R. (2006). Transformation and Resilience of Water management regimes. Integration of water and spatial planning in Rotterdam. In Rotterdam Conference on the Human Dimensions of Global Environmental Change Berlin (Hrsg.). Berlin: FU Berlin. http://userpage.fu-berlin.de/ffu/akumwelt/bc2006/papers/vdBrugge_deGraaf_Transformative.pdf. Zugriff am 25. Februar 2020.

Werder, v. A. (2018). Corporate Governance. In *Gabler Wirtschaftslexikon.* https://wirtschaftslexikon.gabler.de/definition/corporate-governance-28617/version-367554. Zugriff am 8. März 2021.

Zapfl, D. (2016, 22. August). Welche Innovationsarten gibt es?. Lead. *Innovation Management.* https://www.lead-innovation.com/blog/innovationsarten. Zugriff am 12. November 2020.

Perspektiven virtueller Musikfestivals – eine explorative Analyse eines innovativen Veranstaltungsformats

3

Niklas Franke

Zusammenfassung

The outbreak of the corona pandemic in 2020 plunged the event industry into crisis. Major events, including music festivals, were canceled due to the pandemic. There were massive financial collapses and the lack of planning for festival organizers resulted in a lack of perspective. Within a very short time, alternative event formats had to be found in order to apply existing festivals to the pandemic conditions. In 2021, this crisis continued again with the associated cancellation of major events. In the wake of this development, the event format of virtual music festivals comes to the fore, where visitors can experience digitally provided content. However, due to the scarcity of virtual music festivals, the opportunities and risks of this format have been little explored. This paper examines the event format of virtual music festivals and attempts to identify its perspectives. For this purpose, the realization of individual virtual music festivals in 2020 is examined based on explorative expert interviews of various festival organizers in Germany. Key findings include the influence of solidarity, which was particularly evident during the pandemic among representatives of the most vulnerable sector, and an attitude of uncertainty with regard to the festivals' programs. In addition, the results indicate that in virtual music festivals, compared to traditional music festivals, there are some discomforts in terms of interaction with the participants, which lead to the inability to create a comparable experience. However, the results also show some aspects that can identify the virtual

---

N. Franke (✉)
freischaffend wissenschaftlich tätig, Hamburg, Deutschland

© Der/die Autor(en), exklusiv lizenziert an Springer Fachmedien Wiesbaden GmbH, ein Teil von Springer Nature 2024
L. Grünewald-Schukalla et al. (Hrsg.), *Musik & Krisen*, Jahrbuch für Musikwirtschafts- und Musikkulturforschung,
https://doi.org/10.1007/978-3-658-43383-3_3

music festival as a complementary offer to the physical festival, even after the end of the pandemic.

Schlüsselwörter

Virtuality · Music · Events · Festivals · Virtual technologies · COVID-19 pandemic

1   Einleitung

Rock am Ring, Wacken Open Air, Fusion Festival, Coachella – Musikfestivals sind aus der Veranstaltungslandschaft nicht mehr wegzudenken. Vom Zeitpunkt ihrer Entstehung in der Mitte des letzten Jahrhunderts haben sich Musikfestivals seitdem als eigenständiges Veranstaltungsformat fest innerhalb der Eventbranche etabliert. Nicht ohne Grund wird vielfach von der „Festivalsaison" gesprochen, die jährlich in den Sommermonaten Millionen von Besucher*innen begeistert. Mit dem Jahr 2020 und dem Auftreten des Coronapandemie fand sich die Branche jedoch in einer bisher unbekannten Krise wieder. Großveranstaltungen wurden per öffentlichem Beschluss abgesagt, was zahllosen Veranstalter*innen die finanzielle Grundlage entzog und das Live-Geschäft weltweit zum Erliegen brachte (vgl. Leopold 2020, 2021). Allein in Deutschland lagen die Umsatzerwartungen im Bereich der Musikveranstaltungen im Jahr 2020 um ca. 7 Mrd. € tiefer als noch vor dem Ausbruch der Pandemie (BDKV et al. 2020, S. 13). Bundesweit ist der Umsatzrückgang in der Veranstaltungsbranche mit 80 % für das Jahr 2020 beziffert (vgl. Barth 2021). Zahllose Veranstalter*innen standen in dieser Zeit vor der Herausforderung, innerhalb weniger Wochen und Monate ihre Festivals in eine pandemiegerechte Form umzuwandeln. In diesem Zusammenhang trat das virtuelle Musikfestival als neues Veranstaltungsformat in Erscheinung, bei dem die Besucher*innen sich mittels digitaler Medien Zugang zu den Programminhalten verschaffen konnten, ohne selbst physisch vor Ort zu sein.

Im Eventkontext wird die Einbindung virtueller Elemente in der Praxis bereits seit einigen Jahren erprobt (vgl. Neven 2014, S. 6 f.; Doppler und Holzhüter 2015, S. 138; vgl. Harms 2002, S. 98; vgl. Coppeneur-Gülz und Rehm 2018, S. 8; vgl. Drengner und Wiebel 2020, S. 15 ff.). Hierbei bot sich bisher für die Veranstalter*innen jedoch die Möglichkeit der Durchführung eines hybriden Eventformats, bei dem neben dem physisch stattfindenden Event ein digitales Zusatzangebot für Besucher*innen geschaffen wird. Auf diese Weise lassen sich die Events räumlich erweitern und sprechen damit auch Personen an, die nicht physisch am Event teilnehmen (vgl. Strzebkowski und Lohr 2017, S. 96). Mit dem Verbot physischer Events und dem Zusammentreffen einer Personengruppe im Rahmen von Veranstaltungen rückte nun im Jahr 2020 jedoch das rein virtuelle Eventformat in den Vordergrund. In diesem Format nehmen die Besucher*innen ausschließlich über ein digitales Medium am Event teil und sind nicht physisch vor Ort, was die Rahmenbedingungen des Festivals immens verändert. Zwar finden sich in der Zeit vor Ausbruch der Coronapandemie Beispiele für die Möglichkeit einzelne Programminhalte zu streamen, ohne am Festival direkt teilzunehmen. Ein Festival, dass ohne das physische Pendant lediglich im digitalen Umfeld stattfindet, ist jedoch in vergleichbarer Form, soweit bekannt, noch nicht durchgeführt worden. Die Frage, die sich an dieser Stelle anschließt, ist die nach der wirtschaftlichen Tragfähigkeit dieses Veranstaltungsformats.

In der Forschung ist der Bereich virtueller Musikfestivals bisher aufgrund der Aktualität der Thematik nahezu unbehandelt. Einzelne Veröffentlichungen liefern Ansatzpunkte durch die Untersuchung von Virtualität und Musik (vgl. hierzu Whiteley und Rambarran 2016) oder lassen Übertragungen aus anderen Beispielen im Eventkontext zu (vgl. Pöllmann und Herrmann 2019; vgl. Aichner et al. 2019). Eine umfangreiche Auseinandersetzung mit verschiedenen Thematiken im Bereich der digitalen Eventforschung sowie zahlreiche Anwendungsbeispiele finden sich außerdem in Zangers Herausgeberwerken (vgl. hierzu Zanger 2010; vgl. 2012; vgl. 2014b; vgl. 2015; vgl. 2016; vgl. 2017; vgl. 2018; vgl. 2019; vgl. 2020). Eine wissenschaftliche Auseinandersetzung mit dem Eventformat und dessen spezifischen Gegebenheiten und wirtschaftlichen Potenzialen blieb bisher jedoch aus. Mithilfe dieses Beitrags wird daher der Versuch unternommen, das Veranstaltungsformat auf seine individuellen Eigenschaften zu untersuchen und den Forschungsgegenstand virtueller Musikfestivals zu erschließen. Die zugrunde liegende Forschungsfrage dieses Beitrags lautet: Welche ökonomischen Perspektiven weist das virtuelle Musikfestival als Veranstaltungsformat auf?

Zunächst erfolgt als Grundlage die Begriffsabgrenzung des Musikfestivals von anderen Veranstaltungsformaten, sowie eine kurze Einführung in die Grundlagen des Musikfestivals. Im Anschluss wird das Konzept der Virtualität im Eventkontext dargestellt und das Veranstaltungsformat des virtuellen Musikfestivals erläutert. Danach erfolgt die Vorstellung des Forschungsdesigns und die Präsentation der Ergebnisse der Untersuchung. Am Ende dieses Beitrags folgt eine Schlussbetrachtung, die die gewonnenen Erkenntnisse reflektiert und überdies einen Ausblick auf mögliche Zukunftsperspektiven virtueller Musikfestivals gibt. Dieser Beitrag stellt hierbei einen Auszug der Ergebnisse einer Abschlussarbeit vor, die an der Europa-Universität Flensburg im Masterstudiengang International Management Studies im Jahr 2021 eingereicht wurde (vgl. hierzu Franke 2021).

2   Das Veranstaltungsformat Musikfestival

Der Begriff Musikfestival lässt sich als eine festliche Großveranstaltung beschreiben, die sich über einen Zeitraum von mehreren Tagen erstrecken kann (vgl. Kirchner 2011, S. 17 f.). Es ist zu bemerken, dass das Veranstaltungsformat Musikfestival innerhalb der Festivalbranche eine besondere Form darstellt, da der Fokus auf musikalischen Darbietungen liegt (vgl. Kleemann 2006, S. 112, S. 176). Da jedoch der Anteil an musikalischen Darbietungen im Veranstaltungsformat des Festivals in Deutschland nicht einheitlich festgelegt ist, um den Begriff Festival für Musikfestivals einheitlich zu definieren, gilt das Festival als übergeordnete Bezeichnung für zahlreiche weitere Eventformate (vgl. hierzu unter anderem Food Truck Festivals, Street Art Festivals, etc.). Zudem tritt neben dem Begriff des Festivals in der Literatur außerdem die Bezeichnung Festspiel auf, die dort jedoch als Beispiel eines Festivals genutzt wird (vgl. Prisching 2011, S. 86). Nach dieser Definition erscheint daher eine Erweiterung des Festivals auf den Begriff Musikfestival als Pleonasmus. Dieser Eindruck wird verstärkt durch den Vergleich des Festivals als Variante des Konzerts (vgl. Tröndle 2011, S. 33 f.). Trotz dieser begrifflichen Abgrenzung wird daher in diesem Beitrag neben dem Begriff Musikfestival ebenfalls der Begriff Festival verwendet.

Schlussfolgernd ist das Musikfestival ist als Form des Festivals zu verstehen, das ähnlich wie das Konzert den programmatischen Schwerpunkt auf die Darbietung von musikalischen Auftritten legt, jedoch von einer zeitlichen Perspektive einen längeren Zeitraum beansprucht als das Konzert. Ferner könnte das Musikfestival als eine Ansammlung mehrerer Konzerte innerhalb eines eigenen Eventformats bezeichnet werden. Dem Musikfestival liegen außerdem weitere Charakteristika eines Events zugrunde, darunter die Erlebnisorientiertheit sowie der Aspekt der Einmaligkeit, da das Event nicht in gleicher Form wiederholt werden kann (vgl. Rück 2016, S. 33; vgl. Holzbaur et al. 2010, S. 1). Darüber hinaus besteht auf Seiten der Besucher*innen ein Informationsrisiko, da das Musikfestival im Vorfeld nur schwer bewertet werden kann (vgl. Pöllmann 2018, S. 22). Die Bewertung ist überdies von einem gewissen Grad an Subjektivität geprägt, da die Besucher*innen das Event unterschiedlich erleben (vgl. Holzbaur et al. 2010, S. 8–9). Nach dieser begrifflichen Abgrenzung werden im Folgenden einige Grundlagen über den Markt der Musikfestivals in Deutschland dargestellt, bevor im Anschluss eine soziologische sowie sozialpsychologische Betrachtung des Veranstaltungsformats erfolgt.

Der Markt der Musikfestivals in Deutschland behauptet sich auf internationalem Niveau mit etablierten Festivalmarken wie dem Wacken Open Air – dem größten Metalfestival der Welt (vgl. Theby 2021) – sowie beispielsweise dem Zwillingsfestival Rock am Ring und Rock im Park. Darüber hinaus zeichnet sich Deutschland unter anderem durch Marken wie das Fusion Festival, das Airbeat-One und World Club Dome sowie dem Reeperbahn Festival als international renommiertes urbanes Showcase-Festival aus.

Aus einer ökonomischen Perspektive nimmt das Veranstaltungsformat des Musikfestivals darüber hinaus eine entscheidende Rolle für die Veranstaltungswirtschaft ein. Allein in Deutschland tragen Musikfestivals mit rund 400 Mio. € Umsatz jährlich (Stand 2016/2017) circa 11 % am Gesamtumsatz von Musikveranstaltungen in Höhe von 3655 Mrd. € bei (Bundesverband der Veranstaltungswirtschaft 2017, S. 9) – und die Tendenz ist steigend. Denn obwohl in den vergangenen Jahren die Zahlen der Besucher*innen von Musikfestivals entgegen dem bisherigen Trend nicht weiter ansteigen, erhöhen sich die Umsätze, die mit diesem Format erwirtschaftet werden (vgl. Bundesverband der Veranstaltungswirtschaft 2017, S. 5). In Deutschland fanden im Jahr 2015 1641 Musikfestivals und Musikfestspiele statt (Lutz 2020, S. 8). Nicht zuletzt leisten Musikfestivals sowie weitere Musikveranstaltungsformen ebenfalls einen relevanten Beitrag im Bereich der Erwerbstätigkeit innerhalb der Musikindustrie mit einem Anteil von 33 % (vgl. BDKV et al. 2020, S. 19). Auch für den Musiktourismus (Stand 2019) sorgt das Live-Geschäft für einen wirtschaftlichen Ausstrahlungseffekt in Höhe von ca. 13 Mrd. € (vgl. BDKV et al. 2020, S. 10). Neben der ökonomischen Perspektive des Musikfestivals lassen sich aus einer soziologischen sowie sozialpsychologischen Betrachtungsweise folgende Aspekte feststellen.

Aus soziologischer Hinsicht stellt das Musikfestival unter anderem durch den mehrtägigen Ortswechsel einen eigenen Erlebnisraum dar, in den die Besucher*innen für den Zeitraum des Festivals eintreten. Der Mikrokosmos des Musikfestivals gleicht einem Kurzurlaub, in dem sich Personen mit ähnlichen Interessen versammeln. Die Musik führt hierbei zu der Sozialisierung der Besucher*innen in Gruppen und zur Abgrenzung von dem, was außerhalb des Musikfestivals passiert (Gebesmair 2001, S. 45 und 68). Die Verbindung zueinander beruht dabei im ursprünglichen Sinne auf dem gemeinsamen Interesse für den Besuch des Musikfestivals (Kirchner 2011, S. 151). Das oftmals mehrtägige Programm bietet den Besucher*innen die Möglichkeit ihre favorisierten Musikkünstler*innen live zu erleben (Kirchner 2011, S. 11). Besonders diese Live-Erfahrung spielt für die Fans eine zentrale Rolle (vgl. Roose et al. 2017, S. 8). Die Beziehung zu den Künstler*innen kann in der Situation eines Konzerts und der auftretenden Interaktion das Musikerlebnis steigern (Huber 2018, S. 112). Neben den genannten Aspekten sind die Auswirkungen des sozialen Wandels bemerkbar, die zu einem erhöhten Freizeitbewusstsein beitragen und damit den Wunsch nach freizeitlichen Aktivitäten wecken (vgl. Meffert et al. 2019, S. 136; Schulze 2000, S. 33; Pine und

Gilmore 1999, S. 5). Zudem ist der Aspekt der Alltagsflucht festzustellen (vgl. Danielsen und Kjus 2017, S. 5; Kirchner 2011, S. 59). Die Teilnehmer*innen sind
maßgeblich an der Gestaltung des Erlebnisses beteiligt (Kirchner 2011, S. 88). Das
Event des Musikfestivals wird somit erst durch die Teilnahme der Besucher*innen
vervollständigt und als Erlebnisraum erzeugt. Das Erlebnis als solches wird dabei
nicht nur durch das physische Event an sich bestimmt, sondern ebenfalls durch das
gemeinsame Rezipieren des Erlebten sowie die Interaktionen zwischen den Teilnehmer*innen und den Künstler*innen (vgl. Krohn-Grimberghe 2018, S. 388; Seibert et al. 2018, S. 431).

Aus einer sozialpsychologischen Perspektive lassen sich durch das gemeinsame
Erleben der künstlerischen Darbietungen einige Gruppeneffekte feststellen, die im
Rahmen des Musikfestivals auftreten, einen starken Einfluss auf die Wahrnehmung
des Erlebnisses der einzelnen Teilnehmer*innen ausüben und das Erlebte emotional aufladen (vgl. Herbst 2015, S. 23 ff.). Emotionen können sich hierbei von Teilnehmer*in zu Teilnehmer*in übertragen, wie der in Abb. 3.1 dargestellte Prozess
der „emotionalen Ansteckung" zeigt.

Die Übertragung einer Emotion von Sender*in zur Empfänger*in wird hierbei
durch eine Interaktion zwischen zwei Teilnehmer*innen ausgelöst, in der ein ge-
zeigter emotionaler Ausdruck nachgeahmt wird und damit eine eigene Emotion
hervorruft. Diese Emotionalisierung trägt zudem dazu bei, dass das Erlebte als besonders einzigartig empfunden wird und es damit mit höherer Wahrscheinlichkeit
in Erinnerung bleibt (vgl. Wolf und Jackson 2015, S. 45; Kirchgeorg et al. 2009,
S. 148). Diese Erkenntnis zahlt wiederum auf den eingangs erwähnten Effekt der
Einzigartigkeit ein, der Veranstaltungen innewohnt. Diese Einzigartigkeit wird
überdies durch die vorherrschende multisensuale Wahrnehmbarkeit bedingt (vgl.
Hartmann 2012, S. 28 f.).

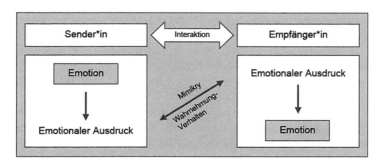

Abb. 3.1 Prozess der emotionalen Ansteckung. (Quelle: Lohmann et al. 2015, S. 66)

Musikfestivals weisen damit einen hohen Grad an Einbindung der Teilnehmer*innen auf und beweisen dadurch ihren Wert als Veranstaltungsformat. Zudem werden die enormen ökonomischen Effekte des Festivals für die Veranstaltungsbranche deutlich. Doch wie verhält es sich im Falle eines Veranstaltungsformats, bei dem die Teilnehmer*innen physisch nicht anwesend sind? Der folgende Abschnitt beschäftigt sich mit dem Konzept der Virtualität sowie den Eigenschaften des Veranstaltungsformats des virtuellen Musikfestivals, die die Grundlage für die anschließende explorative Analyse bilden.

3 Das Veranstaltungsformat virtuelles Musikfestival

Wird der Versuch unternommen, das virtuelle Musikfestival eindeutig zu definieren, so ist zunächst festzustellen, dass der Begriff der Virtualität in Verbindung mit dem Begriff des Musikfestivals in der Literatur bisher unbeachtet geblieben ist. Eine begriffliche Abgrenzung des Veranstaltungsformats erfordert daher einen generalisierten Blick auf Anwendungsgebiete von Virtualität im Eventkontext. Das Konzept der Virtualität beschreibt in der Literatur den Aspekt der räumlichen Dispersion, die mittels digitaler Technologien überbrückt wird (vgl. Zanger 2014a, S. 8; Syhre und Luppold 2018, S. 1; Gibson und Gibbs 2006, S. 451; Schweitzer und Duxbury 2010, S. 270; Nardi 2015, S. 16). Zudem weist der Begriff der Virtualität auf eine nicht vorhandene physische Verbindung zwischen Akteuren hin (Zanger 2013, S. 7 f.). Darüber hinaus wird Virtualität mit etwas nicht Realem assoziiert (Shields 2006, S. 284). Um den Fokus des Beitrags auf die Aspekte der Voraussetzung digitaler Medien sowie der Ortsunabhängigkeit in Verbindung mit dem Begriff der Virtualität zu lenken, wird der Begriff des digitalen Musikfestivals ebenfalls angewendet. Schlussfolgernd beschreibt das virtuelle oder digitale Musikfestival ein Festival, dessen Darbietungen der Künstler*innen sowie weitere Programminhalte auf digitalem Wege an ein Publikum ausgestrahlt werden, das nicht physisch am festgelegten Austragungsort des Festivals versammelt ist. Die Inhalte werden hierbei mittels digitaler sowie internetfähiger Medien, darunter Smartphone, Desktop Computer oder Fernsehgerät abgerufen, um die Programminhalte trotz räumlicher Dispersion erleben zu können. Hierbei bieten sich für die Veranstalter*innen verschiedene Möglichkeiten, um die Inhalte an das Publikum zu übertragen. Neben dem Ausstrahlen bereits vorproduzierter Inhalte ermöglicht das sogenannte Live-Streaming die Übertragung von digitalen Inhalten in Echtzeit (vgl. Grosser 2017, S. 54). Hierbei kommen als Übertragungskanäle ebenfalls soziale Netzwerke sowie Videoplattformen wie Twitch oder YouTube zum Einsatz (vgl. Zanger 2013, S. 11; Hosang et al. 2020, S. 29). Weitere eventspezifische Charakteristika des Festivals, wie die Dauer oder inhaltliche Ausrichtung bleiben durch den Aspekt der Virtualität unberührt.

Welche grundlegenden Annahmen lassen sich nun bei der Untersuchung des Veranstaltungsformats anstellen? Zunächst besteht aufgrund der rein virtuellen Verfügbarmachung der Inhalte keinerlei vergleichbare kapazitive Limitierung der Publikumszahlen, die im Falle des herkömmlichen Musikfestivals auftritt. Durch die virtuelle Übertragung des Programms lässt sich das Angebot somit unbegrenzt skalieren und einer weltweiten Gruppe an Besucher*innen präsentieren. Im gleichen Zug erfordert die physische Abwesenheit des Publikums im Allgemeinen einen erheblich verringerten Aufbau der wie üblich benötigten Festival-Infrastruktur. Eine „Kleinstadt auf dem Acker" unter Berücksichtigung der notwendigen Sicherheitsauflagen zu errichten, ist für das virtuelle Musikfestivals daher nicht erforderlich, was zu einer Kostenreduktion für die Veranstalter*innen führt. Einen weiteren Aspekt im Falle des virtuellen Musikfestivals stellt die zusätzliche Möglichkeit der Verwertung der digitalen Inhalte dar. Eines der grundsätzlichen Charakteristika des herkömmlichen Events ist der Faktor der Einmaligkeit: Wenn das Event vorbei ist, lässt sich das Erlebte nicht wiederholen, da lediglich dessen Besucher*innen vom Geschehen berichten können. Eine digitale Übertragung der Inhalte ermöglicht hierbei allerdings die simultane Speicherung und damit Veröffentlichung der Inhalte im Rahmen einer Zweitverwertung. Hierbei handelt es sich keinesfalls um eine vollkommen innovative Nutzungsmöglichkeit der Inhalte – aufgezeichnete Musikdarbietungen, die über verschiedene Medien ausgestrahlt werden, existieren bereits seit Jahrzehnten, zum Beispiel in Form von Live-DVDs. Dennoch ist denkbar, dass die Aufzeichnung des gesamten Programms sowie der begleitenden Interaktionen zwischen Publikum und Künstler*innen im digitalen Umfeld den Weg für alternative Verwertungsansätze ebnet.

Demgegenüber mangelt es dem virtuellen Musikfestival an einem zentralen Aspekt, der für die Besucher*innen im Falle des herkömmlichen Musikfestivals zu einer Teilnahme motiviert. Das virtuelle Musikfestival erfordert keinen physischen Ortswechsel der Besucher*innen, sondern kann über verschiedene Medien im eigenen häuslichen Umfeld erlebt werden. Der Effekt der Alltagsflucht entsteht hierbei nicht im vergleichbaren Maße, sodass beispielsweise alltägliche Störungen (zum Beispiel das Annehmen von Telefonaten oder der Post) mit der ungehinderten Rezeption der Inhalte interferieren. Darüber hinaus ist bei dem Besuch des virtuellen Musikfestivals der Einfluss der Second-Screen Nutzung denkbar, der sich negativ auf die Aufmerksamkeit der Besucher*innen auswirken kann (vgl. Altendorfer 2016, S. 364; Strippel 2017, S. 109). Darüber hinaus ist die exzessive Bildschirmnutzung zum Erleben des virtuellen Musikfestivals aus gesundheitlichen Aspekten fragwürdig (vgl. Kirst und Peter 2020, S. 3). Schließlich ist zu bemerken, dass durch das fehlende, physisch anwesende Publikum die in Abschn. 2 genannten soziologischen sowie sozialpsychologischen Faktoren entfallen – die jedoch im gleichen Zug einen entscheidenden Beitrag zum Gesamterlebnis des Festivals leisten (vgl. Coppeneur-Gülz und Rehm 2018, S. 8). Aufgrund der Tatsache, dass sich die Besucher*innen beim Erleben des virtuellen Musikfestivals an unterschiedlichen Orten befinden, findet zudem keine direkte physische Interaktion miteinander statt. Interaktionen werden mithilfe des Mediums geführt und durch die Gegebenheiten des Mediums limitiert, weshalb sich die multisensitive Wahrnehmung der Festivalteilnehmer*innen auf einem herkömmlichen Festival nicht in vergleichbarem Maße in das digitale Umfeld übertragen lässt (vgl. Hartmann 2012, S. 28–29).

Beispiele für die Umsetzung virtueller Musikfestivals sind insbesondere seit dem Ausbruch der Coronapandemie im dem Jahr 2020 zu beobachten. Zahlreiche Veranstalter*innen transformieren ihre Festivals in eine virtuelle und pandemiegerechte Form, um dem andernfalls verlustreichen Geschäftsjahr entgegenzuwirken (vgl. hierzu Kunz 2020; Kreienbrink 2020). Diese Durchführungen gelten jedoch als erste Feldversuche im Bereich der Veranstaltungsbranche, da vergleichbare Events in den Jahren vor der Pandemie ausgeblieben sind. Die Frage, die sich an die vorangegangenen Schilderungen anschließt, ist die der finanziellen Tragfähigkeit eines virtuellen Musikfestivals. Aus diesem Grund untersucht der vorliegende Beitrag mittels einer explorativen Expertenbefragung etablierter deutscher Festivalveranstalter*innen die folgende Forschungsfrage: Welche ökonomischen Perspektiven weist das virtuelle Musikfestival als Veranstaltungsformat auf?

4 Forschungsmethodik

Speziell in Hinblick auf den Bereich ökonomischer Perspektiven bleiben wissenschaftliche Erkenntnisse bislang aus. Für die Praxis wird dies anhand fehlender Implikationen für die Veranstalter*innen deutlich. Die geringe Anzahl an durchgeführten virtuellen Musikfestivals vor dem Ausbruch der Pandemie im Jahr 2020 sowie das Fehlen wissenschaftlicher Veröffentlichungen im Bereich der virtuellen Eventforschung von Musikveranstaltungen begründet die Wahl einer explorativen Forschungsmethode. Die explorative Forschungsmethode erfüllt die Funktion der Eröffnung eines Forschungsfeldes und beginnt damit, dieses für weitere Forschungsunterfangen zu ebnen (vgl. Kaiser 2014, S. 30). Als explorative Methode wurde in diesem Beitrag die qualitative Befragung von Expert*innen gewählt. Durch ihren Zugang zu spezifischem Wissen können relevante Informationen generiert werden, um neue Erkenntnisse zu gewinnen. Insgesamt wurden im

Rahmen der Untersuchung sechs Interviews mit Expert*innen durchgeführt, darunter sowohl die Geschäftsführungen als auch Mitarbeitende des digitalen Marketings etablierter deutscher Festivalmarken. Die Anzahl der Interviews ist in den Rahmenbedingungen der Universität in Bezug auf die genannte Masterarbeit begründet, an die dieser Beitrag angelehnt ist.

Die Auswahl der Expert*innen erfolgte einerseits auf Grundlage Ihrer Reputation im Veranstaltungsbereich als auch in Bezug auf die Durchführungen ihrer jeweiligen virtuellen Festivals. Es galt, innerhalb der Analyse ein möglichst breites Spektrum an Veranstaltungen abzubilden, die sich in Größe sowie programmatischer Ausrichtung unterscheiden, um verschiedene Betrachtungsweisen hinsichtlich der ökonomischen Perspektiven zu erhalten. Zu den an der Befragung teilgenommenen Festivalveranstalter*innen zählen das Wacken World Wide, das Deichbrand at Home Festival sowie das Reeperbahn-Festival. Außerdem wurden die Veranstalter*innen des Zeitgleich Festivals (ein Zusammenschluss der Festivals Sound of the Forest, Watt en Schlick Fest sowie des Rocken am Brocken, von denen das Sound of the Forest sowie das Watt en Schlick Fest teilgenommen haben) sowie die European Metal Festival Alliance, kurz EMFA, (ein gemeinsam durchgeführtes Event von 13 europäischen Metalfestivals, von denen das Summer Breeze Open Air an der Befragung teilgenommen hat) befragt. Die Befragungen wurden als Einzelinterviews im Zeitraum Januar bis Februar 2021 mittels eines Leitfadens durchgeführt (vgl. Gläser und Laudel 2009, S. 42). Hierdurch soll den Gesprächspartner*innen durch die teilstandardisierte Befragungsform die Option der freien Gesprächsführung eröffnet werden. Der Leitfaden bestand aus zwei inhaltlichen Themenschwerpunkten und beinhaltete neben Fragestellungen, die sich auf strategische Aspekte bezogen, ebenfalls einen Teil, der sich konkret mit der operativen Durchführung des virtuellen Musikfestivals befasste. Als methodische Grundlage für den Leitfaden wurde eine reduzierte Form des Business Model Canvas verwendet, die in Abb. 3.2 zu sehen ist.

In dieser reduzierten Form des Business Model Canvas sind diejenigen Bestandteile aufgeführt, die bei der Beschreibung des Geschäftsmodells von Musikfestivals zu den relevantesten Aspekten zählen, darunter zum Beispiel die Kundensegmente, die sich auf die relevanten Kund*innen (vgl. Osterwalder und Pigneur 2010, S. 20) beziehen. Im Wertangebot sind sämtliche Services sowie Produkte zusammengefasst, die einen Wert für die potenziellen Kund*innen liefern (vgl. Osterwalder und Pigneur 2010, S. 22). Mit den Kanälen wird Bezug auf sämtliche Kommunikationswege des Unternehmens genommen, mit denen das Wertangebot an die Kund*innen übermittelt werden kann (vgl. Osterwalder und Pigneur 2010, S. 26). Die Schlüsselpartnerschaften beziehen sämtliche strategische Partnerschaften mit ein, die dazu beitragen, die relevanten Ressourcen zu beschaffen

Abb. 3.2 Reduzierte Form des Business Modell Canvas. (Eigene Darstellung, in Anlehnung an Osterwalder und Pigneur 2010, S. 18–19)

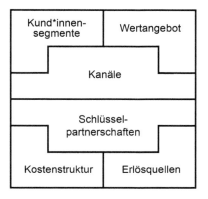

sowie das Risiko des Unterfangens zu verringern (vgl. Osterwalder und Pigneur 2010, S. 38–39). Während der Aspekt der Kostenstruktur die anfallenden Kostenpunkte beinhaltet, umfassen Erlösquellen sämtliche Erlösströme, die in Verbindung mit der Wertschöpfung stehen (vgl. Osterwalder und Pigneur 2010, S. 30, S. 40).

Im Anschluss an die Erhebung der Daten wurde das gewonnene Material mithilfe der qualitativen Inhaltsanalyse anhand von Kategorien in Anlehnung an Kuckartz (2018) ausgewertet. Die qualitative Inhaltsanalyse gilt als adäquate Methode in Zusammenhang mit explorativen Forschungsdesigns, da es hierbei um die Gewinnung von Informationen geht (vgl. Bogner et al. 2014, S. 72). Das Kategoriensystem wurde mithilfe eines hybriden Ansatzes auf Basis deduktiver sowie induktiver Verfahren gebildet. Als Grundlage für die Kategorienbildung diente erneut die reduzierte Form des Business Model Canvas. Die weitere Orientierung zur Kategorienbildung wurde im Anschluss an die Datenerhebung nach einem induktiven Ansatz verfolgt, um die Daten möglichst frei auswerten zu können (vgl. Kuckartz 2018, S. 64). Im Folgenden werden einige der Ergebnisse dieser Analyse vorgestellt. Zusätzlich zu den zwei Hauptkategorien der strategischen sowie operativen Aspekte werden zudem in einer dritten Hauptkategorie diejenigen Aussagen zusammengefasst, die sich auf mögliche Zukunftsperspektiven virtueller Musikfestivals beziehen.

5   Präsentation der Ergebnisse

Unter Berücksichtigung der Limitation dieses Beitrags findet die Präsentation der
Ergebnisse in einer leicht abgewandelten Form statt im Vergleich zu der Abschlussarbeit, die diesem Beitrag zugrunde liegt. Das bedeutet, dass einige der Kategorien
zusammengefasst dargestellt werden oder entfallen. In der Präsentation der Ergebnisse wird nach strategischen Überlegungen sowie operativen Aspekten der Durchführung virtueller Musikfestivals unterschieden. Außerdem werden Aussagen der
Expert*innen, die sich auf die zukünftigen Perspektiven des Veranstaltungsformats
beziehen, in einer gesonderten Hauptkategorie zusammengefasst. Ein Überblick
der Ergebnisse ist Tab. 3.1 zu entnehmen.

Tab. 3.1 Zusammenfassung der Ergebnisse der explorativen Befragung der Expert*innen

Strategische Aspekte
• Festivalveranstalter*innen halten jeweilige Marken während des Pandemiejahres in den Medien aufrecht
• Zeigen einer solidarischen Haltung mit den Fans, die sich im häuslichen Lockdown befanden
• Erschließung neuer Zielgruppen durch Entfall geographischer Barrieren
Operative Aspekte
Technische Umsetzung
• Höhere Anforderungen der Umsetzung aufgrund der Bereitstellung der digitalen Übertragung der Programminhalte
• Nutzung von alternativen Locations (Studios, etc.) für Aufnahme und Übertragung der Inhalte aufgrund verbesserter technischer Infrastruktur
Kundensegmente
• Außergewöhnlicher Anstieg in der Reichweite der Inhalte, jedoch erschwerte Messbarkeit
• Publikum bestehend aus Besucher*innen der herkömmlichen Festivalveranstaltung sowie Personen, die physischen Festivalbesuch für gewöhnlich ausschließen
Kanäle
• Verschiedene Kanäle zur Übertragung der Programminhalte benutzt, darunter Rundfunk, Social Media Plattformen sowie eigens geschaffene digitale Systeme
• Kanäle zeigen individuelle Eigenschaften, die das virtuelle Musikfestival beeinflussen
• Auftreten von Second-Screen-Nutzung im Rahmen der digitalen Übertragung
Programmgestaltung
• Unsicherheit in Bezug auf Zahlungsbereitschaft des Publikums erschwert klare Gestaltung
• Parallel ausgestrahltes Programm führt zu gegenseitigem Kannibalisierungseffekt
• Programmgestaltung wird durch außersaisonale Konzepte ergänzt

(Fortsetzung)

Tab. 3.1 (Fortsetzung)

Interaktivität
- Interaktivität zwischen Besucher*innen und Künstler*innen durch digitales Umfeld erschwert
- Wege zur Herstellung direkter Interaktion im digitalen Umfeld schwer kontrollierbar durch Veranstalter*innen

Schlüsselpartnerschaften
- Gleichermaßen im Rahmen virtueller Musikfestivals von großer Relevanz
- Solidaritätsgedanke als zentraler Faktor für Umsetzung virtueller Musikfestivals festgestellt

Kostenstruktur
- Verringerte Gesamtkosten in der Durchführung virtueller Musikfestivals bemerkbar
- Rechtemanagement tritt als neuer Kostenpunkt mit erhöhter Intensität in den Vordergrund
- Verzerrte Situation aufgrund pandemiebedingter, vorherrschender Solidaritätshaltung der Gesellschaft

Erlösquellen
- Haupterlöse aus Ticketeinnahmen sowie Gastronomieumsatz werden in verringertem Umfang generiert oder entfallen vollkommen im virtuellen Musikfestival
- Alternative Finanzierungsmodelle kommen zum Vorschein, darunter Crowdfunding-Kampagnen, Spendenkampagnen, Merchandising-Verkäufe von exklusiven Inhalten sowie öffentliche Bezuschussung
- Verzerrte Situation aufgrund pandemiebedingter, vorherrschender Solidaritätshaltung der Gesellschaft

Zukunftsperspektiven virtueller Musikfestivals
- Nutzung virtueller Musikfestivals als Parallelangebot für eine rein digitale Zielgruppe denkbar
- Einsatz einzelner Programminhalte für außersaisonale Nutzung im Rahmen von Marketingmaßnahmen
- Ausschluss von Virtual Reality Technologie in der derzeitigen Form aufgrund fehlender Verbreitung sowie rudimentärer Funktionen, die kein vergleichbares Erlebnis des klassischen Festivals erzeugen

5.1   Strategische Aspekte

Unter den strategischen Aspekten sind diejenigen Aussagen zusammengefasst, die sich auf die langfristige Planung der Veranstalter*innen sowie deren Motive und Beweggründe beziehen, die zu der Umsetzung des virtuellen Musikfestivals geführt haben. Demnach wurden virtuelle Musikfestivals im Jahr 2020 unter anderem durchgeführt, um die Markennamen der Festivals trotz pandemiebedingten Ausfalls in den Medien und der Öffentlichkeit zu halten und Brand Building zu betreiben. In diesem Zusammenhang spielte zudem die Herausbildung neuer Marken eine Rolle, wie die Veranstalter*innen des Zeitgleich Festivals äußerten. Hierbei ging es darum, sich als innovative Veranstalter*innen der Branche zu präsentieren und zu zeigen, dass neue Trends wie die Digitalisierung ebenfalls in der Veranstaltungsbranche anwendbar sind. Darüber hinaus galt es, für die sich in häuslicher Isolation befindlichen Fans ein Angebot zu schaffen. Hierbei sollten die Aktivitäten der Veranstalter*innen ein Bild der Solidarität in der Öffentlichkeit vermitteln und ein Zeichen setzen, dass ebenfalls in der Branche, trotz pandemischer Lage, Gedanken über alternative Formate entstehen.

Eine weitere zentrale Überlegung der Veranstalter*innen bestand darin, zu erproben, inwieweit ein virtuelles Musikfestival eine höhere Reichweite als die physische Form erzielen kann. Besonders auf Seiten international bekannter Festivalmarken wie dem Wacken Open Air bestand hierbei die Möglichkeit, Fans auf globaler Ebene mit den virtuellen Inhalten zu erreichen. Dies was nach Aussage der Veranstalter*innen vor allem für Fans von erhöhtem Interesse, die aufgrund der geografischen Entfernung bisher keine Möglichkeit hatten, das Event physisch zu besuchen. Die Erhöhung der Reichweite stellte ebenfalls für die Veranstalter*innen des Zeitgleich Festivals eine relevante strategische Überlegung dar, da mit der Durchführung der Versuch unternommen wurde, die Reichweiten der teilnehmenden Festivals zu kombinieren und überdies durch den Rundfunkpartner neue Zielgruppen zu erreichen.

5.2   Operative Aspekte

Die Kategorie der operativen Fragestellungen umfasst neben der technischen Umsetzung der virtuellen Musikfestivals sowie den genutzten Kanälen zur Übertragung der virtuellen Inhalte ebenfalls die Kundensegmente sowie die Programmgestaltung der Veranstaltung. Darüber hinaus werden Aspekte in Bezug auf die Interaktivität zwischen den Besucher*innen untereinander sowie zwischen den Künstler*innen und den Besucher*innen genannt. Schließlich sind in der Kategorie ebenfalls die Elemente enthalten, die sich auf die Schlüsselpartnerschaften sowie auf das Kosten- und das Erlösmodell beziehen. Vor allem in dieser Hauptkategorie kommen die deduktiv gebildeten Kategorien des theoretischen Bezugsrahmens in Form des reduzierten Modells des Business Model Canvas zum Tragen. Eine Ausnahme besteht im Falle der Subkategorien „Programmgestaltung" und „Interaktivität", die anstelle der eingangs deduktiv gewonnener Kategorie „Wertangebot" basierend auf den Erkenntnissen der Datenerhebung durch einen induktiven Ansatz gebildet wurden.

5.2.1 Technische Umsetzung

In Bezug auf die technische Umsetzung eines virtuellen Musikfestivals waren unterschiedliche Herangehensweisen vertreten. Das Programm des Festivals wurde entweder während eines Livestreams an die virtuellen Besucher*innen ausgestrahlt oder in vorproduzierter Form zum Zeitpunkt des Festivals veröffentlicht. In diesem Zusammenhang zeigten die Veranstalter*innen ebenfalls Archiv-Material, das teilweise aus bisher unveröffentlichtem Material bestand. Darüber hinaus fand im Fall des Reeperbahn-Festivals sowie des Zeitgleich Festivals die Übertragung der Inhalte von mehreren Standorten aus statt. Während viele Festivals das Streamen der Programminhalte in einem für das Festival üblichen Setting auf einer Open-Air-Bühne umsetzten, nutzten die Veranstalter*innen des Wacken World Wide ein Studio für die Übertragung der Inhalte. Hier kamen ebenfalls sogenannte Mixed Reality Elemente wie die XR-Technologie bei der Produktion zum Einsatz. Dies bedeutet, dass die live auftretenden Künstler*innen durch Kameras abgefilmt und direkt in ein virtuelles Umfeld gesetzt werden konnten.

Die genannten Beispiele weisen bei der Durchführung ein unterschiedlich hohes Maß an technischen Anforderungen auf. Während beim Wacken World Wide die Inhalte von einem Ort mit gesicherter technischer Infrastruktur aus verfügbar gemacht werden konnten, wurden andere Veranstalter*innen in den jeweiligen Locations vor komplexe technische Voraussetzungen gestellt. Für einen mehrtägigen Livestream, der von den häufig abgelegenen und technisch strukturschwachen Austragungsorten der Festivals übertragen wird, waren beispielsweise zusätzliche Stromkapazitäten sowie Breitbandverbindungen erforderlich. Die notwendige technische Erschließung der Veranstaltungsfläche stellte die Veranstalter*innen nicht nur vor besondere Herausforderungen in der Planung, sondern ebenfalls vor weitere Kosten, wie das Beispiel des Zeitgleich Festivals zeigt: Zusätzliche Stromkapazitäten sowie eine Breitbandverbindung am Nordseestrand für das Watt en Schlick Fest oder in den Odenwald für das Sound of the Forest zu verlegen, erhöhte den technischen Aufwand stark. Im Falle des Reeperbahn Festivals, das als urbanes Festival im Hamburger Stadtteil St. Pauli stattfindet, konnte dagegen von der existierenden technischen Infrastruktur der ansässigen Clubszene profitiert werden. An dieser Stelle ist jedoch zu bemerken, dass Open Air Festivals wie das Deichbrand Open Air sowie das Wacken Open Air auch in früheren Jahren bei der Durchführung ihrer Festivals bereits vergleichbare Technik zur Übertragung ausgewählter Inhalte eingesetzt haben, allerdings nicht in vergleichbarem Umfang. Ein erhöhter technischer Aufwand in der Umsetzung virtueller Veranstaltungsformaten ist daher vor allem bei kleineren Festivals und Open Airs festzustellen.

5.2.2 Kundensegmente

Unter den Kundensegmenten, die durch das virtuelle Angebot der Veranstalter*innen angesprochen wurden, wiesen die Expert*innen auf eine gewisse Schnittmenge mit ihren bestehenden Zielgruppen hin. Aufgrund der erhöhten Reichweite ihrer virtuellen Musikfestivals stellten sie allerdings eine Erweiterung ihrer Zielgruppe auf ein neues Publikum fest. Hierbei bestand das Publikum zwar nicht zwangsweise aus Personen, denen die Festivalmarke bisher vollkommen unbekannt war. Das Angebot sprach dennoch in der virtuellen Version vor allem diejenigen Personen an, die das Festival physisch unter anderem aus persönlichen Gründen, darunter gesundheitlicher, finanzieller oder familiärer Natur sowie beruflichen Verpflichtungen für gewöhnlich nicht besuchen. Aus Sicht der Befragten zeigt diese virtuell zugeschaltete Zielgruppe ein großes Potenzial für das virtuelle Musikfestival in einer langfristigen Form und es fiel der Begriff einer „digitalen Zielgruppe". Allerdings sind sich die Veranstalter*innen einig, dass ihrer virtuellen Musikfestivals vorrangig von Teilnehmer*innen besucht wurden, die die klassische Festivalausgabe vor dem Ausbruch der Pandemie besucht hätte. Durch das Verbot der Großveranstaltungen fehlten jedoch Alternativen, sodass das virtuelle Angebot wahrgenommen wurde.

Anhand der Aussagen der Expert*innen ist festzustellen, dass die erzielte Reichweite ihrer virtuellen Musikfestivals in sämtlichen Fällen in Bezug auf die digitalen Zugriffszahlen die Publikumszahlen ihrer bisherigen physischen Veranstaltungen deutlich überschritten haben. Die erreichten Reichweiten überstiegen die Zahl der sonst anwesenden Besucher*innen um ein Vielfaches. Das Wacken World Wide wies beispielsweise auf eine absolute Zahl von 11 Mio. Abrufen hin – hierbei ist der Unterschied zu den sonst 80.000 Besucher*innen des Wacken Open Air deutlich zu erkennen. Es zeigte sich außerdem, dass kostenlos verfügbar gemachte Inhalte eine gesteigerte Reichweite gegenüber bezahlpflichtigen Angeboten aufweisen. Zu hinterfragen ist an dieser Stelle die Qualität der gemessenen Metriken, da der Abruf eines Inhalts schwer mit dem mehrtägigen Konsum der Programminhalte durch physisch anwende Besucher*innen vergleichbar ist. Im Rahmen der Nutzung von Plattformen als Austragungsort des virtuellen Musikfestivals könnte darüber hinaus der Aspekt des User Generated Content relevant sein, um durch die geschaffenen Inhalte der Besucher*innen zusätzliche Reichweite zu erhalten.

Daraus ist zu folgern, dass sich mit virtuellen Musikfestivals zum einen das Publikum physischer Veranstaltungen ansprechen lässt, darüber hinaus jedoch Potenziale bestehen ebenfalls Zielgruppen zu erreichen, die bisherigen physischen Festivals ferngeblieben sind.

5.2.3 Kanäle

Unter den gewählten digitalen Kanälen zur Verfügbarmachung der Inhalte verwendeten die Veranstalter*innen verschiedene Medien. Während das Zeitgleich Festival sowie das Wacken World Wide zur Übertragung die Kooperation mittels eines Rundfunkpartners (Magenta Musik 360 und Arte Concert) gewählt haben, wurde das Deichbrand at Home Festival über die Plattform Twitch übertragen. Die EMFA setzte als weiteren Kanal eine eigene Internetplattform für die Verbreitung der Inhalte ein. Hierbei ist festzustellen, dass die Übertragung über die Kanäle des Rundfunks das Potenzial aufweist, die kanalspezifischen Zielgruppen zu erschließen und damit die Reichweite der übertragenen Inhalte zu erhöhen. Eine Nutzung sozialer Netzwerke wie YouTube und Twitch ermöglicht durch die kostenlose Verfügbarkeit sowie die vereinfachte Sharing-Funktion zur Verbreitung von Links innerhalb des Netzwerks ebenfalls eine Erhöhung der Reichweite. Hierbei ist zudem eine virale Verbreitung der Inhalte denkbar. Als Nachteil zeigte sich aus Sicht der Expert*innen allerdings die Koexistenz mit zahllosen weiteren Inhalten, die den Plattformnutzer*innen zur Verfügung stehen. Dennoch wiesen einzelne Expert*innen auf mögliche Synergie-Effekte zwischen fremden und eigenen Inhalten hin. Beispielsweise nannte das Deichbrand at Home Festival die Koexistenz von weiteren Events im Zeitraum ihres virtuellen Festivals als förderlich in Bezug auf die Reichweite der Inhalte. Konkret kam es hierbei zu einem messbaren Anstieg der Zugriffszahlen der Besucher*innen nach dem Ende konkurrierender digitaler Angebote. Im Falle der EMFA sicherte die Verfügbarmachung der Inhalte auf einer eigenen Plattform zwar die Kontrolle der Inhalte und deren Optionen der Monetarisierung, limitierte dadurch jedoch im gleichen Zug die Reichweite. Nutzer*innen mussten sich einen eigenen Account registrieren und konnten die Inhalte nicht an Externe weiterleiten.

Aufgrund der rein virtuellen Übertragung der Festivalinhalte an die Besucher*innen können zudem Effekte der Second-Screen-Nutzung auftreten. Es kann demnach nicht gewährleistet werden, inwieweit die Aufmerksamkeit des virtuellen Publikums den Inhalten uneingeschränkt zuteilwird. Aus einer monetären Sicht stellt dies ein Risiko dar, aufgrund der Tatsache, dass das Festival mit einer gewissen Reichweite um Werbepartnerschaften wirbt. Die Second-Screen-Nutzung könnte ebenfalls auf den Mangel an Interaktionen in einigen Situationen zurückführen, der durch die Expert*innen teilweise konstatiert wurde. Neben der Second-Screen-Nutzung fehlt es den Veranstalter*innen bei einer digitalen Vernetzung mit dem Publikum an Möglichkeiten der Kontrolle in Bezug auf die tatsächliche Anzahl an zugeschalteten Besucher*innen, die sich vor dem Medium befinden. Nach Aussage der Expert*innen war lediglich eine Identifikation der eingeschalteten

Endgeräte möglich, nicht jedoch die Zahl der Personen, die sich zusätzlich am Ort des Endgeräts befunden und gemeinsam das Medium genutzt haben.

5.2.4 Programmgestaltung

Die Ergebnisse der Befragung machen vor allem in Bezug auf die Programmgestaltung die Unsicherheit der Veranstalter*innen deutlich. Die Übertragung von musikalischen Darbietungen als Kernbestandteil des Programms bildet den innovativen Charakter des Veranstaltungsformats nicht hinreichend ab. Performances auf einem Bildschirm zu erleben, ist bereits seit Jahrzehnten von Live-DVDs und Programminhalten aus Rundfunkmedien bekannt. Demzufolge weist dieser Aspekt der operativen Fragestellungen auf eine kritische Komponente des virtuellen Musikfestivals hin, die die Veranstalter*innen am Erfolg des Formats zweifeln lassen.

Dazu zählt beispielsweise der durch die Expert*innen genannte Aspekt eines parallelen Live-Programms im Sinne einer Aufführung auf mehreren virtuellen Bühnen. Hier herrschte die Sichtweise vor, parallel stattfindende virtuelle Angebote mit aufwendig produzierten Inhalten könnten einen gegenseitigen Kannibalisierungseffekt auslösen und die hohen Produktionskosten damit unzureichend verargumentieren. Das virtuell versammelte Publikum hätte sich in diesem Fall bei der Wahl der zu konsumierenden Inhalte zu entscheiden und wäre daher zu einem Verzicht gedrängt. Aus diesem Grund wurde auf parallel stattfindende Musikdarbietungen in den Durchführungen der virtuellen Musikfestivals weitestgehend verzichtet – nicht zuletzt aufgrund der Tatsache, dass virtuelle Inhalte anders als die physischen Live-Konzerte keine vergleichbare Kapazitätsgrenze besitzen. Der Ansatz mit verschiedenen Bühnen zu arbeiten, dient im Festivalgeschäft unter anderem dazu, das hohe Aufkommen an Besucher*innen zu verteilen und diese gezielt zu kanalisieren. Aus Sicht der Veranstalter*innen des Zeitgleich Festivals hätte die Teilung der Publikumsaufmerksamkeit im digitalen Umfeld durch parallel stattfindende Auftritte außerdem dem eigentlichen Sinne der Kollaboration der Festivals geschadet, da Fans der einzelnen Festivals den Inhalten anderer teilnehmender Festivals womöglich weniger Aufmerksamkeit gewidmet hätten. Aus diesem Grund wurde eine parallele Darbietung der Inhalte nicht umgesetzt.

Die Durchführung eines begleitenden Rahmenprogramms, bestehend aus Freizeitangeboten wie Workshops, Tagesreisen sowie sportlichen Aktivitäten wurde aufgrund der Virtualität in der Umsetzung erschwert. Hierbei konnte das Deichbrand at Home Festival jedoch mit der Einbeziehung sogenannter „Challenges" im Programm gezielte Anreize setzen, um die Besucher*innen zu einer Teilnahme zu motivieren, beispielsweise durch die Einbindung von Gewinnspielen unter den

Einsendungen. In Bezug auf die virtuelle Programmgestaltung bemerkten die Befragten darüber hinaus, dass weniger Zeit für den Umbau beziehungsweise Wechsel der Bühnen angesetzt werden muss, da das Publikum sich ohne Umschweife zur nächsten Darbietung Zugang verschaffen kann. Aus diesem Grund konnten Pausenzeiten reduziert werden.

Es zeigt sich, dass die Anforderungen an ein rein digitales Programm für virtuelle Musikfestivals gestiegen sind. Es gilt hier beispielsweise, über exklusive Inhalte sowie interaktive Formate einen hohen Erlebnischarakter für die Besucher*innen zu erzielen. Die Befragten konstatierten in diesem Zusammenhang, dass die digitale Übertragung der Auftritte in einer hohen Auflösung ihr Potenzial vor allem bei passionierten Fans sowie Personen mit einem hohen Interesse für die individuellen Spieltechniken der Künstler*innen ausspielt. Darüber hinaus ist festzustellen, dass sich die Befragten mehrheitlich anhand der Programme der physischen Versionen ihrer jeweiligen Musikfestivals orientiert haben. Außerdem sind die Programme zu vergleichbaren Zeiträumen wie im regulären Festivalbetrieb angeboten worden und fanden daher an den Wochenenden statt, an denen das herkömmliche Pendant des Festivals ebenfalls stattgefunden hätte. Begründet ist diese Entscheidung voraussichtlich aufgrund der Tatsache, dass die Musikfestivals in ihrer ursprünglichen Form nicht als virtuelle Musikfestivals vorgesehen waren, sondern erst durch Ausbruch der pandemischen Lage die bestehende Organisation in einen virtuellen Ansatz transformiert wurde. Auf die Frage ob dies im Falle des virtuellen Musikfestivals überdacht werden konnte, wurde geäußert, dass die herkömmliche Festivalsaison im virtuellen Umfeld weniger Relevanz besitzt und Inhalte gezielt im außersaisonalen Kontext platziert werden können.

5.2.5 Interaktivität

Die Interaktivität zwischen Besucher*innen und darbietenden Künstler*innen sowie zwischen den Besucher*innen untereinander ist im Falle des virtuellen Musikfestivals eingeschränkt. Daher setzten die Befragten verschiedene Maßnahmen mit dem Ziel um, eine Form der Interaktivität trotz indirekter, rein virtueller Verbindung zwischen den Teilnehmer*innen herzustellen. Neben interaktiven Live-Formaten wie dem Q&A (Questions and Answers) boten die Veranstalter*innen zudem digitale Chaträume an, um das virtuelle Publikum mit einzubeziehen. Hierbei kam vor allem das Potenzial der Social Media-Plattformen zum Tragen, die bereits über erprobte Funktionalitäten zur Interaktion der Nutzer*innen verfügen. Darüber hinaus nannten die Befragten die Möglichkeit der Einblendung von Video- und Fotomaterial der Besucher*innen, das entweder im Vorfeld eingesendet werden konnte oder sogar live während der Darbietung zugeschaltet wurde. Über den Erfolg dieser Maßnahmen wurden allerdings gegensätzliche Standpunkte vertreten. Einerseits berichteten die Veranstalter*innen von einem angeregten Austausch der Besucher*innen untereinander sowie im Falle der EMFA auch zu den darbietenden Künstler*innen, die explizit zum Beitritt in die Chaträume nach Beendigung ihrer Show aufgerufen wurden. Hierbei entstand ein emotionaler sowie direkter Moment zwischen Fan und Künstler*in. Andererseits konstatierten einzelne Veranstalter*innen Momente eine geringe sowie zögerliche Publikumsbeteiligung am Beispiel des Live Q&A-Formats. Überdies wies das Deichbrand at Home Festival auf eine fehlende Kontrollmöglichkeit bei live zugeschalteten Inhalten der Besucher*innen hin, sodass diese schließlich in ihrem Fall nicht zur Umsetzung gekommen sind. Bedenken in dieser Hinsicht wurden vor allem in Hinblick auf rassistische, pornografische oder andere gesetzeswidrige Inhalte der Besucher*innen geäußert, die bei einer live gestreamten Übertragung nicht hinreichend überprüft werden können.

5.2.6 Schlüsselpartnerschaften

Die Schlüsselpartnerschaften sorgen im Falle des herkömmlichen Musikfestivals für einen reibungslosen Ablauf der Veranstaltung und besitzen im Festivalbetrieb ein besonders hohes Maß an Komplexität. Diese Komplexität reduziert sich im Falle des virtuellen Musikfestivals, da die Services zahlreicher subdienstleistender Unternehmen durch das Fehlen einer physischen Veranstaltung nicht benötigt werden, darunter Gastronomie, Sicherheits- und Servicepersonal, Behörden und die örtliche Abfallwirtschaft. Allerdings werden durch die zusätzliche technische Betreuung und Übertragung der Inhalte neue relevante Partnerschaften notwendig. Darüber hinaus zeigt sich aus Sicht der Befragten, dass der durch die Pandemie beeinflusste Festivalbetrieb noch stärker auf den Rückhalt der Schlüsselpartnerschaften angewiesen war. Zum Zeitpunkt der Erhebung im Jahr 2020 begünstigte der Gedanke der Solidarität die Durchführung virtueller Musikfestivals, da die Expert*innen von zahlreichen Situationen berichteten, in denen dienstleistende Unternehmen zu Selbstkosten gearbeitet und Künstler*innen auf ihre Gagen verzichtet hätten. Es wird zudem konstatiert, dass die Durchführung der virtuellen Festivals lediglich aufgrund der gesteigerten Unterstützungsbereitschaft möglich gewesen war.

5.2.7 Kostenstruktur

In Bezug auf die Kostenstruktur virtueller Musikfestivals entstanden im Rahmen des Veranstaltungsformats nach Aussage der Befragten neue Kostenpunkte, beispielsweise durch die zusätzliche technische Ausstattung. Hierbei steuerten jedoch in einigen Fällen die Medienpartner*innen Zuschussfinanzierungen bei. Ein weiterer Kostenpunkt, der im Falle des virtuellen Musikfestivals auftrat, manifestierte sich im sogenannten Rechtemanagement mit den auftretenden Künstler*innen, da sich die zu beschaffenden Nutzungsrechte der künstlerischen Darbietung von der reinen Aufführung der Musik auf die virtuelle Verbreitung der Darbietungen ausdehnten. Aus diesem Grund traten im Rechtemanagement des virtuellen Musikfestivals höhere Kosten auf als im Falle des herkömmlichen Festivals.

Im Gegenzug wurden bisher aufgetretene Kostenpunkte des Musikfestivals, wie ein Großteil der benötigten Infrastruktur des Geländes sowie Personalkosten für Sicherheit-, Gastronomie und Verkauf in der virtuellen Durchführung obsolet und reduzierten dahingehend die Kosten für die Veranstalter*innen. Es war dennoch auch im Bereich der finanziellen Aufwendungen im Jahr 2020 der Einfluss der gesteigerten Solidarität festzustellen, der die Kostenstruktur teilweise verzerrte.

5.2.8 Erlösquellen

Bei der Durchführung des virtuellen Musikfestivals ließen sich in Bezug auf die Erlösquellen einige Unterschiede zum herkömmlichen Festivalformat identifizieren. Zuallererst wiesen die Befragten auf die verringerten Ticket-Einnahmen hin, die im Zuge der virtuellen Veranstaltung generiert wurden, da die Inhalte in den meisten Fällen kostenlos zur Verfügung standen. Darüber hinaus konstatierten die Veranstalter*innen aufgrund der fehlenden physischen Verkaufsmöglichkeiten aus dem Gastronomie- sowie Merchandising-Bereich weitere Einnahmeverluste. Merchandise-Artikel konnten zwar online erworben werden und steuerten ebenfalls Erlöse bei, die Mengen hätten jedoch deutlich unter dem Verkaufsvolumen physischer Events gelegen. Dies führten die Veranstalter*innen auf die Tatsache zurück, dass die physische Teilnahme am Erlebnisraum Festival andere Kaufanreize liefert. Insgesamt konnten mit dem virtuellen Musikfestival geringere Einnahmen erwirtschaftet werden, vor allem, weil Ticket- sowie Gastronomie-Einnahmen für gewöhnlich den größten Anteil zum Gesamtumsatz beitragen.

Neben diesen primären Einnahmequellen zeigten sich zudem die Beteiligungen der Sponsor*innen als zögerlicher im Vergleich zum klassischen Musikfestival. Die Veranstalter*innen verwiesen hierbei auf die Unsicherheit der Partner*innen, mit einem virtuellen Musikfestival ein vergleichbares Maß an Markenauftritt vor der Zielgruppe zu erzielen. Zudem konnten die Veranstalter*innen im Vorfeld keine genaue Angabe über die Anzahl der zu erwarteten virtuellen Besucher*innen abgeben, da die vielfach kostenlose Verfügbarmachung der Inhalte keine Anmeldung erforderte. Diese fehlenden Verkaufsargumente führten laut Aussagen der Expert*innen zu einer passiven Haltung potenzieller Sponsor*innen und damit geringeren Erlösen aus dem Sponsoring.

Darüber hinaus ließ sich das Potenzial einer Zweit- beziehungsweise Mehrfachverwertung der Inhalte in der Praxis nach Aussage der Expert*innen nicht einfach umsetzen. Die Veranstalter*innen des Zeitgleich Festivals gaben beispielsweise an, dass die Medienpartner*innen Im Rahmen der Zusammenarbeit die Verantwortung der Rechteverwertung übernahmen, da sie die Produktion maßgeblich finanzierten. Dies hatte zur Folge, dass die Nutzung sowie Monetarisierung der Inhalte den Medienpartner*innen oblagen. In Bezug auf die Mehrfachverwertung sahen die Befragten überdies einen langfristigen Effekt der Monetarisierung durch Werbeeinnahmen in den sozialen Netzwerken als Austragungsort des virtuellen Musikfestivals. In Ansätzen profitierten einige Veranstalter*innen zwar von diesem Monetarisierungsmodell bereits vor der Pandemie durch einzelne veröffentlichte Musikdarbietungen. Im Gegensatz zu den bisherigen Unternehmungen lässt sich allerdings feststellen, dass die erhöhte Anzahl der Inhalte im Zuge der Durchführung virtueller Musikfestivals ebenfalls einen Anstieg der Einnahmen durch Zweitverwertung zur Folge hat.

Gegenüber der festgestellten Reduzierung einiger Erlösquellen im Falle des virtuellen Musikfestivals konnte dennoch nach Aussage der Expert*innen auf alternative Erlösquellen zurückgegriffen werden. Das Deichbrand at Home Festival konnte beispielsweise durch den Verkauf limitierter Festivalboxen im Vorfeld der Veranstaltungen einen respektablen Umsatz erwirtschaften und damit Teile des fehlenden Ticket-Geschäfts ausgleichen. Die Festivalbox bestand aus einer Reihe von Artikeln, die nach eigener Aussage für das ideale Festivalerlebnis zuhause sorgen sollten. Teile des Inhalts der Box wurden durch Partner*innen beigetragen und brachten damit eine zusätzliche Möglichkeit Für Werbeplatzierungen im Rahmen des Sponsorings. Außerdem führten die aus öffentlichen Quellen verfügbaren Hilfen im Rahmen der Coronapandemie zu einer Reduzierung möglicher Verluste, da auf diese Weise einige Monate vor sowie nach der Durchführung des virtuellen Musikfestivals durch Unterstützungszahlungen überbrückt werden konnten.

Darüber hinaus fand sich auch in den Erlösquellen nach Angaben der Veranstalter*innen im Jahr 2020 der Aspekt der Solidarität wieder, sichtbar beispielsweise anhand erfolgreich verlaufender Kofinanzierungsmodelle wie Crowdfunding-Kampagnen und Spendenaufrufe. Es ist an dieser Stelle jedoch zu notieren, dass die in den Ergebnissen festgestellten Erlösströme des virtuellen Musikfestivals aufgrund des Einflusses der Coronapandemie die wirtschaftliche Situation des Festivals in einer verzerrten Form abbilden. Es bleibt offen, ob und inwieweit die Wirtschaftlichkeit eines virtuellen Musikfestivals nach Ende der Coronapandemie auch ohne diese alternativen Finanzierungsmodelle sichergestellt werden kann, wenn die genannten Erlösquellen für die Finanzierung des virtuellen Musikfestivals ohne den Einfluss der Solidarität nicht ausreichen.

5.3 Zukunftsperspektiven

In der Kategorie der Zukunftsperspektiven virtueller Musikfestivals galt es herauszufinden, welche zukünftigen Perspektiven dem Veranstaltungsformat zugesprochen werden können, sowie die Frage, ob das Format nach Ende der Pandemie weiter umgesetzt werden könnte. Die Kategorie fasst die Ergebnisse der Analyse zu verschiedenen Anwendungsgebieten für das virtuelle Musikfestival zusammen und bezieht sich überdies auf den Einsatz innovativer Technologien, wie beispielsweise Virtual Reality.

Im Zuge der Reflexion über die Durchführung virtueller Musikfestivals zeigten die Befragten diverse Sichtweisen für die Anwendung des Veranstaltungsformats auf. Aus ihrer Sicht besteht für das virtuelle Musikfestival vor allem bei denjenigen Besucher*innen ein großes Potenzial, die eine möglichst genaue Abbildung der musikalischen Darbietungen anstreben oder an der technischen Spielweise der Musikkünstler*innen besonders interessiert sind. Da jedoch die Musikdarbietungen im Zuge des virtuellen Festivals keine vergleichbare Form der Interaktion zwischen den Teilnehmer*innen sowie keine multisensuale Wahrnehmung des Erlebnisses ermöglichen, bewerteten die Veranstalter*innen das virtuelle Musikfestival nicht als Alternative für das physische Event. Demnach ist das Format eher in einer Funktion als Marketinginstrument denkbar. Hierbei werden die Inhalte gezielt digital veröffentlicht, um ein Gefühl von „fear of missing out" zu kreieren, welches das virtuelle Publikum zum Kauf eines Tickets für die physische Festivalveranstaltung motivieren soll. Dies fand in der Vergangenheit im Bereich des klassischen Festivals statt und könnte erweitert werden. Darüber hinaus lässt sich aus der Sicht der Veranstalter*innen ein Eventkonzept kreieren, das für spezifische Zielgruppen ein virtuelles Angebot bereitstellt – jedoch nicht unbedingt in der Form eines Musikfestivals, sondern beispielsweise als einzelne losgelöste Eventformate. Auf diese Weise bietet sich für die Veranstalter*innen die Gelegenheit, auch im außersaisonalen Zeitraum Angebote bereitzustellen und sich nicht wie bisher einzig auf die Durchführung einer einzelnen Festivalveranstaltung während der Sommermonate zu beschränken. Ein rein virtuelles Musikfestival stellten sich die Veranstalter*innen allerdings nicht vor, um monetäre Anreize zu verfolgen, da große Ungewissheit über die Zahlungsbereitschaft der Zielgruppe bestand. Hierbei ist eine eher pessimistische Sichtweise über Monetarisierungsansätze virtueller Musikfestivals zu bemerken, die in Anbetracht der beträchtlichen finanziellen Aufwendungen für die Planung und Durchführung als nachvollziehbar erscheint. Diese Perspektive beleuchtet zudem die Situation einer ohnehin finanziell schwierigen Umsetzung virtueller Festivals, auch ohne die gezeigte Solidarität der Wirtschaft und Gesellschaft im Jahr 2020.

Einen weiteren Aspekt im Zuge der Programmgestaltung virtueller Musikfestivals stellte die Sichtweise der Befragten zum Einsatz von Virtual Reality Elementen als Form innovativer Technologien dar.[1] Hierbei äußerten die Expert*innen unterschiedliche Meinungen. Während einige das Potenzial dieser Technologie und der Funktionen zur Interaktion zwischen den Teilnehmer*innen als positiv bewerteten, gaben andere die Beeinträchtigung der Technik auf das persönliche Erleben des Festivals zu bedenken. Beispielsweise wurde durch das Tragen einer VR-Brille auf die Einschränkungen der Bewegungen verwiesen. Exzessive Bewegungen könnten im verheerendsten Fall zu einer Beschädigung der VR-Brille führen. Darüber hinaus empfiehlt sich das Tragen der Brille nicht in Verbindung mit dem auf Festivals vorherrschenden Alkoholkonsum, der für die Festivalerfahrung für viele einen wichtigen Bestandteil darstellt. Für einen Gebrauch im Zuge virtueller Angebote bemängelten die Expert*innen zudem die kostenintensive und komplexe Technik und wiesen ebenfalls auf die mangelnde Verbreitung der VR-Technologie unter den Besucher*innen hin.

Mit diesem Resümee äußern die Befragten die im Eventkontext nachvollziehbaren Argumente, die gegen einen Einsatz von Virtual Reality im Festivalbetrieb sprechen und schließen diese aus ihren Umsetzungen aus. Die geringe Anzahl an Käufer*innen und die rudimentären Interaktionsmöglichkeiten mit der Technologie ermöglichen den Festivalbesucher*innen zum gegenwärtigen Zeitpunkt kein vergleichbares Eintauchen in den Erlebnisraum Festival. Einig sind sich die Veranstalter*innen in einem Einsatz von Virtual Reality im Festivalbetrieb, sobald die Technologie eine Entwicklung erlebt, die die Handhabung erleichtert, die körperlichen Beeinträchtigungen aufgrund des Gewichts der Brille reduziert sowie die technologischen Gestaltungsmöglichkeiten der virtuellen Räume über das Rudimentäre hinaus erhöht.

6 Schlussbetrachtung

Virtuelle Musikfestivals sind als neues Eventformat im Jahr 2020 pandemiebedingt in den Fokus der Gesellschaft gerückt. Die Veranstalter*innen, die mit ihren virtuellen Musikfestivals im Fokus dieser Untersuchung stehen, haben im Jahr 2020 unterschiedliche Ansätze verfolgt und das Veranstaltungsformat erprobt. Die gewonnenen Erkenntnisse dieser Untersuchung können jedoch derzeit aufgrund der

---

[1] Da der Bereich von Virtual Reality nicht im Fokus dieses Beitrags steht, ist auf eine Einführung in die Thematik sowie über die Funktionsweise verzichtet worden. Zu diesem Zweck bieten Drengner und Wiebel (2020) eine hilfreiche Orientierung.

dargestellten Aspekte keine erfolgversprechende Prognose für das Veranstaltungsformat liefern. Daher ist es ebenfalls nicht verwunderlich, dass zahlreiche Veranstalter*innen, die im Jahr 2020 ein virtuelles Musikfestival durchgeführt haben, im Jahr 2021 diese Planungen nicht fortsetzen. Von den Befragten zeigt sich lediglich das Zeitgleich Festival im Jahr 2021 in einer erneuten Auflage (vgl. hierzu Megow 2021). Im Folgejahr der Pandemie konnte jedoch aufgrund des geringeren Infektionsgeschehens die Veranstaltung mit einigen Besucher*innen durchgeführt und ein hybrides Festival umgesetzt werden. Das Reeperbahn-Festival setzt im Jahr 2021 ebenfalls einen hybriden Charakter fort und kann in diesem Zug, bedingt durch die lokale Infrastruktur der Hamburger Clubszene, von der Verteilung der Besucher*innen in den unterschiedlichen Spielstätten profitieren und die Zahl der physisch anwesenden Besucher*innen im Vergleich zum Vorjahr erhöhen (vgl. Schulz 2021).

Die rein virtuelle Festivalveranstaltung erweist sich jedoch für die Veranstalter*innen nach ihrer Erfahrung nicht als praktikables Eventformat. Die gewonnenen Erkenntnisse im Jahr 2020 bringen nicht genügend Klarheit in Bezug auf die Zahlungsbereitschaft der Besucher*innen sowie eine erfolgversprechende Ausgestaltung der Programminhalte. Bei einer solchen Großveranstaltung und den damit verbundenen finanziellen Aufwendungen zeigt sich eine verringerte Risikobereitschaft der Organisator*innen. Als langjährige Expert*innen im klassischen Festivalbetrieb scheint dieser Umstand nicht verwunderlich, da negative Erfahrungen mit der Organisation bereits in früheren Jahren bei vielen Veranstalter*innen das Unterfangen bereits in Gefahr gebracht haben (vgl. Theby 2021). Aus ihrer Sichtweise bleibt das virtuelle Musikfestival daher vorerst ein Versuch, der unternommen wurde, sich jedoch auf Grundlage der erhobenen Daten nicht bewährt zu haben scheint. Andererseits zeigen die Ergebnisse auch, dass der Gedanke virtueller Elemente im Festivalbetrieb vorhanden bleibt und die Entwicklung hin zu hybriden Eventformaten ein denkbares Szenario darstellt. Auch der Festivalbetrieb bleibt von der Digitalisierung nicht verschont – und einige Vorteile virtueller Formate lassen sich bereits ableiten. Über die Perspektiven dieses Veranstaltungsformats müssen allerdings vorerst weitere Daten gesammelt werden, um beispielsweise wertvolle Erkenntnisse im Bereich der Besucher*innenforschung zu gewinnen. Zahlreiche weitere Faktoren bleiben bisher unerforscht, darunter die Unterschiede zwischen verschiedenen Musikgenres und der dahin gehenden Akzeptanz virtueller Formate zwischen den jeweiligen Zielgruppen. Interessant wäre an dieser Stelle beispielsweise die Untersuchung derjenigen Musikgenres, die im Rahmen dieser Untersuchung nicht abgebildet werden konnten, darunter Festivals im Bereich der elektronischen Musik sowie der Klassik. Vor allem in letzterem Genre zeigen sich Parallelen zwischen dem Musikkonsum beim physischen sowie dem virtuellen Event. Die Musik wird einem bestuhlten Publikum präsentiert und die Interaktion zwischen den Teilnehmer*innen bleibt im Vergleich zum exzessiven Tanzen auf Rock- bzw. Pop-Festivals auf einem moderaten Niveau. Möglicherweise kann daher das virtuelle Musikfestival sein Potenzial besser in diesem Musikgenre entfalten.

Interessant wäre zudem eine Untersuchung virtueller Musikfestivals im internationalen Kontext, um Vergleiche und Unterschiede in der Umsetzung festzustellen. Zahlreiche Veranstalter*innen führen virtuelle Musikfestivals in unterschiedlichen Ausprägungen durch, darunter das Tomorrowland Festival sowie das Rock for People (vgl. Prague Morning 2021). Im Falle der Durchführung des Tomorrowland Festivals lässt sich ein Bezug zum Bereich des Gamings feststellen, da sich Besucher*innen der Ausgabe aus dem Jahr 2020 mittels Avatars von zuhause aus über ein virtuelles Festivalgelände bewegen konnten (vgl. Tomorrowland Festival 2020). Fraglich ist, ob in dieser Verbindung das Veranstaltungsformat virtueller Festivals größere Potenziale aufweist. Im Konzertkontext findet die Verbindung von Gaming und virtuellem Musikevent vereinzelt Anwendung, wie zum Beispiel in der Aufführung des Künstlers DJ Marshmello im Koop-survival-Shooter-Spiel Fortnite (vgl. Winkler 2019).

Als abschließender Gedanke bleibt zudem zu vermerken, dass ebenfalls eine Ungewissheit über die klaren Präferenzen der Festivalbesucher*innen im Bereich virtueller Musikfestivals zu konstatieren ist. Der Mehrwert eines rein virtuellen Angebots fehlt aus Sicht der Veranstalter*innen, weshalb selbst auf geringe Eintrittspreise für das virtuelle Angebot in vielen Beispielen verzichtet wird. Die Frage nach der Zahlungsbereitschaft verweist auf die Notwendigkeit quantitativer Forschung, um klare Handlungsempfehlungen für Veranstalter*innen identifizieren zu können. Ebenfalls könnte auf diesem Wege in Erfahrung gebracht werden, wo die Präferenzen in der Programmgestaltung eines virtuellen Musikfestivals bei den Besucher*innen liegen. Das Magazin Höhme, das im Jahr 2020 bereits das Festival für Festivals organisiert hat, unternahm hierbei im Jahr 2021 einen ersten Schritt (vgl. Seetge et al. 2021), um die Sichtweise der Besucher*innen in einer Umfrage festzuhalten.

Virtuelle Musikfestivals bleiben damit vorerst ein neuer Forschungsgegenstand, der durch die Bemühungen Einzelner in der Praxis schrittweise erschlossen wird. Bisher konnten jedoch keine erfolgversprechenden Beispiele präsentiert werden, die die Branche zu einer Fokussierung dieses Veranstaltungsformats motivieren kann. Als Antwort auf den kurzweiligen Zusammenbruch der Veranstaltungsbranche im Rahmen der Coronapandemie bietet das Format einen innovativen Ansatz, der eine Umsetzung virtueller Elemente im Festivalbetrieb denkbar erscheinen lässt. Diese müssen jedoch nicht zwangsweise in der Umsetzung eines Festivals münden. Beispiele für einzelne, losgelöste Eventkonzepte im virtuellen Raum liegen vor und belegen, dass sich die Branche mit dem Virtualitätskonzept im Festivalbetrieb auseinandersetzt.

Literatur

Aichner, T., Maurer, O., Nippa, M., & Tonezzani, S. (2019). *Virtual Reality im Tourismus – Wie VR das Destinationsmarketing verändern wird.* Wiesbaden: Springer Fachmedien.

Altendorfer, L. (2016). Mediennutzung: Grundlagen, Trends und Forschung. In Altendorfer, O., & Hilmer, L. (Hrsg.), *Medienmanagement: Band 2: Medienpraxis – Mediengeschichte – Medienordnung* (S. 355–375). Wiesbaden: Springer Fachmedien.

BDKV/BMVI/DMV/EVVC/GEMA/GVL/LIVEKOMM/SOMM/VUT (Hrsg.) (2020). *Musikwirtschaft in Deutschland 2020: Studie zur volkswirtschaftlichen Bedeutung von Musikunternehmen unter Berücksichtigung aller Teilsektoren und Ausstrahlungseffekte.* https://www.musikindustrie.de/fileadmin/bvmi/upload/05_Presse/01_Pressemitteilungen/2020/Musikwirtschaftsstudie_2020_Handout.pdf. Zugriff am 22.07.2022.

Barth, B. (2021, 24. August). Konzertveranstalter hoffen auf 2G-Regel. *Tagesschau.* https://www.tagesschau.de/wirtschaft/unternehmen/corona-lage-konzertveranstalter-101.html. Zugriff am 28.07.2022.

Bogner, A., Littig, B., & Menz, W. (2014). *Interviews mit Experten: Eine praxisorientierte Einführung.* Wiesbaden: Springer Fachmedien.

Bundesverband der Veranstaltungswirtschaft e.V. (2017). *Live Entertainment in Deutschland: Eine Studie des Bundesverbands der Veranstaltungswirtschaft (bdv), durchgeführt von der Gesellschaft für Konsumforschung (GfK).* http://gwvr.de/wp-content/uploads/2020/04/GfK-Studie-2018.pdf. Zugriff am 16.07.2022.

Coppeneur-Gülz, C., & Rehm, S. (2018). *Event-Resource-Management mit digitalen Tools: Schnell – skalierbar – messbar: Wie die Digitalisierung die Live-Kommunikation verändert.* Wiesbaden: Springer Fachmedien.

Danielsen, A., & Kjus, Y. (2017). The Mediated Festival: Live Music as Trigger of Music Streaming and Social Media Engagement. *Convergence: The International Journal of Research into New Media Technologies.* https://doi.org/10.1177/1354856517721808.

Doppler, S., & Holzhüter, E. (2015). Emotionale Nachhaltigkeit von Inszenierungen in der Live-Kommunikation. In Zanger, C. (Hrsg.), *Events und Emotionen: Stand und Perspektiven der Eventforschung* (S. 135–150). Wiesbaden: Springer Fachmedien.

Drengner, J., & Wiebel, A. (2020). Virtuelle Realität im Veranstaltungsmanagement: Einsatz, Nutzen und Herausforderungen. In Zanger, C. (Hrsg.), *Events und Messen im digitalen Zeitalter: Aktueller Stand und Perspektiven* (S. 15–38). Wiesbaden: Springer Fachmedien.

Franke, N. (2021). *Perspektiven virtueller Musikfestivals – eine explorative Analyse eines innovativen Veranstaltungsformats.* Flensburg: Europa-Universität Flensburg. Einsicht in die Arbeit bitte per Mail an niklasjfranke@gmail.com anfragen.

Gebesmair, A. (2001). *Grundzüge einer Soziologiedes Musikgeschmacks.* Wiesbaden: Springer Fachmedien.

Gibson, C., & Gibbs, J. (2006). Unpacking the Concept of Virtuality: The Effects of Geographic Dispersion, Electronic Dependence, Dynamic Structure, and National Diversity on Team Innovation. *Administrative Science Quarterly.* https://doi.org/10.2189%2Fasqu.51.3.451.

Gläser, J., & Laudel, G. (2009). *Experteninterviews und qualitative Inhaltsanalyse als Instrumente rekonstruierender Untersuchungen.* Wiesbaden: VS Verlag für Sozialwissenschaften.

Grosser, T. (2017). Bits und Apps im Messe- und Tagungswesen. In T. Knoll (Hrsg.), *Veranstaltung 4.0: Konferenzen, Messen und Events im digitalen Wandel* (S. 37–66). Wiesbaden: Springer Fachmedien.

Harms, S. (2002). *Virtuelle Events: Neue Perspektiven für das Eventmarketing.* Saarbrücken: Verlag Dr. Müller.

Hartmann, D. (2012). User Generated Events. In Zanger, C. (Hrsg.), *Erfolg mit nachhaltigen Eventkonzepten: Tagungsbands zur 2. Konferenz für Eventforschung an der TU Chemnitz* (S. 23–36). Wiesbaden: Springer Fachmedien.

Herbst, D. (2015). Zur Bedeutung von Spiegelphänomenen für Emotionen auf Events. In Zanger, C. (Hrsg.), *Events und Emotionen: Stand und Perspektiven der Eventforschung* (S. 21–42). Wiesbaden: Springer Fachmedien.

Holzbaur, U., Jettinger, E., Knauss, B., Moser, R., & Zeller, M. (2010). *Eventmanagement: Veranstaltungen professionell zum Erfolg führen.* Berlin; Heidelberg: Springer Verlag.

Hosang, M., Ruetz, D., & Zanger, C. (2020). *Disruption in der Event- und Messebranche: Den digitalen Aufbruch mitgestalten.* Wiesbaden: Springer Fachmedien.

Huber, M. (2018). *Musikhören im Zeitalter Web 2.0: Theoretische Grundlagen und empirische Befunde.* Wiesbaden: Springer Fachmedien.

Kaiser, R. (2014). *Qualitative Experteninterviews: Konzeptionelle Grundlagen und praktische Durchführung.* Wiesbaden: Springer Fachmedien.

Kirchgeorg, M., Springer, C., & Brühe, C. (2009). *Live Communication Management – Ein strategischer Leitfaden zur Konzeption, Umsetzung und Erfolgskontrolle.* Wiesbaden: Gabler GWV Fachverlage.

Kirchner, B. (2011). *Eventgemeinschaften – Das Fusion Festival und seine Besucher.* Wiesbaden: VS Verlag für Sozialwissenschaften, Springer Fachmedien.

Kirst, C., & Peter, U. (2020). Das Live-Erlebnis im digitalen Zeitalter. In Zanger, C. (Hrsg.), *Events und Messen im digitalen Zeitalter: Aktueller Stand und Perspektiven* (S. 1–14). Wiesbaden: Springer Fachmedien.

Kleemann, A. (2006). *Eventmarketing-Lexikon.* Frankfurt am Main: Deutscher Fachverlag.

Kreienbrink, I. (2020, 22. Juli). Tomorrowland 2020 setzt neue Maßstäbe in Festival-Innovation. *WAZ.* https://www.waz.de/kultur/musik/festivals/tomorrowland/tomorrowland-2020-setzt-neue-massstaebe-in-festival-innovation-id229573670.html. Zugriff am 23.07.2021.

Krohn-Grimberghe, L. (2018). Vom Fan zum Konsumenten. Die Auswirkungen von Musik-Streaming auf die Hörerschaft und den Musikmarkt. In Tröndle, M. (Hrsg.), *Das Konzert II – Beiträge zum Forschungsfeld der Concert Studies* (S. 387–400). Bielefeld: Transcript Verlag.

Kuckartz, U. (2018). *Qualitative Inhaltsanalyse – Methoden, Praxis, Computerunterstützung.* Weinheim: Beltz Juventa.

Kunz, R. (2020, 28. Juli). ARTE Concert überträgt „Zeitgleich Festival – Watt, Wald, Wasser" live. *Arte TV.* https://www.arte.tv/sites/presse/meldungen-dossiers/arte-concert-uebertraegt-zeitgleich-festival-watt-wald-wasser-live/. Zugriff am 17.07.2021.

Leopold, J. (2020). Keine Großveranstaltungen bis Ende Oktober?. *Tagesschau.* https://www.tagesschau.de/inland/coronavirus-grossveranstaltungen-merkel-ministerpraesidenten-101.html. Zugriff am 13.07.2021.

Leopold, J. (2021). Wegen Corona-Pandemie: Keine großen Festivals im Sommer. *Tagesschau*. https://www.tagesschau.de/inland/corona-festivals-absage-101.html. Zugriff am 18.07.2021.

Lohmann, K., Pyka, S., & Zanger, C. (2015). Emotion gleich Emotion? Emotionale Ansteckung als Mediator der Wirkung individueller Emotionen auf das relationale und atmosphärische Eventerleben. In Zanger, C. (Hrsg.), *Events und Emotionen: Stand und Perspektiven der Eventforschung* (S. 59–86). Wiesbaden: Springer Fachmedien.

Lutz, J. (2020). Musikfestivals und Musikfestspiele in Deutschland. *Statistikportal*. https://www.statistikportal.de/sites/default/files/2018-03/Musikfestivals.pdf. Zugriff am 17.07.2021.

Meffert, H., Burmann, C., Kirchgeorg, M., & Eisenbeiß, M. (2019). *Marketing: Grundlagen Marktorientierter Unternehmensführung: Konzepte – Instrumente – Praxisbeispiele*. Wiesbaden: Springer Gabler.

Megow, J. (2021, 13. Juli). Zeitgleich Festival 2.0. *Sound on the Forest*. https://sound-of-the-forest.de/2021/07/13/zeitgleich-festival-2-0/. Zugriff am 25.07.2021.

Nardi, B. (2015). Virtuality. *Annual Review of Anthropology, 44,* 15–31. https://doi.org/10.1146/annurev-anthro-102214-014226.

Neven, P. (2014). Messewissenschaft: Messen haben Zukunft! In Zanger, C. (Hrsg.), *Events und Messen: Stand und Perspektiven der Eventforschung* (S. 1–12). Wiesbaden: Springer Fachmedien.

Osterwalder, A., & Pigneur, Y. (2010). *Business Model Generation: Ein Handbuch für Visionäre, Spielveränderer und Herausforderer*. Frankfurt; New York: Campus Verlag.

Pine, B. J. II, & Gilmore, J. H. (1999). *The Experience Economy: Work Is Theatre & Every Business is a Stage*. Boston: Harvard Business School Press.

Pöllmann, L. (2018). *Kulturmarketing: Grundlagen, Konzepte, Instrumente*. Wiesbaden: Springer Gabler.

Pöllmann, L., & Herrmann, C. (2019). *Der digitale Kulturbetrieb: Strategien, Handlungsfelder und Best Practices des digitalen Kulturmanagements*. Wiesbaden: Springer Fachmedien.

Prague Morning (2021). Game on for Czech Music Festival Rock for People. https://prague-morning.cz/game-on-for-czech-music-festival-rock-for-people/. Zugriff am 25.07.2021.

Prisching, M. (2011). Die Kulturhauptstadt als Groß-Event. In Betz, G., Hitzler, R., & Pfadenhauer, M. (Hrsg.), *Urbane Events* (S. 85–104). Wiesbaden: VS Verlag für Sozialwissenschaften, Springer Fachmedien.

Roose, J., Schäfer, M., & Schmidt-Lux, T. (2017). Einleitung. Fans als Gegenstand soziologischer Forschung. In Roose, J., Schäfer, M., & Schmidt-Lux, T. (Hrsg.), *Fans: Soziologische Perspektiven* (S. 1–18). Wiesbaden: Springer Fachmedien.

Rück, H. (2016). Events in der Reise- und Tourismusindustrie: Einsatzfelder, Funktionen, Perspektiven. In Zanger, C. (Hrsg.), *Events und Tourismus: Stand und Perspektiven der Eventforschung* (S. 31–62). Wiesbaden: Springer Fachmedien.

Schulz, A. (2021, 13. Juli). Neuigkeiten zum Reeperbahn Festival 2021. *Reeperbahn Festival*. https://www.reeperbahnfestival.com/de/news/artikel/items/update-zum-reeperbahn-festival-2021-news. Zugriff am 25.07.2021.

Schulze, G. (2000). *Die Erlebnisgesellschaft – Kultursoziologie der Gegenwart*. Frankfurt am Main; New York: Campus Verlag.

Schweitzer, L., & Dunbury L. (2010). Conceptualizing and measuring the virtuality of teams. *Information systems journal, 20*(3), 267–295. https://doi.org/10.1111/j.1365-2575.2009.00326.x.

Seetge, J., Jacobi, J., & Burkardt, J. (2021). *Festival Playground.* https://www.festivalplayground.com. Zugriff am 25.07.2021.

Seibert, C., Toelle, J., & Wald-Fuhrmann, M. (2018). Live und interaktiv: ästhetisches Erleben im Konzert als Gegenstand empirischer Forschung. In Tröndle, M. (Hrsg.), *Das Konzert II – Beiträge zum Forschungsfeld der Concert Studies* (S. 425–444). Bielefeld: Transcript Verlag.

Shields, R. (2006). Virtualities. *Theory, Culture & Society, 23*(2–3). https://doi.org/10.1177/026327640602300239.

Strzebkowski, R., & Lohr, J. (2017). Digital Video im Entertainment- und Event-Bereich. In Knoll, T. (Hrsg.), *Veranstaltungen 4.0: Konferenzen, Messen und Events im digitalen Wandel* (S. 67–120). Wiesbaden: Springer Fachmedien.

Strippel, C. (2017). Praktiken der Second-Screen-Nutzung: Konzeptioneller Rahmen für die Analyse der Parallelnutzung von zwei Bildschirmen. In Göttlich, U., Heinz, L., & Herbers, M. (Hrsg.), *Ko-Orientierung in der Medienrezeption: Praktiken der Second-Screen-Nutzung* (S. 107–136). Wiesbaden: Springer Fachmedien.

Syhre, H., & Luppold, A. (Event-Technik, 2018). *Event-Technik – Technisches Basiswissen für erfolgreiche Veranstaltungen.* Wiesbaden: Springer Fachmedien.

Theby, S. (2021, 4. August). Wacken: Ein Provinz-Nest wird Metal-Mekka. *NDR.* https://www.ndr.de/geschichte/schauplaetze/Wacken-Open-Air-Das-Metal-Festival-und-seine-Geschichte,wackenopenair100.html. Zugriff am 17.07.2021.

Tomorrowland Festival (2020, 21. Juli). Tomorrowland offers a glimpse into the technological masterpiece of its digital festival. https://tomorrowlandaroundtheworld.press.tomorrowland.com/tomorrowland-offers-a-glimpse-into-the-technological-masterpiece-of-its-digital-festival. Zugriff am 25.07.2021.

Tröndle, M. (2011). Von der Ausführung zur Aufführungskultur. In Tröndle, M. (Hrsg.), *Das Konzert: Neue Aufführungskonzepte für eine klassische Form* (S. 21–42). Bielefeld: Transcript Verlag.

Whiteley, S., & Rambarran, S. (2016). *The Oxford Handbook of Music and Virtuality.* New York: Oxford University Press.

Winkler, S. (2019, 4. Februar). So verlief das erste Ingame-Konzert in „Fortnite" mit DJ Marshmello. *Welt.* https://www.welt.de/kmpkt/article188220315/Millionen-Fortnite-Zuschauer-bei-Ingame-Konzert-mit-DJ-Marshmello.html. Zugriff am 21.07.2021.

Wolf, A., & Jackson, U. (2015). Von der Gruppe zur Masse. In Zanger, C. (Hrsg.), *Events und Emotionen: Stand und Perspektiven der Eventforschung* (S. 43–58). Wiesbaden: Springer Fachmedien.

Zanger, C. (2010). *Stand und Perspektiven der Eventforschung.* Wiesbaden: Springer Fachmedien.

Zanger, C. (2012). *Erfolg mit nachhaltigen Eventkonzepten: Tagungsband zur 2. Konferenz für Eventforschung an der TU Chemnitz.* Wiesbaden: Springer Fachmedien.

Zanger C. (2013). Events im Zeitalter von Social Media – Ein Überblick. In Zanger, C (Hrsg.), *Events im Zeitalter von Social Media: Stand und Perspektiven der Eventforschung* (S. 1–18). Wiesbaden: Springer Fachmedien.

Zanger, C. (2014a). *Ein Überblick zu Events im Zeitalter von Social Media.* Wiesbaden: Springer Fachmedien.

Zanger, C. (2014b). *Events und Messen: Stand und Perspektiven der Eventforschung.* Wiesbaden: Springer Fachmedien.

Zanger C. (2015). *Events und Emotionen: Stand und Perspektiven der Eventforschung.* Wiesbaden: Springer Fachmedien.

Zanger, C. (2016). *Events und Tourismus: Stand und Perspektiven der Eventforschung.* Wiesbaden: Springer Fachmedien.

Zanger, C. (2017). *Events und Erlebnis: Stand und Perspektiven der Eventforschung.* Wiesbaden: Springer Fachmedien.

Zanger, C. (2018). *Events und Marke: Stand und Perspektiven der Eventforschung.* Wiesbaden: Springer Fachmedien.

Zanger, C. (2019). *Eventforschung: Aktueller Stand und Perspektiven.* Wiesbaden: Springer Fachmedien.

Zanger, C. (2020). *Events und Messen im digitalen Zeitalter: Aktueller Stand und Perspektiven.* Wiesbaden: Springer Fachmedien.

Festival-Kommunikation in Zeiten der Pandemie

4

Martina Kalser-Gruber

Zusammenfassung

Due to their event character and temporary nature, music festivals suffered immensely from the effects of the Covid-19 pandemic: from March 2020 into the summer of 2021, festival operations were recurring or even permanently interrupted due to closures as part of measures to prevent the spread of the virus. Many festivals had to be canceled or switched to streaming alternatives when possible. Recipients* were confronted with a bewildering array of stringent security measures, cancellations, or digital alternatives. While the entire cultural industry was challenged, festivals were particularly affected by the crisis, with entire seasons being cancelled by a single lockdown. From the point of view of communication theory, festival companies found themselves in permanent crisis communication for at least 2 years. Based on interviews with communication experts and heads of communication departments of classical music festival companies, the article depicts which paths festivals of different genres took in communicating with their stakeholder groups and to what extent strategies had to be revised during the course of the first pandemic year. Additionally, a digital media analysis demonstrates how recipients were addressed and included with participatory strategies. Using individual examples, the contribution demonstrates how festival communication differed depending on stakeholder groups. While (political) sponsors or artists who could not perform were pri-

M. Kalser-Gruber (✉)
freischaffende Wissenschafterin, Wien, Österreich
E-Mail: martina@kalser.com

© Der/die Autor(en), exklusiv lizenziert an Springer Fachmedien Wiesbaden GmbH, ein Teil von Springer Nature 2024
L. Grünewald-Schukalla et al. (Hrsg.), *Musik & Krisen*, Jahrbuch für Musikwirtschafts- und Musikkulturforschung,
https://doi.org/10.1007/978-3-658-43383-3_4

marily contacted personally, communication with visitors relied on new creative concepts and the diverse communication possibilities of social media platforms. The communication experts interviewed see the expansion of their digital offerings not only accelerated by the crisis, but also confirmed by numerous
positive responses.

Schlüsselwörter

Festival · Crisis communication · COVID-19 · Streaming · Social media

1   Einleitung

Die COVID-19-Pandemie traf die gesamte Weltbevölkerung und führte zu Veränderungen in wirtschaftlichen und politischen, ebenso aber in soziokulturellen
und religiösen Belangen. Dabei stellt COVID-19 nicht die erste Pandemie der
Moderne dar, vielmehr gab es in den letzten 40 Jahren eine Reihe von großen
Epidemien und Pandemien. Doch aufgrund der Tatsache, dass auch asympto-
matisch erkrankte Menschen das Corona-Virus durch Sprechen, Husten oder
Niesen übertragen können, hat sich dieses als hartnäckiger als andere zuvor erwiesen. Um den konstant steigenden Fallzahlen und einer damit einhergehenden
hohen Sterblichkeitsrate entgegenzuwirken, empfahl die WHO im März 2020
Lockdown-Maßnahmen, die in den darauffolgenden Monaten global wieder-
kehrend zur Eindämmung des Virus eingesetzt wurden. Aufgrund des „Social
Distancing", das den persönlichen Kontakt zwischen Menschen und somit einen
weiteren Anstieg der Krankheitsinzidenz verhindern sollte, wurde die gesamte
Gesellschaft in ihren Handlungen und ihrer Freiheit maßgeblich eingeschränkt,
viele Menschen fühlten sich isoliert und einsam. Das Arbeitsleben veränderte
sich und viele Unternehmen litten unter einer der weitreichendsten globalen Re-
zessionen seit der Großen Depression 2007–2008, auf welche die Regierungen
mit finanziellen Kürzungen, Kurzarbeitsmodellen und Überbrückungshilfen reagierten. Dies wirkte sich auf den Kultursektor allerdings vielfach unmittelbar
mit drastischen Einschnitten wie Schließungen von Institutionen aus. Die von
COVID-19 ausgelöste Disruption zog bis dato ungeahnte kurz- und langfristige
Konsequenzen nach sich (Dümcke 2021). Das deutsche Kompetenzzentrum für
Kultur- und Kreativwirtschaft (2021) stellte in seiner „Studie zur Betroffenheit
der Kultur- und Kreativwirtschaft von der Corona-Pandemie" einen Umsatzeinbruch für 2020 von 13 % und Verluste über 22 Mrd. € fest, auch aufgrund des
Mehraufwandes für Hygienevorkehrungen.

Besonders das Musikfestival, welches als kulturelles Gefüge Knotenpunkt für Tourismus und Freizeitbeschäftigung an vielen Orten ist und eine internationale Zirkulation von Künstler*innen und Teilnehmer*innen voraussetzt, litt unter der Krise. Bereits 2020 mussten einzelne Veranstaltungen bzw. Festivals verschoben oder ganz abgesagt werden (Davies 2021; Van Winkle 2020) und trotz Impffortschritts sind auch in 2021 mit den wiederholt gestiegenen Fallzahlen und der noch gefährlicheren *Delta-Variante* des Virus punktuell Festivals in Mitleidenschaft gezogen worden. Festivals waren somit gezwungen, um ihrer Existenz willen alternative Konzepte zu entwickeln, sich anzupassen oder in Gänze neu zu erfinden (Gradinaru 2021, S. 154). Gleichzeitig deuten die in der Krisenzeit entstandenen internationalen Studien unterschiedlicher Disziplinen darauf hin, dass Festivals mit ihrem sozialen Gefüge, sowie dem gemeinsamen Erleben von Musik und Ritualen (Vandenberg et al. 2021) einen immens wertvollen Beitrag zum Wohlbefinden der Gesellschaft beitragen können und wurden folglich von Seiten vieler Regierungen unterstützt (Gradinaru 2021; Betzler et al. 2020). Doch bei diesen Fördermaßnahmen handelte es sich in der Regel nur um kurzzeitige Finanzspritzen (Jeannotte 2021) die lediglich das bloße Überleben von Festivals in der Zeit der Krise sicherstellen sollen. Um auf längere Sicht zu existieren und Stakeholder weiterhin zu binden, mussten die Festivalbetreiber*innen ihre Kommunikationsstrategien adaptieren. Solche alternativen Konzepte der Festivalausrichtung und deren Kommunikation sind Inhalt des vorliegenden Artikels. Zunächst soll jedoch eine kurze Einführung in das Musikfestival das Verständnis seiner Spezifika erleichtern, ehe die Kommunikation von Festivalbetrieben und deren Rolle in pandemischen Zeiten anhand herausragender Beispiele von Festivals im deutschen Sprachraum vorgestellt wird.

2 Festival

Der Begriff *Festival* geht auf das lateinische *festivus* (feierlich, festlich) zurück und bezeichnet periodisch wiederkehrende Veranstaltungen, die sich durch eine mehrtägige oder mehrwöchige Dauer auszeichnen (Young 1980). Getz (2005, S. 21) definiert Festivals als „themed, public celebrations", wobei dem Inhalt und der Inszenierung des Festes grundsätzlich keine Grenzen gesetzt sind. So können z. B. Theater- und Konzertaufführungen oder aber auch Lesungen und Filmvorführungen stattfinden. Vor allem in der zweiten Hälfte des 20. Jahrhunderts entwickelten sich Festivals in den unterschiedlichsten Kunstformen; in der Musik gibt es neben Open-Air-Festivals der Pop- und Rockszene auch Opern- und Operettenfestivals (Schaal 2016; Young 1980, S. 507 ff.). Die typische Form des Musikfestivals, wie wir sie heute kennen, geht auf die *Bayreuther Festspiele* zurück, die Richard Wagner 1876 mit Unterstützung von König Ludwig II. von Bayern veranstaltete und die als Vorbild für andere Festivals wie das *Glastonbury Festival* in Großbritannien (1914) oder die *Salzburger Festspiele* in Österreich (1920) und später auch für viele Jazz-, Blues- und Folk-Festivals dienten (Tschmuck 2020). Young (1980) weist außerdem darauf hin, dass das Festivalformat im 20. Jahrhundert zunehmend auch eine nationale oder ideologische Funktion übernommen hat. So entstand das *Lucerne Festival* in den 1930er-Jahren vor dem Hintergrund politischer Umwälzungen, weil viele Künstler*innen nicht mehr in Bayreuth oder Salzburg auftreten konnten, da diese Städte unter dem Einfluss der Nationalsozialisten standen (Scherer et al. 2001). Im Bereich der Popmusik war der Fokus für Veranstalter*innen und Teilnehmer*innen zunächst eher auf gesellschaftliche Ideale wie Gleichheit und Friede gerichtet, doch Diversifizierung und Marktsegmentierung sowie die stete Zunahme von Festivalstandorten führten zu einer kompetitiven Industrie, ergo mussten sich auch Vertreter*innen von Popmusikfestivals bald den Gegebenheiten kapitalistischer Strukturen unterordnen (Davies 2021). Wesentlich für das Profil des Festivals ist, dass in der jeweiligen Szene renommierte Künstler*innen (Starbesetzung) auftreten. Die Bedeutung ergibt sich folglich aus dem Zusammenspiel von künstlerischen, ökonomischen und soziologischen Faktoren (Mandel 2012).

2.1 Festivalgemeinde (*communitas*)

Ein weiteres Spezifikum stellt die Gemeinschaft der Besucher*innen dar, die je nach Typ des Festivals auch ein Rahmenprogramm gemeinsam bestreitet. Brown et al. (2020) bezeichnen diese Festivalbesucher*innen als *communitas*, als freiwilligen Zusammenschluss von gleichgesinnten (wenn auch eventuell sozial heterogenen) Individuen, und Wilks (2011) beobachtete, dass Festivals häufig von bereits befreundeten Menschen, Kolleg*innen oder Familienmitgliedern besucht werden und der gemeinschaftliche Besuch per se als Konsolidierungsmoment oder Möglichkeit Kontakte zu pflegen, verstanden werden kann (Wilks 2011; Van Winkle 2020; Gradinaru 2021). Auch helfen die Festival-Erlebnisse, die zudem gerade im Bereich von Popfestivals häufig geprägt sind von (utopischen) gesellschaftlichen Idealen, dem Alltagstrott für die Zeit des Festivals zu entkommen (zum Thema *Eskapismus* siehe Crompton und MacKay 1997; Davies 2021).

2.2 Überregionale Bedeutung von Festivalstandorten

Festivals können enormen Einfluss auf eine Region ausüben, da sie auf internationaler Ebene Tourist*innen anziehen und ein Reputationstransfer zugunsten einer gesamten Region möglich ist (Mandel 2012). Dies macht sie für lokal- und regionalpolitische Überlegungen attraktiv und führte in den letzten Jahrzehnten zu einem regelrechten Festivalboom (Tschmuck 2020). Weitere Gründe für die Zunahme neuer Festivals sind der gesellschaftliche Werte- und Bedürfniswandel, der sich seit einiger Zeit abzeichnende Trend zur Erlebnis- und Freizeitorientierung (Scherer et al. 2001) und nicht zuletzt das durch die Digitalisierung ausgelöste gestiegene Bedürfnis nach dem Erleben von Live-Musik (Hitters und Mulder 2020). Damit einhergehend stellten Bennett et al. (2014) im Rahmen einer breit angelegten Untersuchung von Fallstudien zu Festivals in Australien und Europa eine „Festivalisierung der Kultur" fest (Tschmuck 2020).

Der nicht alltägliche Eventcharakter macht den Besuch von Festivals zu einem besonderen Erlebnis für Sponsor*innen, politische Fördergeber*innen, Medienvertreter*innen und allen voran für das Publikum (Mandel 2012). So weist eine Studie zum *Beethovenfest Bonn* (Engelsing und Müller 2010) beispielsweise auf Netzwerkeffekte hin und zeigt, dass Sponsoring auch für Sponsor*innen selbst ein wichtiges Element der Unternehmenskommunikation darstellt. Mit der Unterstützung von Festivals versuchen diese, sich von anderen Unternehmen abzuheben und fördern Konzertereignisse mit einem außergewöhnlichen Rahmenprogramm, das dem eigenen Unternehmensimage zugutekommen soll. Geschäftspartner werden in diesem Kontext etwa eingeladen, berühmte Künstler*innen zu treffen; Medienvertreter*innen nutzen kulturelle Inhalte für Berichte und Rezensionen oder fungieren als Werbekooperationspartner (Engelsing und Müller 2010). Bei der Planung von Kommunikationsmaßnahmen für eine Krise wie COVID-19 scheint es daher unerlässlich, auch diese Faktoren zu berücksichtigen.

3   Festivalkommunikation

Da Festivals nur auf eine bestimmte Dauer ausgelegt sind, verfügen die meisten, abgesehen von sehr großen Festivalunternehmen, zwischen den jeweiligen Saisonen in der Regel nicht über eine dauerhaft arbeitende Kommunikationsabteilung. Insofern muss die PR-Kommunikation entweder jedes Mal neu aufgebaut werden oder die Kommunikationsmaßnahmen werden in enger Zusammenarbeit (oder in Verbindung) mit bestehenden Kultureinrichtungen und deren kontinuierlich bestehenden Kommunikationskanälen durchgeführt (Mandel 2012; Rowley und Williams 2008). Die Kommunikationsstrategien sollten daher optimalerweise einem saisonalen Zyklus entsprechen. Das künstlerische Profil eines Festivals, das durch die Künstlerische Leitung im Klassikbereich oder in anderen Musiksparten durch die aufführenden Künstler*innen, Festivalbetreiber*innen, aber auch durch den Festivalort und entsprechende Rahmenprogramme abgerundet wird, bietet ein soziales und sinnliches Gesamterlebnis (Prentnice und Andersen 2003; Brown et al. 2020 S. 76). Seine Kommunikationsstrategien werden zudem an die Musiker*innen, insbesondere an die Künstlerische Leitung bzw. bei Popfestivals an die „Headliner" angepasst und international positioniert (Young 1980, S. 508), um das Festival bekannt zu machen, die Einrichtung regelmäßig zu bewerben und in der nächsten Saison an bisherige Erfolge anknüpfen zu können (Mandel 2012). Festivalprogramm, Kommunikation und das positive Besuchererlebnis, das gekoppelt wird mit der Motivation, gemeinsam seine Freizeit mit Gleichgesinnten zu erleben („staycation", Brown et al. 2020), gehen also Hand in Hand. Dieses Gesamtkonzept steht idealerweise im Mittelpunkt der PR-Arbeit (Mandel 2012).

In den letzten Jahren fokussierte Festivalkommunikation – nicht nur im Bereich der Popmusik, sondern ebenso in der Klassikszene – vermehrt auf digitale Medien, denn der gleichermaßen soziale, sinnliche wie hedonistische Charakter von Musikfestivals kann durch mannigfaltige Möglichkeiten digitaler Kommunikation das Festivalerlebnis noch weiter ausgebaut werden und spielt in der gesamten Kommunikation rund um den Festivalbesuch eine Schlüsselrolle (Van Winkle et al. 2018). Unmittelbar vor und nach dem Festival beobachteten Brown et al. (2020) vermehrte Kommunikationsflüsse im virtuellen Raum, also im Bereich der Social Media Kanäle; dazu zählen die Autoren neben der eigenen Website, diverse andere Social Media Applikationen, die auf mobilen Endgeräten verwendet werden. Sie ermöglichen so Millionen von Benutzer*innen nicht nur das Abrufen von Informationen, sondern erlauben ihnen auch selbst digitale Inhalte zum Event zu generieren, zu teilen oder generell an eventbezogenen Diskussionen in sozialen Netzwerken teilzunehmen. Festival Website und Social Media Kanäle werden von den Besucher*innen genutzt, um sich über Veranstaltungen zu informieren, Tickets zu erwerben, den Aufenthalt zu planen, vor allem aber um sich darauf einzustimmen und sich bereits im Vorfeld der virtuellen *communitas* (Brown et al. 2020) anzuschließen und über das zukünftige Erlebnis auszutauschen. Das Gefühl der Gemeinschaft, welches laut zahlreicher Studien (Wilks 2011; Brown et al. 2020) als eines der zentralen Motivationen für den Besuch gilt, bringt viele Festivalbesucher nach dem Live-Erlebnis dazu, auch im Nachgang online aktiv zu bleiben, Bilder oder Konzertausschnitte zu rezipieren und das live Erlebte gemeinsam mit anderen Revue passieren zu lassen (Brown et al. 2020).

4 COVID-19-Krisenmanagement im Musikveranstaltungssektor

Traditionell ist der Veranstaltungssektor geprägt von Volatilität, Disruption und einer dementsprechenden Wandlungsfähigkeit (Ziakas et al. 2021a). In der Regel ist man im Festivalbetrieb auf Absagen von Superstars, unzureichende Darbietungen, Probleme mit der Bühnentechnik, Stromausfälle, Naturkatastrophen wie Erdbeben, Hochwasser oder mitunter sogar auf menschlich verursachte Katastrophen wie Finanzkrisen oder Terroranschläge vorbereitet (Ziakas et al. 2021b). Speziell kleinere (Non-Profit) Festivals gelten im wirtschaftlichen Sinn als Risikounternehmen, sind sie doch in einem sehr kompetitiven Markt mit hohen Ausgaben und sehr geringen Gewinnmargen angesiedelt. Resilienz und Überlebensfähigkeit in der Musikwirtschaft sind immer mit der internen Stärke einerseits und den unterstützenden externen Netzwerken andererseits verbunden (Getz 2021). Auf der betriebsinternen Ebene spielen finanzielle Rücklagen und die Fähigkeit Verluste zu verkraften, sowie die Motivation der Mitarbeiter*innen, in einer schwierigen Phase durchzuhalten, eine große Rolle. Gerade das Format ‚Festival' ist allerdings in finanzieller Hinsicht besonders anfällig, da das Geschäftsmodell in der Regel von kontinuierlichen oder saisonal gebündelten Einnahmen ausgeht, die durch Merchandising, Fördergelder und Sponsoring-Einnahmen unterstützt werden. Letztere sind jedoch in der Regel an die tatsächliche Abwicklung der Veranstaltungen gebunden (Getz 2021). Ein weiterer Risikofaktor liegt in der Anzahl der Besucher*innen, die noch dazu häufig aus unterschiedlichen Gegenden zusammenkommen. Alleine deshalb unterliegen Festivals per se sehr strengen Gesundheits- und Sicherheitsauflagen und verfügen in der Regel über Konzepte für Krisen und Risikomanagement (Getz und Page 2019). Da für Festivals das Wetter eine wichtige Rolle spielt, setzte man auch bisher bereits auf digitale Alternativen im Schlechtwetterfall – auch Absagen waren im Festivalbetrieb seit jeher gelebte Praxis, wohl aber nicht in diesem Ausmaß (Davies 2021).

Die COVID-19-Pandemie, die wie die letztgenannten Krisenarten außerhalb des Machtbereichs von Festivalbetreibern steht und somit als exogene Krise zu betrachten ist, stellte aufgrund ihrer multidimensionalen Auswirkungen eine außerordentliche Herausforderung für alle Akteure von Festivals dar. Sie war, nach bisherigen Kenntnisstand, eine einerseits natürlich (Virus), und andererseits menschlich herbeigeführte (sozioökonomische) Katastrophe, die Wirtschaft, soziale und kulturelle Gefüge durcheinander gebracht und das tägliche Leben der Weltbevölkerung beeinträchtigt hat (Ziakas et al. 2021b). Auf mehrwöchige Lockdowns, Schließungen kultureller Institutionen, Social Distancing und weitere Restriktionen war der Festivalsektor nicht vorbereitet (Davies 2021).

Am 11. März 2020 erklärte die World Health Organization die Krankheit COVID-19 zur Pandemie. Nationale Regierungen reagierten zur Eindämmung der weiteren Ausbreitung mit Geschäftsschließungen und Einreisebeschränkungen. Kulturbetriebe wurden ab März wiederholt für mehrere Wochen geschlossen und durften auch in den Phasen zwischen Lockdowns oft nur mit einer geringen Publikumsauslastung ihren Betrieb aufnehmen. Somit waren Festivals ab März

2020 gezwungen, einzelne Veranstaltungen abzusagen oder ganze Saisonen ausfallen zu lassen, weil der Betrieb in eine Lockdown-Phase fiel oder gesetzlich zulässige Publikumskapazitäten zu weiteren Verlusten geführt hätten. Seit Jahren gebuchte Künstler*innen konnten aufgrund der Reiseeinschränkungen ebenso wenig wie Besucher*innen anreisen oder mussten nach dem Festivalbesuch in 14-tägige Quarantäne (Campiranon 2021; Hansen 2021).

Das Bewusstsein für COVID-19 als mögliche drohende globale Krise bestand allerdings schon bereits ab der Jahreswende 2019/2020, Ziakas et al. (2021a) nehmen hier gleichermaßen Regierungen, wie einzelne Städte oder Organisationen in die Pflicht, die in der Lage sein hätten müssen, rechtzeitig auf die Pandemie zu reagieren, deren Auswirkungen zu minimieren und präventiv auf die Verbreitung einzuwirken, und begründen das real beobachtbare Versäumnis durch mangelnde Führungsentschlossenheit.

Wie in den Abb. 4.1 und 4.2 grafisch dargestellt, mussten Festivalorganisator*innen sich wie in jeder Krise wiederholt auf Neues einstellen und stets für neue Präventionsmaßnahmen bereit sein, Bedrohungen frühzeitig erkennen, um flexibel

Abb. 4.1 Krisenmanagement und Erholung für Festivals. (Eigene Darstellung nach Ziakas et al. 2021a)

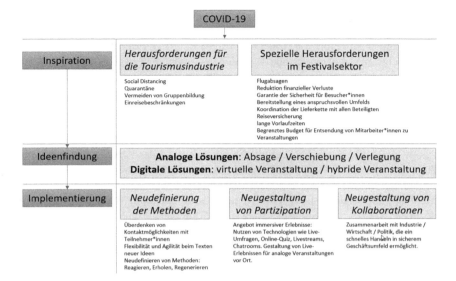

Abb. 4.2 Modell der Adaption von Festivals in der COVID-19-Krise. (Eigene Darstellung nach Campiranon 2021, bzw. Takur et al. 2020)

darauf zu reagieren. Um nach der Pandemie erfolgreich weiterarbeiten zu können, waren viele Festivalbetreiber*innen im Nachgang gezwungen, ihre Geschäftsmodelle neu abzuwägen, virtuelle oder hybride Durchführungsmöglichkeiten zu evaluieren und auf nachhaltige strukturelle Veränderungen im Kultursektor hinzuarbeiten. Nur so können sie auch auf Dauer Resilienz aufbauen und unter widrigen Bedingungen bestehen (Ziakas et al. 2021a). Van Winkle (2020) weist außerdem auf die Gefahr hin, dass die Absage eines Events gleichzeitig auch das Ende eines gesamten Festivals bedeuten kann, wenn nicht an vorhergehende Erfolge angeschlossen werden kann. Getz (2021) rät zudem in Zeiten der Pandemie davon ab, zu hochmütig zu sein, und empfiehlt beispielsweise finanzielle Verluste nach abgesagten Veranstaltungen durchaus mittels von Spenden für Alternativangebote zu kompensieren.

5 Krisenkommunikation im Musikfestival

In Zeiten globaler Krisen stellt eine breit angelegte Krisenkommunikation die einzige Möglichkeit dar, einhergehende Probleme kosteneffizient zu lösen. Dabei besteht systematische Krisenkommunikation, wie sie beispielsweise von Coombs

(1995) theoretisch erarbeitet wurde, grundsätzlich in der Sammlung, Verarbeitung und Dissemination von transparenten und legitimen Informationen, die zur Bewältigung der Situation von Nöten sind (Su et al. 2021). Prioritär ist dabei, unterschiedlichsten Stakeholdern alle Ressourcen – möglichst in Echtzeit – zur Verfügung zu stellen, damit sie die Krise bewältigen können und dem Unternehmen auch zukünftig treu bleiben (Singh 2021; Liu et al. 2016). Gleichzeitig sollen es die Kommunikationsmaßnahmen ermöglichen auch Besucher*innen vor Ort, insbesondere jene, die, wie im Festival durchaus üblich, nicht mit dem Veranstaltungsort vertraut sind, mit Hilfe strategischer Kommunikation zu leiten (Su et al. 2021; Liu et al. 2016). Getz (2021) empfiehlt außerdem, in der Krisenkommunikation längerfristige Auswirkungen auf Stakeholder unterschiedlicher Art mitzudenken: Mitarbeiter*innen könnten ihre Arbeitsstelle trotz Kurzarbeitsmodellen verlieren, Medienpartnerschaften müssen bei Wegfall von Kooperationsveranstaltungen aufgegeben werden, für Sponsor*innen und Fördergeber*innen verliert die Zusammenarbeit durch Ausfälle oder Adaptionen eventuell an Attraktivität. Die COVID-19 Krise könnte also nicht nur für Festivals und somit die Zuseher*innen langfristig negative Auswirkungen haben, sondern im Nachgang auch Darsteller*innen, Lieferant*innen, Sponsor*innen, politische Förderer und somit ganze Tourismusdestinationen in Mitleidenschaft ziehen. Alleine deshalb gilt die völlige Absage eines Festivals in der Literatur als Ultima Ratio, der eine Verschiebung grundsätzlich vorzuziehen sei (Getz 2021).

In Anlehnung an Rachmat Kriyantono (2012) nennen Venus et al. (2020) zehn Prinzipien der Krisenkommunikation, die auch in pandemischen Zeiten unbedingt eingehalten werden sollten: (1) Aufbau eines Kommunikationsteams, (2) Einsatz von Massenmedien, (3) Fakten sammeln, (4) regelmäßige Pressekonferenzen, (5) Informationen offenlegen, (6) Information umsichtig disseminieren, (7) Reputation kommunizieren, (8) authentisch bleiben, (9) Empathie zeigen und (10) mehr als nur einen Kommunikationskanal bedienen. Aufgrund der Anordnung vieler Regierungen an ihre Bürger*innen, idealerweise zu Hause zu bleiben und sämtliche sozialen Kontakte einzuschränken, richteten Festivals besonders zu Beginn der COVID-19-Pandemie ihren Fokus vornehmlich auf digitale Kommunikation (Venus et al. 2020). Zu Pressekonferenzen wurde nur eine Mindestanzahl an Journalist*innen geladen, Sicherheitsabstände und Plexiglasscheiben zwischen den Anwesenden gewährten dabei die Einhaltung der Corona-Schutzmaßnahmen.

Die Motivationen von Festivalbesucher*innen wurde in der Vergangenheit gut beforscht – diese auch in der Kommunikation während einer Krise zu berücksichtigen, ist daher umso wichtiger, um die Besucher*innen auch in dieser schwierigen Zeit nicht zu verlieren. Dazu zählen neben dem Erleben von Neuem und Besonderem auch der Genuss von Kultur und Musik, die Flucht aus dem Alltag, das Zusammentreffen und das Erleben von Gemeinschaft (Crompton und McKay

1997), sowie das Eintauchen in eine spezielle Festivalatmosphäre (Prentice und Anderson 2003). All diese Faktoren müssen bei der Festivalkommunikation – auch in Krisenzeiten – mitberücksichtigt werden und ihre jeweilige Bedeutsamkeit hängt von der Art des Festivals ab (Saayman 2011).

Auch ist es möglich, zu den jeweiligen Stakeholder-Gruppen unterschiedliche Kommunikator*innen sprechen zu lassen – und dies entsprechend dem jeweiligen Format, sei es das Zwiegespräch, bei Pressekonferenzen, per Mail, Social Media oder auf internen Plattformen (Mendy et al. 2020). So zeigten die im Rahmen der vorliegenden Studie durchgeführten Experteninterviews, dass gerade im Genre der Klassikfestivals persönliche Briefe von Festivalbetreibern an Stammkund*innen hohe Wertschätzung erfahren, weil diese bei Empfänger*innen den Eindruck befördern, dass sich jemand trotz Krise Zeit für das Verfassen eines persönlichen Schreibens nimmt. Generell empfehlen Mendy et al. (2020) im Sinne einer authentischen Krisenkommunikation offensiv zur eigenen Vulnerabilität zu stehen, denn nur Transparenz führe auf lange Sicht zu Vertrauen und Loyalität. Festival-Kommunikator*innen sollten daher ruhig auch über Zukunftsängste nach Absagen sprechen und sich zu Themen wie Förderungen, Kurzarbeit und finanziellen Schäden äußern. Wichtig ist dabei, um Resilienz im eigenen Unternehmen aufzubauen, die negativen Effekte der Krise nicht zu verschweigen, sie jedoch kommunikativ sofort auch wieder durch positive Emotionen zu komplementieren, indem etwa die virtuelle Community hervorgehoben und zum Partizipieren animiert wird, oder neue digitale Angebote in höchster Qualität und kostengünstig angeboten werden. Einige Festivalbetreiber*innen betrachteten im Nachhinein die Krise sogar als produktive Möglichkeit, alte, eingefahrene Gewohnheiten zu überdenken, und evaluierten schon während der Krise, welche Ergebnisse aus den (erzwungenen) Transformationsprozessen zukünftig in das Portfolio aufgenommen werden sollen. Dies stellt nochmals heraus, dass Führungskräfte von Kulturuntehmen in Krisen nicht nur Optimismus predigen, sondern ihn auch leben und das Optimum aus der herausfordernden Zeit herausholen sollten (Mendy et al. 2020; Singh 2021).

Nach Getz (2021) ist es wichtig, Key-Stakeholder*innen wie Eigentümer*innen, Fördergeber*innen und Sponsor*innen mit Informationen zu versorgen, ehe (Massen-)Medien diese erhalten – auch um reputationsschädigenden Stories oder Fake News vorzubeugen. Als besonders wichtig betrachtet Getz (2021) daher den persönlichen Kontakt zu Stakeholder*innen über ganz verschiedene Kanäle, welche Rückfragen und Rückmeldungen ermöglichen. Transparente Kommunikation über Planungen und deren Konsequenzen für einzelne Gruppen haben dabei oberste Priorität. Erwartungen von Stakeholdern sollten immer persönlich angesprochen werden und nicht nur im Rahmen von Pressemitteilungen oder bei Pressekonferenzen, denn gerade in Krisenzeiten ist die Pflege des eigenen Netzwerks wichtiger denn je. Um dem Publikum aber auch während der Pandemie etwas bieten zu können und sein Interesse am eigenen Festival aufrechtzuerhalten, verstärkten zahlreiche Festivalveranstalter folglich ihre Online-Präsenz, verlegten Events in den virtuellen Raum und nutzten Social Media-Plattformen, um proaktiv darüber zu informieren (Getz 2021, S. 90 f.).

5.1 Digitale Kommunikation

Nach Kotler und Keller (2009, S. 514) und deren Kommunikationsmodell für das Marketing-Management geht es in der Unternehmenskommunikation seit der Etablierung digitaler Medien nicht mehr bloß darum, wie man seine Kund*innen (und andere Stakeholder) erreichen kann, sondern auch darum, ihnen umgekehrt Erreichbarkeit anzubieten, egal ob in Form von Foren, Blogeinträgen oder über diverse Social Media Kanäle. In der Festivalkommunikation haben sich letztere daher in den letzten Jahren zum wichtigsten Instrument im Krisenmanagement entwickelt (Pohl et al. 2015), wobei sich insbesondere Twitter als erste Wahl von Festivalbesucher*innen in Sachen Notfallskommunikationsplattform erwies (Van Winkle 2019). Social Media Plattformen ermöglichen es, der Öffentlichkeit maßgeschneiderte Informationen in verschiedenen Formen (Text, Bild, Video) bereitzustellen. User*innen verwenden jene Plattform, die ihrer individuell präferierten Kommunikationsweise entspricht, wodurch zeitlich und örtlich orientierte Informationen an wesentliche Zielgruppen gelangen (Pohl et al. 2015).

Laut dem *Digital 2021 Report*, den *We Are Social* gemeinsam mit *Hootsuite* durchgeführt hat, verzeichneten vernetzte Technologien insbesondere im Krisenjahr 2020 einen signifikanten Zuwachs bei der Nutzung. Social Media, E-Commerce, Streaming und Videospiele werden hier an vorderster Stelle genannt. So wurde festgestellt, dass im Jänner 2021 insgesamt 78,8 % der Gesamtbevölkerung der Bundesrepublik Deutschland Social Media benutzten, die Steigerung gegenüber dem Vorjahr belief sich auf 13 %. Ebenso lag die Durchdringungsrate der Social Media-Nutzer in Österreich und Deutschland bei ungefähr 80 % der Bevölkerung (We Are Social 2021).

5.2 Festivalatmosphäre trotz Krise: Adaptionen und digitale Surrogate

Die Live-Atmosphäre steht besonders bei Popfestivals im Vordergrund, und obwohl deren vergleichsweise junge Zielgruppe grundsätzlich nicht als Risikogruppe deklariert wurde, mussten auch in diesem Bereich während der Pandemie zahlreiche Festivals abgesagt oder verschoben werden (Singh und Olson 2021). Einige wenige hingegen wurden unter strengen Sicherheitsauflagen und finanziellen Verlusten in adaptierter Weise realisiert. Gradinaru (2021) betont die Bedeutung der *communitas* in pandemischen Zeiten und stellt fest, dass die Teilnahme an Festivals gerade unter diesen Umständen wesentlich mehr als Musikkonsum sei, denn das gemeinsame Erlebnis, die Solidarität und Empathie mit anderen Teilnehmer*innen stellten in der Krise einen unschätzbaren Mehrwert dar. Ähnliche Aussagen finden sich auch bei Perrin (2020). Dort, wo Festivals unter großem logistischen Aufwand, der Schwierigkeit Sponsoren zu überzeugen und unter Einhaltung strenger Sicherheitsauflagen realisiert werden konnten, beschrieben Festivalveranstalter*innen die „2020 edition" als einzigartig und gaben an, dass trotz erschwerter Realisierung das überwältigende Gefühl einer nie zuvor erlebten Solidarität überwiege (Singh und Olson 2021). In gleicher Weise empfanden auch die Festival-Teilnehmer*innen der Studie von Gradinaru (2021) den Besuch solcher Veranstaltungen als besonders bedeutsam. Die in den zum Besuch von Festivals in der Pandemie geführten Interviews am häufigsten genannten Werte sind „safety, change, adaptation, craziness, passion, confidence, trust in team and audience and a real, worthy and strong motivation" (Gradinaru 2021, S. 165).

Mit den Lockdowns wechselten Rezipient*innen für den Konsum von Musik in den virtuellen Raum, Kulturschaffende reagierten darauf und nutzten digitale Plattformen zur Distribution kultureller Inhalte (vgl. z. B. Abb. 4.3). So stellten Künstler*innen weit mehr Inhalte als sonst üblich über Facebook, Instagram, oder Online-Buchungssysteme wie *Sidedoor* zur Verfügung als zuvor, boten gemeinsam mit anderen Künstler*innen über Videokonferenzsysteme sogenannte *Split-Screen-Konzerte* an oder nutzten ähnlich wie Theater und Opernhäuser ihre Websites oder Plattformen wie *YouTube*, *Spotify*, *Unitel*, *Medici* oder *Fidelio* zur Verbreitung von audiovisuellen Konzertstreams. Besonders in Europa, wo die Europäische Union bereits im April 2020 finanzielle Mittel für digitale Kulturprojekte (EU 2021) zur Verfügung stellte, um den stark von der COVID-19-Krise betroffenen Kultursektor zu entlasten, formten sich zu diesem Zweck rasch Allianzen zwischen Musikunternehmen und digitalen Plattformanbietern (Jeannotte 2021; Gu et al. 2021).

Digitale Technologien bieten eine Vielzahl an Möglichkeiten, performative Elemente von Festivalveranstaltungen auch im virtuellen Raum zu inszenieren, wobei a-priori festzustellen ist, dass diese Surrogate in Bezug auf die Erfahrungsqualität auf verschiedenen Dimensionen vermutlich nicht mit physischen Live-Erlebnissen zu vergleichen sind. Dennoch helfen sie, Kontakte aufrechtzuerhalten, negative psychische Auswirkungen der Krise zu lindern und das Wohlbefinden des Publikums zu steigern (Duffy und Mair 2021; Cabedo-Mas et al. 2021). Denn in einer Zeit von pandemiebedingten Restriktionen, Schließungen und Absagen rücken

Abb. 4.3 Adaptionen bei den *Bayreuther Festspielen 2020*. (Bayreuther Festspiele 2020)

genau jene ideellen Konzepte in den Vordergrund, die das Format „Festival" auszeichnen, nämlich das Gefühl der Zugehörigkeit, der Gemeinschaft und der *communitas* (Duffy und Mair 2021, S. 18). Die psychologischen und sozialen Wirkungen von virtuellen Konzerten in der Pandemie wurden bereits in einigen empirischen Arbeiten untersucht: Vandenberg et al. (2021) etwa analysierten soziale Online-Praktiken während der Lockdowns in Europa und stellten in Anlehnung an die Ritualtheorie fest, dass per Livestream übertragene „Techno-Konzerte" als rituelle Handlungen an früher erlebte Rituale anschlossen, und diese kollektiven Erfahrungen positive Assoziationen herbeiführten So wurde während des Konsums von Live-Streams getwittert und unter Verwendung der entsprechenden Hashtags eine virtuelle Gemeinschaft gebildet, in der das Erlebte in Echtzeit kommentiert wurde. Ebenso wurden Aufzeichnungen vorhergehender Festivalsaisonen auf die Plattformen gestellt und von den Nutzer*innen (bzw. früheren Besucher*innen dieser Ereignisse) erneut rezipiert und kommentiert, ihre Erlebnisse somit revitalisiert (Brown et al. 2020, S. 89). Solche virtuellen digitalen Konzerte stimulieren also Erinnerungen und evozieren damit zuvor erlebte Stimmungslagen, wodurch sich das Wohlbefinden der Rezipient*innen insgesamt verbesserte, wie mehrere in der Pandemie durchgeführte Studien belegen (Bhuvaneswari 2020; Cabedo-Mas et al. 2021).

Noch vor der Pandemie befürchteten viele Musikveranstalter*innen, die Verbreitung von digitalen Streamingangeboten könnte zu einem Rückgang physisch realisierter Konzerte führen (Getz und Page 2019), doch die Pandemie zeigte, dass die Technologie Zugang zu den gesuchten Inhalten bieten und ihre Kommunikationskanäle die *communitas* stärken können. Ein reales Live-Erlebnis, die Atmosphäre und Emotionen von Festivals könnten sie allerdings nicht ersetzen, wie Brown et al. (2020) sowie Getz und Page (2019) beschreiben. Allerdings eignen sich speziell Hybridformate, bei denen neben dem Live-Publikum auch weiteres Publikum über Netzwerkanbindung integriert wird, gut dazu, neue Zielgruppen rund um den Globus zu gewinnen. Durch diese technische Neuerung werden Festivalveranstalter in Zukunft nicht mehr an die Größe ihres Veranstaltungsortes gebunden sein und das Publikum wird vielfach wählen können zwischen dem Konzertgenuss in der Festivalatmosphäre vor Ort oder aber in der gewohnten Umgebung zu Hause (Galan 2021, S. 14; KKKW 2021, S. 38). Mit zunehmendem Verlauf der CO-VID-19-Pandemie mehrten sich allerdings schnell die Streaming-Angebote, was alsbald zu einer Übersättigung des Marktes führte (Sim et al. 2021).

In der nachfolgend dargestellten empirischen Analyse wurde eruiert, inwiefern Musikfestivals – sowohl jene der Klassikszene als auch jene aus den Bereichen Pop und Rock – gezielt Social Media Kanäle für die Krisenkommunikation während der Covid-Krise eingesetzt haben, und inwiefern sich damit Angebote änderten und neue Content-Varianten entwickelt wurden, um das Stammpublikum zu halten und neue Zielgruppen anzusprechen. Ebenso wurde in Erfahrung gebracht, in welcher Weise Festivalbetreiber*innen sich über unterschiedliche Kommunikationskanäle an ihre Stakeholder wandten, um deren Unterstützung – auch in finanzieller Hinsicht zu erbitten. Schließlich ging es auch darum, zu analysieren, wie sich digitale Präsentationen (sowohl auf der Website, als auch diversen Social Media-Plattformen) der Festivalbetriebe in der Krise unterschieden, genauer gesagt, ob Unterschiede zwischen Betreibern aus der Klassikszene bzw. der Popszene zu beobachten waren und ob bisherige Stammkund*innen das auch mit verfolgten.

6 Methodik

In Anbetracht der pandemischen Situation zu Beginn der Analyse wurden im Rahmen der Datenerhebung nur wenige qualitative Interviews durchgeführt und ergänzend eine Medieninhaltsanalyse realisiert. Zur Beantwortung der zentralen Forschungsfrage(n) befragte ich Expert*innen wie Geschäftsführer*innen und Kommunikationsmanager*innen von Kulturbetrieben zu ihren Kommunikationsstrategien vor, während und nach Lockdown-Phasen. Die Expert*innen sollten berichten, wie sich während, aber auch nach dem Lockdown die Produktpolitik und die Kommunikationsstrategien der Kulturbetriebe verändert haben, auf welche Weise unterschiedliche Stakeholder-Gruppen angesprochen werden konnten und insbesondere sollten auch Erfahrungen bezüglich des Publikumsfeedbacks zu Streaming-Angeboten und modifizierten Live-Veranstaltungen berichtet werden. Ergänzend wurden ferner fünf Musiker*innen befragt, die regelmäßig bei Festivals auftreten, und zehn Stammbesucher*innen von Festivals – sowohl der Klassik- als auch der Popszene – zu ihren Beobachtungen und ihrer Rezeption von adaptierten Festival-Angeboten interviewt. Wie Tab. 4.1 zeigt, wurden die Angaben zu den meisten Befragten nach der Transkription anonymisiert bzw. deren Aussagen in anonymisierter Form in den vorliegenden Artikel eingearbeitet.

Tab. 4.1 In der im Artikel dargestellten Studie befragte Personen

Befragte Expert*innen	Funktion	Datum	Befragungsart
E1 (Reiner Heneis)	Chief Marketing Officer *Internationale Stiftung Mozarteum*	25.04.2020	Videokonferenz
	Geschäftsführung *Internationale Stiftung Mozarteum*	26.11.2020	Videokonferenz
		21.07.2021	Videokonferenz
E2 (Mathis Huber)	Künstlerische Leitung *Styriarte*	22.11.2020	Videokonferenz
E3 (Katharina Schellnegger)	Veranstaltungsdramatrugin *Styriarte*	22.11.2020	Videokonferenz
		27.11.2020	Videokonferenz
E4	Künstlerische Leitung Festival Österreich	11.02.2021	Videokonferenz
E5	Director Communications Kultur Deutschland	05.02.2021	Videokonferenz
E6	Digital Communication Manager Festival Schweiz	30.11.2020	Videokonferenz
E7	Leitung Marketing & Kommunikation Festival Österreich	12.07.2021	Mail
E8	Leitung Betriebsbüro Festival Schweiz	24.11.2020	Mail
E9	Medienverantwortlicher Festival Schweiz	12.02.2021	Mail
E10	Geschäftsführung Festivalbetrieb Österreich	27.03.2020	Mail
E11	ehem. Künstlerische Leitung diverse Festivals Österreich und Deutschland	30.04.2021	Telefon
		18.05.2021	persönlich
E12	Künstlerische Leitung Festival Schweden	14.07.2021	persönlich
E13	Musiker bei internationalen Festivals	15.07.2021	Telefon

(Fortsetzung)

Tab. 4.1 (Fortsetzung)

Befragte Expert*innen	Funktion	Datum	Befragungsart
E14	Musiker bei internationalen Festivals	22.07.2021	Telefon
E15	Musiker bei internationalen Festivals	23.07.2021	Telefon
E16	Tontechnik (Streaming) für internationale Musikfestivals	20.07.2021	Telefon
Befragte FestivalbesucherInnen			
B1	besucht mindestens 5 Popfestivals im Jahr	14.07.2021	Videokonferenz
B2	besucht mindestens 5 Popfestivals im Jahr	16.07.2021	Mail
B3	besucht mindestens 10 Popfestivals im Jahr	16.07.2021	Mail
B4	besucht mindestens 5 Popfestivals im Jahr	17.07.2021	Mail
B5	besucht mindestens 7 Popfestivals im Jahr	18.07.2021	Mail
B6	besucht mindestens 4 Veranstaltungen bei Klassikfestivals im Jahr	12.07.2021	persönlich
B7	besucht mindestens 7 Veranstaltungen bei Klassikfestivals im Jahr	12.07.2021	persönlich
B8	besucht mindestens 3 Veranstaltungen bei Klassikfestivals im Jahr	13.07.2021	persönlich
B9	besucht mindestens 5 Veranstaltungen bei Klassikfestivals im Jahr	13.07.2021	persönlich
B10	besucht mindestens 10 Veranstaltungen bei Klassikfestivals im Jahr	12.07.2021	Telefon

Bogner et al. (2014) schlagen die qualitative Inhaltsanalyse als optimale Auswertungsform vor, wenn Experteninterviews zur Informationsgewinnung genutzt werden:

„Diese Informationen können im Einzelfall selektiv und teilweise widersprüchlich sein (deshalb werden mehrere Interviews geführt), aber grundsätzlich wird davon ausgegangen, dass das Expertenwissen in der Lage ist, die Welt korrekt abzubilden." (Bogner et al. 2014, S. 72)

Daher wurde auf der Grundlage der transkribierten Aufzeichnungen der Experteninterviews eine qualitative Inhaltsanalyse nach Mayring (2016) durchgeführt. Dieses Auswertungsmodell hilft, den Interviewtext zu strukturieren und wichtige – zusammenhängende – Aussagen herauszufiltern (Mayring 2016; Bogner et al. 2014).

Um verschiedene Darstellungsvarianten nutzen zu können, wurde auf eine computergestützte Auswertung der Experteninterviews zurückgegriffen (Mayring 2016).

Im Rahmen der Medieninhaltsanalyse wurde ferner der digitale Auftritt von diversen europäischen Musikfestivals der Klassikszene sowie des Pop- und Rockbereichs, wie sie auf der Seite des *Deutschen Musikinformationszentrums* zusammengestellt sind (Wilnauer 2022) auf Spezifika der Krisenkommunikation hin untersucht. Dazu zählen unter anderem folgende Festivals: *Bayreuth, BBC Proms, Bregenzer Festspiele, Bürgenstock Festival, Das Fest, Dialoge, Dresdner Musikfestspiele, Edinburgh International Festival, Festspiele Mecklenburg-Vorpommern, FM4 Frequency, Glastonbury Festival, Glyndebourne Festival, Grafenegg Festival, Internationale Barocktage Melk, Internationales Beethovenfest Bonn, Mozartwoche, Nova Rock, Open Air St. Gallen, Ragnarök-Festival, Salzburger Festspiele, Schleswig-Holstein Musik Festival, Styriarte, Sziget, TomorrowWorld, Tiroler Festspiele Erl, Nürnberg Pop Festival, Wacken Open Air* und das *Wien Modern*.

Als Schlüsselbeispiel wurden die Festivals der *Internationalen Stiftung Mozarteum* sowie Veranstaltungen aus dem Haus *Styriarte* fokussiert, da diese mehrere Festivals über das Jahr verteilt veranstalten und somit das Management auch unterschiedliche pandemische Phasen erlebte. Mit *Mozarteum*-Geschäftsführer Mathis Huber und seiner Veranstaltungsdramaturgin wurden daher mehrere Interviews geführt.

7   Ergebnisse

In der Zusammenschau sämtlicher empirisch erhobener Daten ist zu erkennen, dass die von Venus et al. (2020) für den Beginn der Krise demonstrierten Prinzipien der externen COVID-19-Krisenkommunikation in den meisten Festivalbetrieben durchgehend während der Pandemie Anwendung gefunden haben. So gaben die Kommunikationsexpert*innen in ihren Interviews an, dass die ersten Krisensitzungen mit der Erklärung des Virus zur Pandemie durch die WHO stattfanden und sich dann unmittelbar Kommunikationsteams bildeten, die einen regelmäßigen Austausch mit politischen Entscheidungsträgern aufbauten (z. B. E1, E2). Informationen zu Schutzmaßnahmen, Programmänderungen oder alternativen digitalen Angeboten wurden – mit Ausnahme von kleinen Festivals, die das Gros ihrer Kund*innen persönlich kennt und daher direkt kontaktierte – über Massenmedien verbreitet. Aufgrund der Anordnung vieler Regierungen, während der COVID-19-Pandemie möglichst zu Hause zu bleiben und sämtliche sozialen Kontakte einzuschränken, richteten einige Festivals ihren Fokus vornehmlich auf digitale Kommunikation und setzten inhaltlich in dieser unsicheren Zeit auf Transparenz, Verlässlichkeit und Authentizität (E4). Diese zentralen Eckpfeiler der Festival-kommunikation in Zeiten der Pandemie werden nun näher diskutiert.

7.1 Authentische Krisenkommunikation

Ähnlich wie es Mendy et al. (2020) in ihrer Studie zur COVID-19-Krisenkommu-nikation konstatierten, war auch bei den in der vorliegenden Studie untersuchten Festivalbetrieben in der Kommunikation die Strategie zu beobachten, möglichst einfache, konzise verfasste Botschaften zu versenden und diese dann regelmäßig zu wiederholen, da, die Menschen in der Pandemie regelrecht mit unterschied-lichen Informationen überschüttet wurden und sich dadurch schnell überfordert fühlten. Wichtig sei dabei aber besonders, wie mehrere Expert*innen aus dem Fes-tivalmanagent in den Interviews (E1, E2, E3, E4, E7, E8, E10) betonten, *wer* die Informationen an die jeweiligen Stakeholder herantragen würde. Dies müsse nicht immer die Geschäftsführung sein, gerade im Bereich des Festivals ginge es viel-mehr darum, eine Person an die Kommunikationsspitze zu stellen, die das Krisen-thema mit Autorität vertreten könne. Im Fall der COVID-19-Krise sollte diese Person folglich kompetent über gesundheits- und sicherheitsrelevante Themen in-formieren und bei Nachfragen auch jederzeit Rede und Antwort stehen können – ähnlich, wie das auch in den Studien von Mendy et al. (2020) sowie Singh (2021) herausgearbeitet wurde. Viele im Fokus der vorliegenden Studie stehenden Festi-vals kommunizierten über ihre Künstlerische Leitung, beispielsweise trat für die *Styriarte* zumeist Mathis Huber in Erscheinung, der von Anfang an mittels diverser Formate und Kanäle Optimismus kommunizierte und versuchte, die Menschen zu Hause mit kulturellen Alternativen zu einem Festivalbesuch zu erfreuen. Bei den *Salzburger Festspielen* wurden wichtige Informationen zu den pandemiebedingten Einschränkungen, Absagen, Verschiebungen und dergleichen hingegen von der Festspielpräsidentin Helga Rabl-Stadler und nicht dem Künstlerischen Leiter Mar-kus Hinterhäuser überbracht. Im Bereich der Popfestivals wurde demgegenüber deutlich weniger auf personalisierte Kommunikation gesetzt, sondern das Gesamt-gefüge Festival mit seiner *communitas* stand im Vordergrund. Dennoch meldeten sich auch hier Festivalbetreiber*innen deutlich mehr als in den Jahren zuvor öffent-lich zu Wort.

Auch war zu beobachten, dass unterschiedliche Kommunikator*innen zu je-weils unterschiedlichen Stakeholder-Gruppen gesprochen haben – dabei waren auch Unterschiede nach Formaten zu verzeichnen: Bei Pressekonferenzen, die aufgrund der Schutzmaßnahmen in der Regel nur mit einer begrenzten Anzahl von Journalist*innen abgehalten wurden, waren zumeist die Künstlerische Leitung (oder aber die Geschäftsführung) und insbesondere in den größeren Festivalbetrieben eine zusätzliche Person aus der Geschäftsführung oder der Kommunikationsabteilung anzutreffen. Weiters wurden regelmäßig Mailings mit aktuellen Informationen und vor allem auch Social Media Kanäle bedient. Trotz oder sogar wegen des angeordneten *Social Distancings* nahm der persönliche Kontakt mit unterschiedlichen Stakeholder*innen (telefonisch, postalisch) eher zu, wie Heneis und Huber konstatierten. Mathis Huber dazu: „Wir waren besonders 2020 in einem viel engeren Austausch mit unseren Besuchern als sonst, weil es einfach mehr zu kommunizieren gab." (E2) Analog dazu, wie es auch Getz (2021) in seiner Studie beobachtete, wurden bei den hier betrachteten Festival laut Angabe mehrerer Expert*innen (E1, E2, E3, E5 und E9) vor den Medien zunächst immer die wichtigsten Stakeholder*innen, also Partner*innen, Fördergeber*innen und Sponsor*innen informiert, ehe Informationen über Änderungen an Medien herangetragen wurden. Bei kleineren Festivals wurden sogar einige (bekannte) Gäste persönlich angesprochen: Zuerst mussten die wichtigsten Partner, Sponsoren, und Ehrengäste informiert werden, dies geschah in der Regel auf persönlichem Weg per Telefon, hauptsächlich per Briefpost zum Teil per Mail (E8). Sämtlichen befragten Besucher*innen von Klassikfestivals ist jenes Bestreben nach Transparenz und einer stets aktuellen Informationsaufbereitung von Seiten des Managements deutlich aufgefallen. Dazu E10:

> „Vor den Veranstaltungen – wenn sie wirklich stattfinden konnten – kamen noch kurz vorher Infos zu Coronaschutzmaßnahmen und einmal wurde ich sogar kurzfristig noch angerufen, das schafft schon Vertrauen. Das merkt man sich einfach. Da komme ich gerne auch in den nächsten Jahren wieder!"

Und auch andere Expert*innen (z. B. E7, E8) erklärten, dass gerade im von ihnen verantworteten Klassikfestival-Bereich persönliche Briefe von Festivalbetreibern an Stammkund*innen typischerweise hohe Wertschätzung erfuhren, weil dies für die Kunden ausdrückte, dass sich jemand trotz Krise Zeit für das Verfassen eines persönlichen Schreibens nimmt (E8).

Zwei Expert*innen (E6 und E9) wiesen weiters darauf hin, dass „man in so einer Krise mit offenen Karten" (E9) spielen müsse – und wie von Mendy et al. (2020) postuliert, insbesondere zur eigenen Vulnerabilität stehen sollte, um im Sinne einer authentischen und transparenten Krisenkommunikation auch auf längere Sicht Vertrauen und Loyalität bei den Stakeholdern aufrechterhalten zu können. Entsprechend äußerten sich Festival-Kommunikator*innen bei ihren öffentlichen Auftritten explizit auch zu Zukunftsängsten nach Veranstaltungsabsagen und zu Themen wie Förderungen, Kurzarbeit und finanziellen Schäden. In diesem Kontext verwiesen speziell Huber und Heneis in den Interviews darauf, dass es ihnen besonders wichtig gewesen sei, die negativen Effekte der Krise nicht zu verschweigen, ihre Kommunikation jedoch sofort auch wieder durch positive Emotionen zu komplementieren.

Auch Vertreter der andere untersuchten Festivalbetriebe, insbesondere auch der Popfestivals, hoben in ihren Aussagen die Bedeutsamkeit der virtuellen Community hervor, die zum Partizipieren animieren solle und das Publikum mit kostengünstigen digitalen Angeboten in höchster Qualität versorge. Wie die Interviews demonstrieren, betrachteten jedoch gerade Festivalbetreiber*innen der Klassikszene die Krise als Möglichkeit, alte, eingefahrene Gewohnheiten grundlegend zu überdenken, und evaluierten schon während der Krise, welche der erzwungenen Innovationen auch zukünftig in das Portfolio aufgenommen werden sollten. Dies macht deutlich, dass zumindest die hier befragten Führungskräfte nicht nur Optimismus predigten, sondern ihn auch lebten und versuchten, das Optimum aus der herausfordernden Zeit zu machen. Diese Perspektive wurde bereit von von Mathis Huber (*Styriarte*) in einem schon gegen Beginn der Krise durchgeführten Interview dargelegt und auch Mendy et al. (2020) sowie Singh (2021) proklamierten in ihren Studien zur Pandemie Ähnliches. Laut Heneis habe man sich in der Belegschaft des *Mozarteums* aufgrund der positiven öffentlichen Resonanz zum Umgang des Managements mit der Krise ebenfalls gestärkt gefühlt.

7.2   Social Media-Krisenkommunikation

Die Präsentation von Informationen auf Websites unterliegt in der Regel einem vergleichsweise statischen Charakter – auch weil die Pflege dieser in der Handhabung etwas aufwendiger sind als die der modernen Social Media Plattformen. Daher wurden während der Krise hier grundsätzlich Informationen angeboten, die längerfristig galten (z. B. Konzertabsagen oder -verschiebungen, Abläufe von Ticketrückabwicklungen), wie E5 und E7 klarstellen. Dynamische Informationen wurden hingegen eher auf den Social Media Plattformen präsentiert, wobei auch hier der Typ der Plattform für die Art der Kommunikation und den Informationsgehalt bestimmend war. So gilt *Twitter* grundsätzlich als jene Plattform, die besonders von Journalist*innen, Politiker*innen und Wissenschafter*innen zum Informationsaustausch genutzt wird (E5, E6, E7, E9). Deshalb wurden hier typischerweise die offiziellen Presseinformationen von Festivals, ebenso aber die aktuellen COVID-19-Maßnahmen durch die Politik simultan mit deren offizieller

Veröffentlichung verbreitet und konnten dadurch sogleich von interessierten User*innen geteilt und kommentiert werden. *LinkedIn* spielte hingegen in der öffentlichen Festivalkommunikation während der Krise nur eine subsidiäre Rolle. *Facebook* und auch *Instagram*, die mit ihrem Fokus auf visuelle Darstellungen in den letzten Jahren den privaten Gebrauch von *Twitter* in Bezug auf Nutzungintensität deutlich überholt haben, sind jene Plattformen, die Rezipient*innen Informationen in Echtzeit vermitteln oder diese Unmittelbarkeit zumindest suggerieren können, wie bereits Getz und Page (2019) feststellen. Besonders *Instagram* hat sich in der Krisenzeit als bevorzugter Kanal für Künstler*innen und Musikveranstalter*innen bewährt, da hier kurze Statusmeldungen mit Bild ebenso einfach möglich sind wie Stories, die einen Blick hinter die Kulissen oder in das private Umfeld ermöglichen. Ähnlich nützlich erwiesen sich auch Videoplattformen wie *YouTube* oder *Vimeo*, wo in der Regel auch längere Videos hochgeladen werden konnten (E1, E2, E3, E5, E6, E9). Diese Plattformen wurden außerdem auch in vielen Fällen für digitale Alternativangebote verwendet und beförderten so innerhalb kurzer Zeit eine starke Zunahme digitaler Rezipient*innen, wie E6 ausführt:

> „Besonders Instagram ist da in letzter Zeit immer wichtiger geworden. Wir haben damit im Sommer 2017 begonnen und das ist in den letzten Monaten regelrecht explodiert. (…) Das ist der Kanal, wo man experimentiert, wo man sich traut, auch etwas auszuprobieren."

Zusätzlich fanden Messenger-Services wie *WhatsApp* Anwendung, über welche bereits vor der Veröffentlichung allgemeiner Pressemitteilungen zuvor registrierte Interessent*innen kontaktiert und informiert wurden. Diese haben einen sehr exklusiven Charakter und geben auch Menschen, die nicht auf anderen Social Media-Plattformen vertreten sind, das Gefühl, stetig informiert zu sein, wie Getz und Page (2019) beschreiben und die befragten Festivalbesucher B6, B8, B9 bestätigten.

Außerdem helfen Social Media Applikationen auch bei den Besucher*innen Reminiszenzen an frühere Festivalbesuche und somit nostalgische Gefühle auszulösen. Die besonders kreative Weise einiger Festivalbetreiber*innen mit der Krise umzugehen, die sich in den Interviews und der Medienanalyse zeigte, demonstriert die typische Resilienz der Festivalbranche, wie sie beispielsweise auch Perrin (2020) als kennzeichnend beschreibt. In dieser Hinsicht sind besonders Popfestivals zu erwähnen, die seit Beginn der Krise mit Hilfe kurzer Videos, Fotos und Meldungen von Künstler*innen die Besucher*innen an vorangehende Festivalerlebnisse erinnerten (vgl. Abb. 4.4 und 4.5). Besonders die für das Popfestival so bedeutende *communitas* sowie die spezielle Atmosphäre wurden hier versucht zu stimulieren.

Abb. 4.4   Gezieltes Wecken von Erinnerungen an frühere *Sziget*-Erlebnisse. (Sziget 2021)

Kommentarfunktionen auf der Festival-Website oder auf den offiziellen Social Media Kanälen ermöglichen Mitgliedern der Community, sich persönlich zu engagieren, beziehungsweise nicht nur mit Personen der Festivalorganisation zu interagieren, sondern auch innerhalb der *communitas*. Dabei signalisiert bereits das Vorhandensein eines Kommentarbereiches die Präsenz anderer Teilnehmer*innen und evoziert das Gefühl, mit anderen gemeinsam etwas zu erleben, wodurch dann die Livestreams auch eher als rituelles Erlebnis wahrgenommen werden als regulär gepostete Videoaufzeichnungen von Events. Dennoch enthielten die Postings vieler Kommentator*innen zu den Livestreams der Festivals auch pessimistische Äußerungen, da diese zwar prinzipiell auch Musikgenuss ermöglichen, gleichzeitig aber auch das wahre Konzerterlebnis vor Ort umso stärker vermissen ließen (vgl. hierzu auch Vandenberg et al. 2021). Analog gaben die von mir befragten Besucher*innen von Popfestivals B1, B2 und B5 an, durch digitale Surrogate von Musikevents eher enttäuscht zu sein, da die spezielle Festivalatmosphäre auf diese Weise nicht ‚künstlich‘ evozierbar sei.

Laut Ansicht der befragten Besucher*innen wirkt die Krisenkommunikation von Festivals subjektiv „besonders dann unmittelbar, wenn sich die Künstlerische Leitung oder die Geschäftsführung persönlich in Videobotschaften an sie wendet und sie zur Partizipation einlädt" (E8, 2021). „Solche Konzepte, in denen der Intendant sich an das Publikum wendet, sind in der Krise besonders gut an-

OpenAir St.Gallen - official fühlt sich festlich.
1. Juli um 08:47 ·

Genau jetzt wären wir doch grad beim ersten Drink im Sittertobel. Ach, wir vermissens so, mit euch zu feiern. Habt ein schönes OASG 2021 - Wochenende! Und wir sehen uns genau in einem Jahr endlich wieder!

Florence + The Machine 2019 by Julius Hatt

456   20 Kommentare 14 Mal geteilt

👍 Gefällt mir   💬 Kommentieren   ↪ Teilen

Abb. 4.5 Facebook-Posting zur Erinnerung an frühere Festivals. (Openair St. Gallen 2021b)

gekommen", beschreibt E6. Besonders im Klassikbereich präsentierten sich in dieser Weise auch zahlreiche bekannte aufführende Künstler*innen und sprachen ihr Publikum daheim an. Popfestivals nutzten hingegen eher visuelle Darstellungen mit Textsujets (vgl. Abb. 4.4, 4.6, 4.11) in knallig bunten Farben anstatt von Videobotschaften.

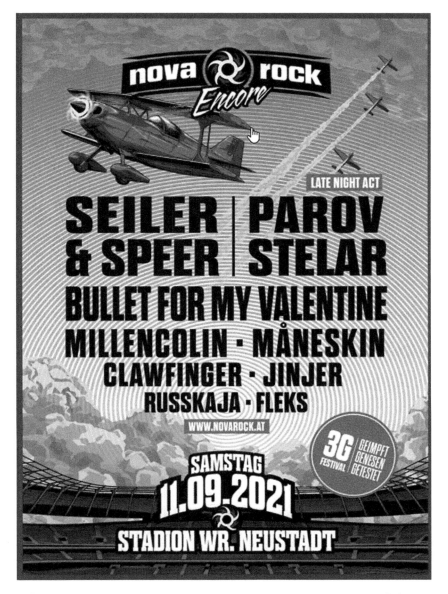

Abb. 4.6   Programmankündigung des *Nova Rock-Encore*-Festivals. (Nova Rock 2021a)

7.3   Digitale Surrogate: neue Formate und Streaming-Angebote

Social Media Applikationen entwickelten sich – im Laufe der Krise und durch Lockdowns beschleunigt, wie die befragten Festivalbetreiber*innen angaben – von (werbenden) Kommunikationskanälen hin zu Präsentationsplattformen mit direktem Angebot des ‚Kernprodukts Musik'. Dabei formierten sich diverse neu Formate, von Splitscreenkonzerten, Kurzdokumentationen, über Grußworte von Künstler*Innen, Quiz- und Gewinnspiele, Interviews, ZOOM-Meetings mit Künstler*innen bis hin zu Corona-Meditationen (Vgl. Abb. 4.7, 4.8 und 4.9).

Zusammengenommen realisierten all diese neuen Formate die von Campiranon (2021) den Festivalveranstalter*innen empfohlene Neugestaltung des Angebots zur Erreichung von Resilienz in Krisen. Diese übten sich dabei in Kreativität und entwickelten regelmäßig solche neuen Formen, um ihre *communitas* zu (unter)halten und merkten diesbezüglich in den Interviews an, dass die Umsetzung sich so unkompliziert wie nie zuvor gestaltete, weil alle Akteure in den jeweiligen Unternehmen an einem Strang zogen. Und auch *Styriarte*-Chef Huber, der mit seinem Team zahlreiche alternative Angebote schuf, zeigte sich nach dem zweiten COVID-Festival-Jahrgang überaus zufrieden, denn für ihn bot die Krise nach eigenen Angaben eine einzigartige Möglichkeit zu eruieren, inwiefern sich kulturelle Inhalte

Abb. 4.7 Ankündigung der Verschiebung des *Openair Festivals St. Gallen*. (Openair St. Gallen 2021a)

Abb. 4.8 Beispiel für Digitale Streaming-Alternativen: Corona-Meditation. (Styriarte 2020b)

Abb. 4.9 „Happy Hour"-Video mit Künstlerischem Leiter Michael Haefliger und Pianistin Yuja Wang, *Lucerne Festival*. (Quelle: Lucerne Festival 2021).

außerhalb der analogen Welt transportieren ließen, sodass sie für das Publikum noch ‚funktionierten'.

Wie im Kap. 5 erläutert, zeigten besonders größere Kulturbetriebe und darunter auch einige Festivals zusätzliche Videostreaming-Angebote in der Krise (vgl. Abb. 4.10, 4.11). Wie *Mozarteum*-Geschäftsführer Heneis erklärte, hatte die *digitale Mozartwoche* (vgl. Abb. 4.12) international eine Reichweite, die mit einer physischen Variante gar nicht vergleichbar sei:

Abb. 4.10 Künstlerischer Leiter im Konzertbereich des *Mozarteums* Andreas Fladvad-Geier liest in einem *YouTube* Video aus Mozart-Briefen. (Mozarteum 2020a)

> „Diese Produktionen hatten sowohl künstlerisch als auch in der Produktion sehr hohes Niveau und wir konnten mit den Live-Konzerten sogar noch weit mehr als das bisherige Kernpublikum ansprechen. Wir haben unseren Stammkunden aufgrund der Absage der physischen Mozartwoche Probeabos für Fidelio vergeben, die von 70 % angenommen wurde, das sind extrem positive Nutzungsraten für diese Art von Konzerten!"

Drei der Expert*innen, insbesondere E5, verwiesen allerdings in den Interviews darauf, dass Streaming-Produktionen mit einem enormen logistischen, rechtlichen sowie finanziellen Aufwand verbunden seien und daher nicht für jeden Festivalbetrieb eine wirtschaftlich vertretbare Alternative dargestellt hätten. Zudem hänge, wie E8 erläuterte, die Überlegung, digitale Surrogate anzubieten, immer auch vom bereits vorhandenen Publikum ab, das man ja halten wolle. Ferner sei die Altersstruktur zu beachten: „Unser Publikum ist über 60 Jahre alt. Von daher war Streaming für uns nie eine Option." (E8, 2021)

Und trotz der – wie Heneis demonstrierte – erfolgreichen *digitalen Mozartwoche 2021* sah das *Mozarteum* schließlich im Jahr 2022 davon ab, eine erneute digitale Variante der Mozartwoche anzubieten, nachdem kurz vor Beginn des Festivals erneut ein Lockdown seitens der österreichischen Bundesregierung verhängt wurde. Kleinere Festivals wie das *Bürgenstock Festival* verzichteten sogar vollständig auf digitale Surrogate, mit dem Argument, dass die für das Schweizer Klassikfestival so zentrale intime Atmosphäre und der persönliche Kontakt zwischen Künstler*innen und Publikum nicht virtuell hergestellt werden könne. Dennoch nutzten vor allem

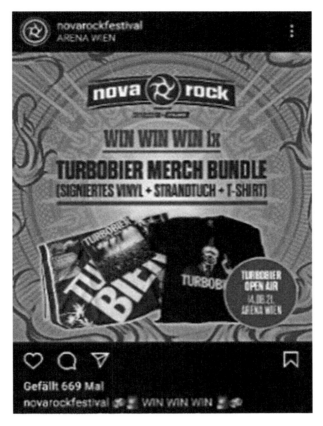

Abb. 4.11 Gewinnspielankündigung auf dem *Instagram*-Kanal von *Nova Rock*. (Nova Rock 2021b)

größere Festivals der Klassikszene Streaming-Alternativen – nicht zuletzt auch wegen der beschriebenen größeren Reichweite. Die von mir in Interviews befragten Musiker E13 und E15 hingegen zeigten sich von den Potenzialen von Streams nur wenig angetan. E13 merkte etwa an, dass Streams, die ohne Publikum produziert werden, nicht mit tatsächlichen Konzertgegebenheiten zu vergleichen wären, da ausübende Künstler*innen diese „unreale Konzertsituation eher als Stress [empfinden und] die Kommunikation mit dem Publikum einfach fehlt" (E13). Und auch die befragten Klassikfestivalbesucher B7 und B8 zeigten sich wenig interessiert, da sie bei „Streamings einfach nicht dieses gewisse Etwas eines Festivals spüren" (B8)

Abb. 4.12 Videotitelbild der *Mozartwoche 2021 digital.* (Mozarteum 2021)

und sich „eben nicht als Teil eines Ganzen" (B7) fühlen würden. Vergleichbar berichteten die befragten Besucher*innen B2, B3 und B5 bezüglich der Popszene, dass sie nur vereinzelt Konzertstreamings rezipiert hätten, führten aber weiter aus, dass sie das auch besser fänden, schließlich stehe hier der „Ausbruch aus gesellschaftlichen Konventionen" (B1) (Eskapismus), „das gemeinsame Erleben von Musik" (B1; B3) (*communitas*) und die „ganz besondere Festivalatmosphäre vor Ort" (B2; B5) im Mittelpunkt, und die könne man eben nicht „künstlich" (B2) erzeugen; Umso mehr schätzen B2 und B3 das gemeinsam Erlebte, nutzten Social Media um sich daran zu erinnern und gaben der Hoffnung Ausdruck, bald wieder zusammen den Genuss von Musik zelebrieren zu können. Dieses Erinnern an gemeinsame Musikerlebnisse betonen auch die befragten Besucher*innen von Klassikfestivals B6, B7 und B9. B9 hat derartige Social Media-Postings als „eine wunderbare Möglichkeit [empfunden], sich gerade in einer Zeit, wo ich alleine in meinem Zimmer sitze, abzulenken und nicht ganz so einsam zu fühlen" (B1).

7.4 Zentrale (außermusikalische) Botschaften in der Krise: Sicherheit und Zusammenhalt

Einer der wichtigsten Eckpfeiler der Krisenkommunikation während der Covid-Pandemie bestand in der Vermittlung eines *Gefühls der Sicherheit*, wie auch alle befragten Expert*innen anführten. Besucher*innen sollten darauf vertrauen, dass sie sich während des Festivals nicht anstecken würden. Die Festivalveranstalter zeigten entsprechend in ihrer Öffentlichkeitsarbeit, wie sie sich mit besonderem Engagement um die Gesundheit und COVID19-Maßnahmen kümmerten. Verkürzte Konzertprogramme ohne Pausen, ausreichend Platz zwischen den Sitzplätzen, Maskenpflicht, Belüftung, aber vor allem die sorgfältige Reinigung der Veranstaltungsorte wurden in zahlreichen Informationstexten, Videos und Social Media-Postings dargestellt (vgl. Abb. 4.13, 4.14 und 4.15). Hierfür ließen sich die Betreiber von Klassikfestivals ebenso kreative Ideen einfallen, wie die von Popfestivals. Und wie Reiner Heneis (*Mozarteum*) freudig verkündete, engagierten sich besonders viele Mitarbeiter*innen bei der Produktion alternativer Formate, bei denen Storytelling in diversen Facetten im Vordergrund stand.

Analog zu der Beschreibung von Singh und Olson (2021) bezeugten auch mehrere von mir befragte Expert*innen (E1, E2, E3, E5, E9), dass gerade jene Festivalveranstaltungen, die unter den erschwerten COVID-19-Bedingungen realisiert werden konnten, bei Veranstaltenden und Besucher*innen ein einzigartiges Gefühl des „Zusammenhalts" (E5) und der „Humanität" (E1, E2, B9, B10) evoziert hätten.

Ideale wie Gemeinschaft und Solidarität rückten in den Mittelpunkt der Kommunikation und es wurden daher auch Maßnahmen zur Unterstützung von Musiker*innen oder Menschen, die von der Krise besonders getroffen wurden, in den Mittelpunkt der Medienarbeit gestellt. So spendete z. B. das *Styriarte* Festival die Erlöse aus Streaming-Angeboten an die Aktion „HungeraufKunstundKultur" oder nutzte gespendete Ticketerlöse, um Künstlergagen zu bezahlen, wenn Konzerte

Abb. 4.13 „Mit Sicherheit die Mozartwoche erleben". (Zeichnung: KL Rolando Villazon, Mozarteum 2020b)

Abb. 4.14 Videostill: Sicherer Musikgenuss bei den Festivals des *Mozarteums*. (Mozarteum 2020c)

nicht stattfinden konnten. Auch E8 bestätigte diese Vorgehensweise, die dazu diene, etwaigen Notlagen von Künstler*innen vorzubeugen. Das *Lucerne Festival* rief in ähnlicher Weise auf seinen Social Media Kanälen zur Unterstützung von freischaffenden Künstler*innen unter #SolidarityForMusic zu gemeinsamem Handeln auf und sammelte dafür Spenden.

Des Weiteren war zu beobachten, dass sich gerade bei britischen Festivals wie dem *Edinburgh International Festival* oder dem *Glyndebourne Festival* die Spendenaufrufe über diverse Kanäle mehrten. Wie E6 und E8 erläuterten, sind gerade jene Festivalbetriebe, die nicht staatlich subventioniert werden, wie es für die britische Kulturwirtschaft im Unterschied zu Kontinentaleuropa typisch ist, in Zeiten der Pandemie auf die Unterstützung privater Förderer sowie des Publikums angewiesen.

Das Beispiel des *Glyndebourne Festivals* zeigt, wie Menschen („We rely on generous supporters – people like you", Abb. 4.16) persönlich angesprochen und um Unterstützung gebeten werden. Die befragten Besucher*innen B1 und B2 beschrieben analog, dass sie, als sie persönlich per Mail gebeten wurden, auf eine Kaufpreisrückerstattung zu verzichten, das Gefühl verspürten, dem Festival damit helfen zu können und somit „trotz Krise Teil der Festivalgemeinde" (B2) zu sein.

 FM4 Frequency Festival ✓
29. Juni um 08:36 · 🌐

ℹ️ 💉 COVID-19 IMPFO 💉 ℹ️
Jetzt für eine Schutzimpfung anmelden bzw. vormerken und am #FQ21 das beste und chilligste Leben haben!

🏳️ Anmeldung/Vormerkung Ö: bit.ly/Impfen_OE
🏳️ Anmeldung/Vormerkung DE: bit.ly/Impfen_DE

👍😮😢 101   246 Kommentare

👍 Gefällt mir   💬 Kommentieren   ↪ Teilen

Vorherige Kommentare ansehen   Älteste ▾

Abb. 4.15 Informationen zum Thema Festival und Impfen auf Facebook. (FM4 Frequency 2021a)

Glyndebourne is a charity and the Festival receives no public subsidy. We rely on generous supporters – people like you – who are passionate about opera. Following a reduced capacity Festival in 2021, we continue to face significant financial losses. We still need your help more than ever before.

Abb. 4.16 Spendenaufruf des *Glyndebourne Festivals* auf deren Website. (Glyndebourne 2022)

8 Fazit: Veränderungen in der Zukunft?

Die Pandemie hat die Strukturen der Kulturwirtschaft maßgeblich und nachhaltig verändert. Wie lange sich diese Änderungen auswirken werden, wird sich erst in den nächsten Jahren zeigen. Aktuell sind die wichtigsten Trends der strukturellen Transformationen zu beobachten und systematisch zu analysieren, etwa inwiefern sich die Bereiche Freizeit, Tourismus- und Eventindustrie verändert haben bzw. weiterhin einem Wandel unterliegen (Ziakas et al. 2021a, S. 255).

Im direkten Vergleich der COVID-19-Kommunikation von Festivals unterschiedlicher Art, die in der vorliegenden Studie realisiert wurde, fielen neben einer den jeweiligen Publika angepassten Textsprache unmittelbar auch unterschiedliche Arten verwendeter Bildsprache ins Auge: Während bei Klassikfestivals häufig die Künstlerische Leitung auftrat, Adaptionen in gewohnt seriösem Setting verkündete und Sicherheitsmaßnahmen für zukünftige Konzertereignisse erläutert wurden, stand bei den Popfestivals von Anfang an die *communitas*, das Auslösen nostalgischer Momente, sowie die Freude auf Festivals nach der Pandemie im Fokus der – im wahrsten Sinne des Wortes – bunten Kommunikation.

Digitale Kommunikation ist aufgrund ihres unmittelbaren Charakters besonders geeignet, das Kundenvertrauen zu stärken, insbesondere, wenn bei Besucher*innen erfolgreich der Eindruck erweckt wird, dass das Festivalunternehmen die Kommunikation in den Dienst des Publikums stellt. Gezielt eingesetzt, bieten Social Media so eine schnelle und kostengünstige Möglichkeit auch neue Zielgruppen zu erreichen und sich durch engagierte persönliche Kommunikation mit Kund*innen von der Konkurrenz zu differenzieren, wodurch nicht nur Loyalität gestärkt, sondern am Ende auch erhöhte Ticketverkaufszahlen generiert werden – dies zeigen die Resultate der vorliegenden Studie.

Wie in der Literatur zur Krisenkommunikation (z. B. Venus et al. 2020) empfohlen, zeigen die in der Studie untersuchten Fallbeispiele darüber hinaus auf, dass die Kommunikatoren der Festivalbetreiber öffentlich zu der Vulnerabilität ihrer Betriebe in der schwierigen Zeit standen, diese allerdings oft mit kreativen Neuschöpfungen von Formaten kompensieren konnten. Gleichzeitig passten sie dabei ihren Kommunikationsstil – wie von Getz (2021) paradigmatisch vorgeschlagen – an die jeweiligen Stakeholder*innen an und versuchten so nachhaltig Transparenz, Vertrauen und Loyalität zu generieren.

Zusammenfassend lässt sich durch die vorgelegte Studie zeigen, dass die COVID-19-Krise von den Festivalbetreibern trotz aller Widrigkeiten auch als Chance für neue Entwicklungen betrachtet und genutzt wurde, um bisherige Strategien zu überdenken und die zentralen Bedürfnisse ihrer Kund*innen besser wahrzunehmen und mit neuen Angeboten zu adressieren. Digitale Angebote beschränkten sich heute nicht länger lediglich auf Konzertstreaming, sondern es wurden zahlreiche neue Online-Formate mit Partizipationsmöglichkeiten entwickelt. Gerade zwischen den Lockdown-Phasen, in denen Festivals zeitweise doch stattfinden durften, konnte außerdem eine „überschwängliche" Freude am Live-Erlebnis und eine durchaus gesteigerte Wertschätzung für Live-Musik im Vergleich zu Zeiten vor der Pandemie beobachtet werden.

Literatur

Bayreuther Festspiele (2020). Adaptionen 2020. https://www.bayreuther-festspiele.de. Zugriff am 15.11.2020.

Bennett, A., Taylor, J., & Woodward, I. (2014) *The Festivalization of Culture*. Burlington: Ashgate.

Betzler, D., Loots, E. Prokůpek, M , Marques, L., & Grafenauer, P. (2020). COVID-19 and the arts and cultural sectors: investigating countries' contextual factors and early policy measures, *International Journal of Cultural Policy*, *27*(6), 796–814.

Bhuvaneswari, R. (2020). Influence of Music as a Coping Strategy during COVID-19. *SBV Journal of Basic Clinical and Applied Health Science, 3,* 128–130.

Bogner, A., Littig, B., & Menz, W. (2014). *Interviews mit Experten, Eine praxisorientierte Einführung*. Wiesbaden: Springer VS.

Brown, A. E., Donne, K., Fallon, P., & Sharpley, R. (2020). From headliners to hangovers: Digital media communication in the British rock music festival experience. *Tourist Studies*, *20*(1), 75–95.

Cabedo-Mas, A., Arriaga-Sanz, C., & Moliner-Miravet, L. (2021). Uses and Perceptions of Music in Times of COVID-19: A Spanish Population Survey. *Frontiers in Psychology, 11*. https://doi.org/10.3389/fpsyg.2020.606180. Zugriff am 12.01.2021.

Campiranon, K. (2021). Redesigning Events in the Post COVID-19 Crisis: A Design Thinking Approach. In Ziakas, V., Antchak, V., & Getz D. (Hrsg.), *Crisis management and recovery for events: Impacts and strategies* (S. 120–138). Oxford: Goodfellow.

Coombs, W. T. (1995). Choosing the Right Words: The Development of Guidelines for the Selection of the "Appropriate" Crisis-Response Strategies. *Management Communication Quarterly*, *8*(4), 447–476.

Crompton, J. L. & McKay, S. L. (1997). Motives of visitors attending festival events. *Annals of Tourism Research, 24*(2), S. 425–439.

Davies, K. (2021) Festivals Post Covid-19, *Leisure Sciences, 43*(1–2), 184–189.

Duffy, M., & Mair, J. (2021). Future trajectories of festival research. *Tourist Studies*, *21*(1), 923.

Dümcke, C. (2021) Five months under COVID-19 in the cultural sector: a German perspective, *Cultural Trends, 30*(1), 19–27.

Engelsing, L., & Müller, M. (2010) *Studie über die wirtschaftlichen Effekte des Beethovenfestes Bonn im Jahr 2009*. Bonn: Dr. Harzem & Partner KG.

Europäische Union, EU (2021). *Creatives Unite*. https://creativesunite.eu/. Zugriff am 25.07.2021.

FM4 Frequency (2021a). Posting zum Thema Impfen. https://www.frequency.at. Zugriff am 30.06.2020.

Galan, A. (2021). Entertainment industry sector under the spotlight: How PR professionals and event organizers communicate during pandemic crisis. *Proceedings of the International Crisis and Risk Communication Conference 4* (S. 12–15). Orlando Fl: Nicholson School of Communication and Media. https://doi.org/10.30658/icrcc.2021.03

Getz, D. (2005). Event Management and Event Tourism. New York: Cognizant.

Getz, D., & Page, S. J. (2019). *Event Studies: Theory, Research and Policy for Planned Events*. London; New York: Routledge.

Getz, D. (2021). Stakeholder Management. In Ziakas, V., Antchak, V., & Getz, D. (Hrsg.), *Crisis management and recovery for events: Impacts and strategies* (S. 76–99). Oxford: Goodfellow.

Glyndebourne Festival (2022). Support us. https://www.glyndebourne.com/membership-and-support/support-us/. Zugriff am 31.03.2022.

Gradinaru, C. (2021). Community, Social Capital and Festivals. A Pandemic Perspective. *Revista de Cercetare si Interventie Sociala, 73,* 154–171.

Gu, X., Domer, N., & O'Connor, J. (2021). The next normal: Chinese indie music in a post-COVID China. *Cultural Trends, 30*(1), 63–74.

Hansen, N.C. (2021). Music for hedonia and eudaimonia during pandemic social isolation. In Chemi, T., Brattico, E., Fjorback, L.O., & Harmat, L. (Hrsg.), *The anthology: arts and mindfulness education for human flourishing* (S. 1–13). London; New York: Routledge.

Hitters, E., & Mulder, M. (2020). Live Music Ecologies and Festivalisation: The Role of Urban Live Music Policies. *International Journal of Music Business Research, 9*(2), 38–57.

Jeannotte, M. S. (2021). When the gigs are gone: Valuing arts, culture and media in the CO-VID-19 pandemic. *Social Sciences & Humanities Open, 3*(1). https://doi.org/10.1016/j.ssaho.2020.100097

KKKW (2021). *Betroffenheit der Kultur- und Kreativwirtschaft von der Corona-Pandemie. Ökonomische Auswirkungen 2020 & 2021 anhand einer Szenarioanalyse* (Stand: 19.02.2021). Kompetenzzentrum Kultur- und Kreativwirtschaft des Bundes. https://kreativ-bund.de/wp-content/uploads/2021/03/Themendossier_Betroffenheit_KKW2021.pdf. Zugriff am 20.02.2021.

Kotler, P., & Keller, K. (2009). *Marketing management.* Englewood Cliffs: Prentice-Hall.

Kriyantono, R. (2012). *Public Relation & Crisis management (pendekatan critical public relation, etnografi kritis & kualitatif).* Jakarta: Kencana Prenada Media Group.

Liu, B. F., Fraustino, J. D., & Jin, Y. (2016). Social Media Use During Disasters: How Information, Form and Source Influence Intended Behavioral Responses. *Communication Research, 43*(5), 626–646.

Lucerne Festival (2021). Happy Hour mit Künstlerischem Leiter Michael Haefliger und Pianistin Yuja Wang. *YouTube.* Video. https://www.youtube.com/watch?v=0la_KkOmGRg. Zugriff am 10.07.2021.

Mandel, B. (2012). *PR für Kunst und Kultur: Handbuch für Theorie und Praxis.* Bielefeld: Transcript.

Mayring, P. (2016) *Einführung in die qualitative Sozialforschung.* Weinheim; Basel: Beltz Verlag.

Mendy, A., Sewart, M. L., & Van Akin, K. (2020*). A leader's guide: Communicating with teams, stakeholders, and vommunities during COVID-19.* McKinsey & Company. https://www.mckinsey.com/business-functions/organization/our-insights/a-leaders-guide-communicating-with-teams-stakeholders-and-communities-during-covid-19. Zugriff am 22.07.2021.

Mozarteum (2020a). Lesung aus Mozart-Briefen. *YouTube.* Video. https://www.youtube.com/watch?v=_fn4sWvxtVI. Zugriff am 28.11.2020.

Mozarteum (2020b). Mit Sicherheit Mozartwoche erleben, Zeichnung von Rolando Villazon. *Digitales Festivalmagazin der Mozartwoche.* https://magazin.mozartwoche.at. Zugriff am 28.11.2020.

Mozarteum (2020c). Sicherer Musikgenuss. *YouTube.* Video. https://www.youtube.com/watch?v=TB1tzLNehJw. Zugriff am 28.11.2020.

Mozarteum (2021). Digitale Mozartwoche 2021. *YouTube.* Video. https://www.youtube.com/watch?v=KDixhmZWnl8. Zugriff am 25.07.2021.

Nova Rock (2021a). Programmankündigung Nova Rock Encore. https://www.novarock.at. Zugriff am 14.07.2021.

Nova Rock (2021b) Gewinnspiel. https://www.instagram.com/novarockfestival. Zugriff am 29.07.2021.

Openair St. Gallen (2021a). Verschiebung auf 2022. https://www.openairsg.ch. Zugriff am 30.06.2021.

Openair St. Gallen (2021b). Facebook-Posting von 01.07.2021. https://www.facebook.com/openairsg. Zugriff am 15.07.2021.

Perrin, L.-A. (2020). *French music festivals: understanding visitors' intrinsic motivations.* MBA-These aus Performing Arts Managment. IESA arts & culture, Paris. https://www.academia.edu/44425714/French_music_festivals_understanding_visitors_intrinsic_motivations_FULL_REPORT. Zugriff am 30.11.2020.

Pohl, D., Bouchachia, A., & Hellwagner, H. (2015). Social media for crisis management: clustering approaches for sub-event detection. *Multimed Tools Appl, 74,* 3901–3932.

Prentice, R., & Andersen, V. (2003). Festival as Creative Destination. *Annals of Tourism Research, 30*(1), 7–30.

Rowley, J., & Williams, C. (2008). The Impact of Brand Sponsorship of Music Festivals. *Marketing Intelligence & Planning. 26*(7), 781–792.

Saayman, M. (2011). Motives for attending the Cultivaria Arts Festival. *South African Journal for Research in Sport Physical Education and Recreation, 33,* 109–120.

Schaal, R. (2016). Musikfeste und Festspiele. In Lütteken, L. (Hrsg.), *MGG Online (2016–).* Article first published 1997. https://www.mgg-online.com/mgg/stable/12525. Zugriff am 30.11.2020.

Scherer, R., Riklin, F.-M., & Bieger, T. (2001). Die langfristigen Effekte von Kulturevents: das Beispiel von LUCERNE FESTIVAL. In Keller, P., & Bieger, T. (Hrsg.), *Tourism Growth and Global Competition: International Association of Scientific Experts in Tourism (AIEST): AIEST, 51st Congress 2001, 43* (S. 277–304).

Sim, J., Cho, D., Hwang, Y., & Telang, R. (2021). Frontiers: Virus Shook the Streaming Star: Estimating the COVID-19 Impact on Music Consumption. *Marketing Science, 41*(1), 19–32.

Singh, A. (2021). *The Role of Crisis Communication in the COVID-19 pandemic.* https://www.bu.edu/prlab/2021/04/20/the-role-of-crisis-communication-in-the-covid-19-pandemic/. Zugriff am 25.07.2021.

Singh, S., & Olson, E. D. (2021). Response and Recovery through Event Portfolio Management A Case Study from Des Moines, Iowa (Smita Singh and Eric D Olson). In Ziakas, V., Antchak, V., & Getz, D. (Hrsg.), *Crisis Management and Recovery for Events: Impacts and Strategies.* Oxford: Goodfellow Publishers.

Styriarte (2020b). Corona Meditation by Gerd Kühr. https://vimeo.com/styriarte. Zugriff am 30.11.2020.

Su, Z., McDonnell, D., Wen, J., Kozak, M., Abbas, J., Šegalo, S., Li, X., Ahmad, J., Cheshmehzangi, A., Cai, Y., Yang, L., & Xiang, Y.-T. (2021). Mental health consequences of COVID-19 media coverage: the need for effective crisis communication practices. *Global Health, 17*(4). https://doi.org/10.1186/s12992-020-00654-4

Sziget (2021). Verschiebung auf 2022. https://www.szigetfestival.com. Zugriff am 14.07.2021.

Thakur, A., Soklaridis, S., Crawford, A., Mulsant, B., & Sockalingam, S. (2020). Using rapid design thinking to overcome COVID-19 challenges in medical education. *Academic Medicine, 96*(1), 56–61.

Tschmuck, P. (2020). *Ökonomie der Musikwirtschaft.* Wiesbaden: Springer VS.

Vandenberg, F., Berghman, M., & Schaap, J. (2021). The 'lonely raver': music livestreams during COVID-19 as a hotline to collective consciousness?. *European Societies*, 23(1), 141–152.

Van Winkle, C., MacKay, K., & Halpenny, E. (2018). Information and communication technology and the festival experience. In Mair, J. (Hrsg.), *The Routledge Handbook of Festivals* (S. 254–262). London; New York: Routledge.

Van Winkle, C. (2019). Social Media Communication During a 'Festival Emergency. *Travel and Tourism Research Association: Advancing Tourism Research Globally, TTRA2019,* Congress Paper. https://scholarworks.umass.edu/ttra/2019/research_papers/59/. Zugriff am 25.07.2021.

Van Winkle, C. (2020, 16. März). Coronavirus event cancellations: Communication is key to retaining public trust. Coronavirus event cancellations. *The Conversation.* https://theconversation.com/coronavirus-event-cancellations-communication-is-key-to-retaining-public-trust-133594. Zugriff am 25.07.2021.

Venus, A., Karimah, K.E., Arifin, H., & Octavianti, M. (2020). Crisis Communication Management in Creative Economy of West Bandung in Dealing With Covid-19 Pandemic. *European Journal of Molecular & Clinical Medicine*, 7(1), 3756–3771.

We Are Social (2021). *Digital 2021 Report.* Blogeintrag von Sofiamaddalena. https://wearesocial.com/de/blog/2021/02/digital-2021-wie-digital-ist-deutschland/. Zugriff am 25.07.2021.

Wilks, L. (2011). Bridging and Bonding: Social Capital at Music Festivals. *Journal of Policy Research in Tourism, Leisure & Events, 3,* 281–297.

Wilnauer, F. (2022). Festspiele und Musikfestivals. *Deutsches Musikinformationszentrum, Deutscher Musikrat.* https://miz.org/de/beitraege/festspiele-und-musikfestivals?term=musikfestivals&position=0. Zugriff am 31.03.2022.

Young, P. M. (1980). Festival. In Sadie, S. (Hrsg.), *The New Grove Dictionary of Music & Musicians* (S. 505–510). London: Macmillan Publishers Ltd.

Ziakas, V., Antchak, V., & Getz, D. (2021a). Crisis Management and Recovery for Events: Issues and Directions. In Ziakas, V., Antchak, V., & Getz, D. (Hrsg.), *Crisis management and recovery for events: Impacts and strategies* (S. 248–260). Oxford: Goodfellow.

Ziakas, V., Antchak, V., & Getz, D. (2021b). Theoretical Perspectives of Crisis Management and Recovery for Events. In Ziakas, V., Antchak, V., & Getz, D. (Hrsg.), *Crisis management and recovery for events: Impacts and strategies* (S. 30–40). Oxford: Goodfellow.

Virtual Club Culture? Transformation of Safe Spaces and Demographical Structure in Electronic Dance Music Events Through Virtual Reality Amidst Covid-19 Pandemic

Emre Öztürk

Abstract

Electronic dance music (EDM) events have gained widespread global popularity for over 40+ years. Throughout this period, they have been assigned various meanings from illicit dance parties to spiritual experiences, and its participants organically shaped the EDM culture. EDM's industrialization over the past decades has resulted in a commercialized club culture, and an industry worth ~$7.2 billion by the beginning of 2020. However, most of the physical EDM events since then have been either canceled or postponed worldwide until further notice due to the pandemic. Consequently, the industry downsized by more than a half within a year, and virtual events have become the primary source of income in the Covid-19 era.

Before the pandemic, the EDM industry used various control mechanisms that aim at profit maximization, which created *EDM minorities* that systematically discriminated from most of the events. As the industry mainly designed the system for physical events, virtuality created the possibility for EDM minorities to obtain safer spaces. Recent studies indicated that discriminated EDM

E. Öztürk (✉)
Berlin, Deutschland
E-Mail: emre.ozturk@ozu.edu.tr

© Der/die Autor(en), exklusiv lizenziert an Springer Fachmedien Wiesbaden
GmbH, ein Teil von Springer Nature 2024
L. Grünewald-Schukalla et al. (Hrsg.), *Musik & Krisen*, Jahrbuch für
Musikwirtschafts- und Musikkulturforschung,
https://doi.org/10.1007/978-3-658-43383-3_5

communities continue their safe spaces virtually in the early pandemic period. Moreover, new technologies such as virtual reality (VR) have challenged the meaning of space and provided the possibility of anonymous events with enhanced interactivity, resulting in the formation new diverse communities. In other words, VR events can create joint safe spaces through anonymity, which may reduce discrimination against EDM minorities by allowing diverse communities to co-exist.

Previous studies have mainly focused on pre-pandemic conditions considering EDM's cultural dynamics. In contrast, today, pandemic-driven digitalization, and new technologies such as VR have altered the EDM experience and provide an opportunity for re-thinking today's commercial club culture. Correspondingly, this study focuses on the recent changes to EDM events during the Covid-19 crisis and discusses the possible impacts of VR for the EDM scene and industry regarding diversity and equality issues through participant observation, virtual fieldwork, and interviews.

Keywords

Electronic dance music · Club culture · Pandemic · Virtual reality · Safe spaces

1   Introduction and Background

We are creating a world that all may enter without privilege or prejudice accorded by race, economic power, military force, or station of birth.

We are creating a world where anyone, anywhere may express his or her beliefs, no matter how singular, without fear of being coerced into silence or conformity.

Your legal concepts of property, expression, identity, movement, and context do not apply to us. They are all based on matter, and there is no matter here. (Barlow 1996, para. 7)

This study covers a wide range of topics concerning electronic dance music (EDM) and the complexities it faced in the Covid-19 pandemic era. Whether about EDM, discrimination issues, or technological developments, previous studies have all considered pre-pandemic conditions. Today, we should approach all these topics differently because of an imposed physical/virtual duality that alters participant experience in various cases, and this alteration forms new dynamics, communities, spaces, and practices. We know these variables are some of the key components of the EDM events, and therefore the culture(s), as St John (2014) underlines: "EDM cultures are event-centered movements." (p. 244) These have all been transformed through virtuality over the past two years.

Earlier, EDM events were called raves, meaning "anti-establishment, unlicensed, all-night dance parties" (Anderson and Kavanaugh 2007, p. 499) since their early days in the late 70s to early 80s. One may see a shift of discourse after the commercialization of raves since the word does not mean the same event in today's world, which will be furtherly discussed in the following sections while differentiating between rave culture and club culture. However, during this research I witnessed various similarities between pandemic-driven virtual events and earlier raves due to several reasons such as lack of certain control mechanisms or more welcoming event and spaces than the pre-pandemic ones, mostly due to the slow adaptation of the EDM industry to current conditions. Thus, I decided to use the term *virtual raves* throughout the text while considering most of the events I focused on under pandemic conditions.

The changing interaction and communication habits, methods, and tools altered the experience of EDM participants, which directed this project to explore the implementation of virtuality in EDM, its impact on EDM events and spaces, and its potential to challenge existing EDM culture(s) and demography. To be clear, I have particularly checked at the beginning if a literature on either 'physical' or 'virtual' raves or EDM events existed before the pandemic. There was almost none; signifying that both concepts only emerged recently due to the transformation of EDM spaces, events and experiences by the pandemic. The fact that 'physical raves' are the same as what we used to call 'raves' indicated that the pandemic forced us to rethink EDM events. Today, the events are sub-divided into 'physical' and 'virtual', whereas the existing literature on EDM has mainly considered the physical circumstances. In other words, virtuality has recently emerged due to the pandemic measures, while raising new questions regarding the EDM and EDMC's future.

My preliminary experiences in the early pandemic period convinced me to prioritize virtual reality (VR) events for this research due to certain features of the technology such as anonymity, identity construction, or narrative construction that makes it potentially the most promising and progressive tool for further implementations. Shortly after some inner-circle explorations in the early pandemic days, I collaborated with various professional and non-professionals to organize VR events involving wider communities and individuals. In the following period, I participated in 19 VR events and acquired almost every possible role between March 2020 to June 2021, and connected with VR ravers worldwide which helped me to witness pandemic-driven changes in the EDM industry, and eventually developed into virtual fieldwork. Simultaneously, I interviewed 39 participants from diverse regions of the world regarding their experiences with VR and conducted an experiment of co-designed VR event series collaborating with Istanbul/London-based Hypercortex UK. Using these methods, I have collected data regarding participant experience in VR events and spaces regarding inclusivity, diversity, and equality, which helped me to follow the transformation of EDM culture(s), safe spaces, and participant demography caused by the physical/virtual duality.

1.1   EDM Culture(s), Safe Spaces and an Overview of Discrimination in EDM

One of my main impulses to cover safe spaces in this project was rooted in a personal need and curiosity. Conducting this research made me realize that these problems were far more significant than the individual needs, but rather widely practiced especially since EDM's commercialization, which made me question the existing (commercial) club culture(s). The reason why I emphasize commercialization as an important variable can be exemplified by literature until the mid-90s, which mostly refer to raves empowering women, black and non-binary people. This was because earlier raves were safe dance spaces with a more diverse demography that welcomed those that were discriminated from regulated EDM events and spaces (Thornton 1995, p. 41), whom I refer as EDM minorities in this work due to this clear discrimination.

The industrialization starting from the mid-90s has enhanced regulations and control mechanisms on EDM spaces and crowd and manipulated EDM's cultural elements by creating a "separation from origins" (Anderson 2009, p. 309) by damaging its grassroots tendencies and authenticity that was shaped organically (Hesmondhalgh 1998, p. 238). In the long term, these changes resulted in significant discrimination problems like gender imbalances, payment inequality, and superstar artist dominance on lineups, whereas clubs also implied other discrimination tools like employing bouncers that can decide whoever can participate in events implicitly. To be clear, the discrimination in EDM was mainly built on physical appearance, and has been primarily enacted through variables like skin color, gender, or clothing (Thornton 1995, p. 45) as the commercial spaces employed several methods (i.e., bouncers) that aim at normalization of the crowd by excluding undesirable participants (Thornton 1995, p. 44). As a recent example, Berlin's famous nightclub Berghain is so widely recognized for its own door policy that it even became an Internet meme through the Berghain Trainer[1] website that prepares audience to clubs that has similar policies. This discriminative entrance policy and its role in advertisement demonstrate how today's club culture utilizes discrimination as a tool to shape its 'legacy'. Indeed, it is strictly connected to the idea that the rave culture was re-designed through capitalist efficiency in the mid-90s, whereas

---

[1] https://berghaintrainer.com/: An Interactive video training for getting into nightclubs.

its ideology by default contradicts the equality of race, ethnicity, gender, and class (Wallerstein and Balibar 1993, p. 44). Research on the demographical change in EDM events since their commercialization show that the EDM crowd has predominantly consisted of heterosexual, white males for a long time (Anderson 2009, p. 314; the female:pressure Trouble Makers 2020).

On the other hand, today's conditions differ from the pre-pandemic circumstances as the commercial control mechanisms have also been damaged due to the pandemic. The suddenness of pandemic measures affected the EDM industry and its components by prompting digitalization as most of the physical events have either been canceled or postponed since early 2020, and we have since seen many examples of EDM being organized in digital spaces. The initial forecasts regarding the pandemic's impact on the EDM industry indicated a more than 50% revenue decrease and led the industry to prioritize virtual events and live streams as the major source of income (IMS Business Report 2020). So, virtuality reshaped some ongoing power relations in EDM industry and its tools that fueled discrimination (i.e., bouncers, extreme ticket prices), which created a gap in the current system and empowered today's EDM minorities by enhancing their presence in virtual events and (safe) spaces (Öztürk 2021, p. 81).

To discuss safe spaces in EDM it is necessary to trace back its history, which is closely connected to EDM minorities, and it may also clarify the concept in several cases. To start by going back to the late 1970s, the relationship between discrimination and violence on the black dance music was already established in the United States, like the famous incident of the Disco Demolition Night in Detroit (1979) where 100.000+ black dance music records were dynamited in a baseball game's halftime show. In such an environment where even the music itself was violated, those who excluded needed their own events that took place secretly, where genres such as techno were pioneered in Detroit in their safe event spaces. Even in that case however, queers were excluded from these scenes. They eventually pioneered Chicago House, as Reynolds (1999) shows: "(…) Detroit techno, while arty and upwardly mobile, was a straight black scene. Chicago house was a gay black scene." (p. 23) His quote indicates that even the minorities may sustain mechanisms that lead to exclusion among themselves. Quoting again from Reynolds' (1999) *Generation Ecstasy*, rapper Chuck D's critique of Chicago House could be a further example in this case; "it's sophisticated, anti-black, anti-feel, the most artificial shit I ever heard. It represents the gay scene, it's separating blacks from their past and their culture, it's upwardly mobile." (p. 24) Such a homophobic statement indicates how even communities that share common ground and faced discrimination throughout history employ methods of discrimination, taking advantages of their position. The interchanging power relations inside communities contribute to discrimination and create the 'other' in several cases, indicating the necessity of safe EDM spaces for EDM minorities who face discrimination, abuse, and violence targeting certain music genres, participant identity, or community heritage.

From this perspective, it would be accurate to consider some non-commercial raves in the US as safe spaces for diverse groups and individuals as they were organized as an alternative against discriminative events and spaces. Examples from Sarah Thornton's *Club Cultures* (1995, p. 44) aligns with this idea, such as Greater London Council's disco rules that excluded certain demographics being a driving force for the youth generation and other EDM minorities to seek alternative events and spaces. Thus, being a 'safe space' was already a drive itself for early EDM era regardless of the location, which became an inherent component of rave culture (i.e., rave's PLUR[2] ethos), whereas afterwards raves were referred to as rituals or spiritual experiences that connect people (Sylvian 2005), or even a form of resistance (St John 2009, p. 16) in different sources. Besides such utopian approaches however, rave culture has also lacked diversity because of certain power structures; even when it was a ritual, a spiritual experience, or a form of resistance, it was always for a certain crowd. Yet in rave's most inclusive days in the 80s and early 90s, women were mainly flyer distributors and bartenders, where men dominated the technical works as well as the stage, meaning that they were strongly excluded from the stage (Jóri 2020, pp. 29–30). Additionally, only around 10% of the performers were female at the beginning of the 2010s, according to female:pressure's FACTS survey, indicating how the industrialization of EDM increased inequality. Still, industrialization's impact in this context is still undeniable, as it was one of the main factors pushing previously mentioned (safe) spaces and events to be relocated in the regulated spaces that eventually commercialized raves culture(s); where we continue to see examples of discrimination. A more recent work by Trott (2020) underlines how non-binary individuals refer to their safe spaces; "to escape from the policing of gender, and a desire for sanctuary from threats of homo- and trans-phobic violence" (p. 88), indicating that safe spaces are still necessary as of today.

1.2 The Impacts of Forced Digitalization on the EDM Practices

Still, the concept of 'safe spaces' is an ongoing debate even for the communities with diversity awareness, since it sometimes may contradict the idea itself. As Ludewig (2020) indicates: "it is frequently discussed if music (still) needs those kinds

---

[2] PLUR stands for "Peace, Love, Unity, Respect" (St John 2009, p. 120).

of (safer) spaces, quotas or gendered groups and networks. It is disturbing: once one feels that this has advanced to a general standard, it often turns out that this is not the case and that this is still limited to personal or subcultural bubbles or mainstreaming tokenism." (p. 46) In order to avoid such examples, implementing a co-design process – designing/forming the spaces according to all space users' needs regarding issues like safety or accessibility – could help enhance safe spaces and minimize discrimination, abuse, and violence-related problems. Here, the importance of new technologies becomes clear to experiment with safe spaces and discover either their potentials or limits. As the need for safe spaces still continues under pandemic conditions, virtuality plays an important role due to certain features that could reduce or eliminate some physicality-based discrimination. Especially implementation of VR in this context provides the opportunity to co-create and co-designing more diverse, inclusive, and accessible spaces, due the effectiveness of VR in terms of understanding the needs of a space to be optimized in various aspects (Loyola et al. 2019, p. 449). Combining this with the background above, virtual tools clearly provide the possibility to sustain existing safe spaces (Trott 2020, p. 100), or enhance these spaces (Öztürk 2021, p. 79), as it enables the users to play with existing system dynamics by providing "alternative code/spaces, which are not designed for profit-generation or capitalist efficiency" (Miyazaki 2020, pp. 149–150), whereas VR stands as a very valuable tool for these implementations (Ducheneaut et al. 2007; Steinkuehler and Williams 2006, cited in Nagy and Koles 2014, p. 280).

As stated earlier, the system that constructed the EDM industry was rooted in the material conditions and circumstances prior to the pandemic. Therefore, the pandemic-driven digitalization of events initially damaged most of the industry's ongoing dynamics. First of all, the technological tools have eased event organization and removed the need for physicality, which resulted in an increasing number of non-commercial alternatives, and various examples of enhanced inclusivity and diversity in the virtual spaces (Öztürk 2021, p. 65). In other words, while remaining underdeveloped, virtuality points out a new paradigm is possible where diverse communities communicate and interact in shared virtual spaces and organize their events. Still, even though the shared virtual spaces may help enhancing safe spaces (and could even alter the meanings of safe spaces), their limits must be acknowledged in order to utilize their potential. Otherwise, some companies may take advantage of virtuality in the long term and form or regulate virtual spaces, which could possibly lead to brand new (and perhaps enhanced) control mechanisms based on participant data that can be tracked, saved, and shared aiming profit maximization.

In any case, the industrial clubs and festivals now share the same tools as independent organizers or groups to construct their spaces and organize events, making alternative events much more powerful than pre-pandemic conditions. To clarify, although the industry has adapted to virtuality, alternative (i.e., underground, non-commercial) communities and organizations have been involved in the virtual event organization and pioneered its culture a lot faster (i.e., Covid Room in Italy, Hypercortex UK in London/Istanbul; both started hosting virtual events in March 2020). This was due to the fact that event organization became relatively easier, and perhaps more accessible, as the need for a physical space and equipment was replaced by various technological devices or software that were much more accessible and less regulated. Moreover, the events that require safe spaces to operate could maintain these spaces and continue events either privately or publicly; meaning that certain safe spaces have a chance to open to outsiders, which was made possible by non-commercial usage of virtuality, and its features that embrace co-design and privacy.

2   Rethinking the Club Culture: The Power of Virtuality

Events in virtual spaces have their own code and common practice due to alternative communication and interaction norms. Virtuality challenges most of the usual discrimination mechanisms that take place in physical events due to its certain limits that either reduce or remove physical interaction. In this way, virtual spaces create various possibilities that damage the practices that created EDM minorities. The power of virtual spaces to challenge current system dynamics has long been emphasized by several scholars and artists, as Barlow (1996) states, "Your legal concepts of property, expression, identity, movement, and context do not apply to us. They are all based on matter, and there is no matter here." (para. 9) He summarizes the potential of virtuality to resist systematic discrimination and violence as "[o]ur identities have no bodies, so, unlike you, we cannot obtain order by physical coercion. We believe that from ethics, enlightened self-interest, and the commonweal, our governance will emerge." (para. 10) Paraphrasing Barlow, virtuality may constitute a new reality that could provide opportunities to refuse what the current system offers and seek alternative solutions to existing problems. Miyazaki (2020), on the other hand, highlights the importance of experimenting with such technological implementations to "going beyond the limits imposed us" to reach freedom, adding "so it creates gateways for introducing change" (p. 151).

Looking closely at EDM culture in terms of freedom, we may see examples of early EDM events providing spaces for freedom of expression (Anderson and Kavanaugh 2007, p. 502; St John 2015, p. 3), indicating that freedom in the context of

EDM was directly associated with expression. Expression here refers to physical circumstances such as appearance, clothing, race, ethnicity, or gender, which were all regulated by rules that targeted EDM minorities and excluded them systematically since the late 70s (Thornton 1995, p. 44; Reynolds 1999, p. 23). So, freedom in EDM is actually a fight, or a struggle for expression and even existence in some cases, such as in the Disco Demolition Night example mentioned earlier. Reclaiming freedom and creating equal and free spaces for all therefore requires a re-invention of the system itself (Wallerstein and Balibar 1993, p. 50), or a differentiating it through certain tools, like technology (Miyazaki 2020, p. 150; Barlow 1996). Both approaches underline the importance of leaving hierarchical power structures behind to increase diversity, equality, inclusivity, and freedom, whereas employing virtuality gains huge importance due to its potential of creating more inclusive spaces and freer events. Besides these promising features, one should approach virtuality carefully as the experience could change according to the time spent on the platform, the number of users involved, and the set of rules that regulate virtual space, etc. Gottschalk (2010, p. 522) claims that there is a tendency for social virtual world users to create idealized versions of the self; and interact where many things are possible comparing to 'physical worlds', which can lead to narcissism becoming endemic.

VR also makes a difference comparing to other popular virtual event technologies and platforms (i.e., Zoom, YouTube) due to its innate features such as identity, narrative, and space construction. Moreover, it provides enhanced anonymity (as 100% anonymity in today's internet world is very much questionable) in most cases compared to other virtual communication/interaction tools. Clarifying VR in the context of this study, it is a technology in which computers model physical environments in virtuality in three dimensions, where its users can communicate and interact as naturally and intuitively as the physical manner (Davies 2000, p. 3). All users can "construct" their virtual selves in VR spaces, while completely disconnecting from their real lives (Nagy and Koles 2014, pp. 266–267). Such VR features contribute to freedom of existence and expression by providing important tools to the users to recreate themselves virtually and participate in events with a different persona (Spence 2008, p. 3), which diversifies the participant demographics. Personally, I value all forms of virtual events, especially under a forced digitalization that slows down the adaptation of EDM industry and participants, to help rethinking current system dynamics. Here, VR becomes prominent to experiment and research as it is the closest alternative event form to physical event dynamics in various means, which makes potentially the most progressive tool for rethinking current dynamics.

2.1   VR as a Tool to Enhance Inclusivity
in the Organizational Structure

Like its codes and common practices, virtual event organization also requires a different workflow compared to physical events, meaning that the organizational
structure had to be reformed in most cases since the early pandemic measures were
introduced. For instance, some roles in the EDM industry had to be either removed
or adapted, while almost every role in the organizational structure had to be more
fluid either due to new areas of work (such as virtual space construction/architec-
ture) or simply the new organizational dynamics. The interviews also show this
fluidity in several artists and organizers' experience, in which all underlined swit-
ching roles multiple times during the pandemic period as artists being organizers,
organizers becoming space constructors, or promoters.

Certain limits of virtuality are other important reasons for interchangeable roles
becoming common, which cover a wide range from lack of connection quality or
overloading virtual spaces, or various other case-specific problems that occurred
during the adaptation process. In most cases, these limits imposed a direct connection between organizers, performers, and audience, in order to rapidly overcome or
minimize the possible issues. Changing communication dynamics initially forced
more inclusive organizational structures that barely existed prior to the pandemic.
As an important example, 89% of the VR events that this study examined benefitted from public chat platforms to organize and maintain virtual events, which provided transparency and eventually turned into a co-design process in terms of organizational structure by involving every participant to possibly witness the organization in different levels and provide feedback.

Recent studies also underline the rising popularity of community chat platforms
among independent artists and organizers of events during the pandemic (McNamara 2021), whereas 84% of the events I participated in during this study have had
their own communication server that was publicly available. Although the physical
events aim at a comeback soon, this tendency seems to be permanent as there are
commercial examples employing their own servers for upcoming events, including
industry-leading company Boiler Room, which also covers physical events as of
Summer 2021. The importance of open communication platforms should not be
underestimated as they create possibilities to increase inclusivity by providing opportunity to share the same space with event organizers and promoters alongside
other event participants. During the virtual fieldwork, I encountered participants
involved in co-creating a code of conduct for the events, exemplifying this approach as an inclusive method that employs the audience in organization.

2.2   The Impact of Anonymity on Participant Experience

Similar methods centering co-design tools in the organizational structure could be very helpful for increasing inclusivity. However, these tools sometimes fail to connect with other discrimination issues as they cannot guarantee more freedom and existence of EDM minorities in virtual spaces. Other features of VR like anonymity, identity construction, and narrative construction gain massive importance in these cases. Theoretically, the removal of physical appearance and identity can be used to achieve the necessary level of anonymity that empowers freedom of expression and existence for the eventgoers, whereas spatial variables may still indicate the existence of minorities and imply an inclusive space through narrative construction, such as imitating existing venues, or placing objects in the virtual space. The collaboration between Istanbul's Pera Museum and independent organizers Hypercortex UK is an effective example here, as their joint event series "A Question of Taste" included a stage called "Plastic Dreams" that hosted artists from the city's queer scene, while virtual space was co-designed with participants according to their performance needs and inspired by their previous performance spaces.

I interviewed several people who has associated with VR EDM events since the beginning of the pandemic in order to track the participant experience regarding VR features, and in VR spaces. To start, Istanbul-based performer randomizedissues stated that she has faced gender-related discrimination throughout her career. Emphasizing her identity and experience has been mostly irritating as a female in Istanbul's male-dominated EDM scene, and she stated that VR events were a lot more equal and freer due to the elimination of physical presence:

> As a woman, you've gotta be very good to be involved. But even before, you've gotta be pretty. In VR no one pays attention if you are neither pretty nor if you are female. If I don't show, they don't see. It was cool; at least the event I participated in was kind of genderless. Maybe at first people try to understand who you are, or what kind of a person you are. But I believe initially they give up and socialize with people they don't know. Even the sexists, facists or racists. I sometimes wish physical life had the same options. There was definitively less discrimination and more freedom. (randomizedissues on anonimity and gender-based discrimination, 18.12.2020)

Another Istanbul-based artist Leviathan approached discrimination differently and mentioned that he mostly preferred attending physical events alone, which was a regular struggle for him due to the fact that bouncers did not let him get in without a partner (similar to pre-pandemic hegemony of heteronormativity). On the other hand, although he has not performed in VR spaces, he stated that his participation in VR events was a lot easier: "anonymity has removed the categorization that the whole bouncer system was built on, which effected everybody on some level". Furthermore, he also pointed out other positive aspects of anonymity, such as ease of socializing and acting freer.

> You know, usually nobody speaks that comfortably, at least me. Because I don't know who these people are, neither they know who I am. Like, I searched my friends when I first got into the event but couldn't find them. In a few minutes, I was hanging out with another group of people. It has never been this easy. If you want, you can act like somebody else. If not, you can still act like yourself, and be even more expressive. Normally I'm not talkative, usually I don't make comments after performances, but there I did. I guess it can be useful in the future for people who have hard time organizing their events. (Leviathan on changing personas in VR environments, 16.12.2020)

Long-time eventgoer begannt has also made similar comments and emphasized the ease of acquiring another persona in VR events.

> Now I have a duck costume, and everybody recognizes me as a duck. I have a family and I am a father of two kids, but nobody recognizes me with that identity. I act completely different because of that. I am doing things that I don't usually do in my social surrounding.

> When you have this feature, you cannot speak of a discrimination caused by your look. I have seen places that does not allow casual-looking people, or places that do not take especially Indo-asian people inside, just because of the way they look. I'm not saying that discrimination ends, it may re-occur in different forms. But I think VR fundamentally aims to remove its physical tools. (begannt on his VR personalities & physical presence, 26.12.2020)

In contrast, some artists remarked on other aspects of anonymity; the possibility of desocializing. Vienna-based artist Braun Aar claimed her previous experiences have changed significantly due to anonymity in various cases. Rather than emphasizing the freedom of others, or mentioning the ease of not socializing, she has also touched on its potential to minimize lack of professionalism in the events.

> There was no expectation of interactivity or communication. Usually, in the physical events people recognize me, and I forcefully socialize. But here I felt free to not do it. As nobody recognized me, I did not have to socialize. I was able to enjoy the event by myself, in some sort of a professional way.
>
> I definitely feel much freer and closer to a version of myself that I want to be. Apart from the anonymity's protective nature, it made me happy that it gave endless freedom to manifest my own vision. It was nice to take part in the event with this identity. I think it definitely affects the way I exist; performing anonymously, or with an identity I create legitimizes my ideas physically and spiritually. (Braun Aar on anonymity and changing socialization dynamics, 28.12.2020)

Interviews with the audiences demonstrated that their needs and expectations have differed from the artists', as their experience does not involve a performance. To be clearer, none of the artists considered their VR identity separately from their artistic practices and evaluated their overall experience accordingly. On the other hand, the audience has paid more attention to the changing communication and interaction dynamics due to VR features, such as those emphasized by Istanbul-based DJ E. U., who experienced various VR EDM events as a visitor.

> I think being anonymous affects the way we experience the events. Anonymity may remove the insecurities, prejudices and other social barriers between people; therefore it enables a safer and more encouraging environment for dialogue. In other words, removal of the factor of 'fear' catalyzes the engagement between individuals. (E. U. on the effect of anonymity, 11.01.2021)

There are certain points most participants made that overlapped no matter the person's role. Most artists underlined the increased inclusivity because of the end of club door policies. However, comments of the audience have clarified that discrimination and inequality mechanisms for the audience vary from what artists mostly face. For instance, Istanbul resident G. İ. mentioned examples of sexual harassment, abuse, and violence she has either witnessed or subjected to as an audience member at physical events, and underlined a possible elimination of these events due to anonymity:

> I think the scene here is upper-class male dominated, which creates a toxic environment. When I go to an event, I feel like the crowd look at me; my face, what I wear. They simply remind me that I am a woman visiting their territory. Well, I did not experience this in VR. You have no physical presence but a character. It could be very useful for a marginalized crowd; one can state their identity easier. Also, it helps diverse people to share the same space, which is very important.
>
> Still, abusive acts of violence cannot be totally eliminated. For example, in the events I participated in VR spaces, people were talking a lot freer, which was nice, but people were insulting each other quite more easily. (G. İ. regarding her experience of VR events, 22.12.2020)

Although recognizing a freer space, her experience touched upon how anonymity can lead to new forms of violent acts, or new methods for applying discrimination. A very similar experience was expressed by Istanbul-based artist Morrolander, long time member of Istanbul's EDM scene who has participated in 3 VR events as audience:

> VR provides help to reduce gender inequality and discrimination as it eliminates the possibilities such as any physical violence/harassment, or the physical limits imposed

by the physical spaces (like bouncers not allowing 2 men in events, or non-binary individuals), but virtual violations and fights may occur between the participants as it will be a social environment. Maybe even different forms of harassment can occur. VR can create its own way of discriminating people, or violating them.

Still, anonymity is very much important. If someone participates in reflecting their physical presence or real names rather than being anonymous, it could be much more dangerous and result in undesired results. (Morrolander on anonymity dilemma, 23.07.2020)

Brussels-based artist and organizer Dance Divine, on the other hand, indicated the collaborative potential of using VR to overcome or minimize hierarchical structures, and mentioned how it helped her to find new ways and stages for performing:

At first, I was isolated and not able to perform my art. In that period, I thought, 'How do we unite now? How we adapt to present?' New forms of content of course! VR is one of these new forms that helped us to unite. Through the unity and collective work, now we have a lot of hope. Also, there has been a seperation between the organizer, the space and the artist. Now we have a total control on our events. So we collaborate more.

VR also reduces the boundaries and the social pressure. I have more freedom individually, but being not physical still isolates me. It changed the way I approach the public through VR. Now, I am more political. (Dance Divine on her experience in VR, 15.01.2021)

Acting freer and more expressive, and socializing more easily through changeable personas were mentioned positively during the interviews. Only two interviewees indicated some potential dangers of anonymity through the incidents they have faced. Istanbul's EDM scene's long-time member D. E. was attacked by various anonymous participants during his stage performance at the event "A Nice Day". They painted his stage fully black, which forced his audio-visual performance to stop for a while. However, his response to this act was surprising, as he said "I think I support that, I somehow found it creative and interactive". Hypercortex UK team, as the organizers of the event, reacted differently as they found this act problematic, and underlined that they were not able to stop the scene painter, so they decided to kick the audience out of the event. Mexico City-based artist and organizer CNDSD has similarly mentioned choosing VR over other virtual platforms due to certain possibilities, but she also indicated certain challenges due to anonymity and identity construction features and stressed the urgency of a code of conduct for VR spaces.

It is very important to have a code of conduct and to be able to expel any type of misconduct. It is very important to have safe spaces where, however, you can play with the creativity of your digital self.

> In my experience as an organizer, I have experienced a couple of attacks against people present at the events, that is, someone who came in to criticize a performer, and another avatar who, from anonymity, attacked the curator of a museum who had provided support to perform the event. I immediately expelled these people (from the Mozilla Hubs platform it is possible to do so if you are an administrator of the space). It is very important to prevent of the public who is attending an event of this type of behavior. (CNDSD on violence in VR spaces, 07.01.2020)

According to the Hypercortex UK team, the code of conduct in VR events is being shaped on the fly as it is a brand-new technology. However, they still believe that anonymity helps to reduce discrimination, inequality, and violence. Thus, both organizers have placed written guidelines in the virtual space indicating the code of conduct, both codes were co-decided by communities of each event.

In sum, 16 out of 39 interviewees mentioned that they have participated in VR events fully anonymously. Although this is not even half of the participants, it is essential to acknowledge the changing trends according to participant roles. For example, except for two (~10%), every performer I interviewed told me that they have participated in VR events with either their real name or artist alias. On the other hand, none of the organizers participated in the events anonymously, stating that they needed to be present and reachable. Concerning the audience, the rate of anonymous participation was 82%, which indicates that people tend to choose to participate anonymously when given a chance. This fact became even more visible when I asked participants that attended multiple VR events about their preferences. 6 out of 9 regular VR eventgoers said that they have mostly participated anonymously, and one person said that she started to participate anonymously after providing personal data in her first experience.

Although some examples of distinct virtual spaces exist, the interviewees' stated that during the pandemic VR spaces mostly try to imitate physical EDM spaces. The participants, in contrast, chose to create totally different VR personalities and identities. People decided to express themselves differently, rather than imitating or reflecting their physical and social self. My experience coincides with most of the interview quotes as I was able to act more freely using my virtual appearance; as a person who has been criticized/discriminated against by my appearance choices, I have also found anonymity an impactful tool to alter such boundaries. Although in most cases I tried construct different a persona (i.e., an old lady wearing kimono, an alien walking their dog, an orange panda, etc.), I was mostly able to meet and chat with people without my appearance impacting as much as the physical events, since people with distinct appearances could also socialize together easily. Even when I imitated my physical appearance, my avatar was quite different than what I could physically look like (i.e., clothes, hair color.), due to various reasons like the spaces I mostly attend, or the event crowd that would welcome certain participants or not. On the other hand, I have had distinct dialogues that differed from physical events in VR spaces with anonymous people, even when my personal data were visible/reachable, indicating the potential of anonymity to ease/alter participants' social experience.

I observed that communication on an individual basis diminished, and collective interaction has risen in VR spaces as private chatting is harder to maintain virtually than under physical circumstances. Also, being anonymous in such an environment created unique intersections for both groups and individuals, who did not share the same spaces before. These changes demonstrate a possible collision of diverse communities and individuals, whereas the exposition of groups and individuals with different practices can help to question existing EDM practices by colliding diverse groups and individuals. From this perspective, both identity construction and anonymity become important to create awareness for the EDM minorities and their rights. Its preliminary effects in this context could be seen in the interview data as both features were referred to as positive tools to increase the freedom of those subjected to physical discrimination. In other words, identity construction and anonymity contribute to participant freedom and safety, even when the subjected participants are not in a minority position, which again indicates that VR can create joint safe spaces for diverse communities and individuals through a collective experience. Thus, anonymity not only increases freedom on an individual level, but has a bigger impact on crowds of people being exposed to each other, socializing, and sharing the same space. Obviously, hosting diverse communities in one virtual space could have a significant impact on rethinking EDM events, culture(s), and (safe) spaces, as its impacts may reach to future (physical) EDM events on various levels. To clarify, having diverse audience crowds sharing same spaces and interacting with each other, or involving artists and organizers with diverse backgrounds in the same events may build new networks, and could break patterns or routines that potentially increase awareness, tolerance and build solidarity. Such new networks could result in more collaborations, or sharing of music, space, experiences, and commodities (i.e., equipment, or knowledge) among communities. Being one of the key (physical) locations of my fieldwork, Istanbul's EDM scene could construct a solid example here as there are various events I witnessed artists collaborating for the first time such as Hypercortex UK's events "LYFE PARTY", "A Nice Day", or "A Question of Taste", which today tends to continue both in term of performances, venues, and released works from local labels.

2.3   The Limits of VR

The previous sections demonstrated that VR's certain features can help rethinking EDM with more egalitarian approaches by enhancing participant safety and freedom for groups and individuals. However, there are certain issues with VR which may in fact result in discrimination. Accessibility-related problems in VR might affect participant experience negatively and restrict the creation of more egalitarian events. First, VR is an expensive and demanding technology for most users, and although today's VR events do not require a VR instrument to participate and can be joined through personal computers, most household devices struggle to load VR spaces due to its extreme computing power requirements. Moreover, these requirements need a strong internet connection, which excludes all those who do not have access to such a connection and results in accessibility-related discrimination. In other words, VR may constitute safer spaces for the participants, but only targets those who can afford it, so it creates a class-related conflict through accessibility and income-based exclusion.

Various interviewees have mentioned accessibility problems in VR events such as not being able to participate or watch performances even though being present in VR spaces. Brussels-based regular eventgoer A. L., who attended multiple VR events, indicated that he was not able to participate in some of the events due to his computer's ineligibility to handle powerful VR spaces. Istanbul-based raver begannt, on the other hand, commented that his experiences were varied as he was able to participate in some events using his phone, whereas in some he could not even enter VR venues due to high technical requirements. Artists, too, might have difficulties concerning access. The Istanbul-based artist sushiwalks prerecorded a show to be screened instead of doing a live performance due to lack of internet quality, and even failed to watch her own performance in the event because of unstable internet connection, indicating that VR could sometimes be a discriminative tool depending on the technology, and the ability to access it.

Although most of the previously covered forms of exclusion and discrimination were considered in virtual event organization, most organizers did not pay attention to technology-based ones, as almost none of them referred to these cases, nor mentioned any actions to minimize these issues during the interviews. Thinking about the economy of VR events, this can make sense as very few organizers can actually earn money through these events as many of them indicated the need for sponsorships, or other collaborations that might provide additional revenue. Similar for the artists, ~%53 of them I interviewed with mentioned that they have not being paid in VR events, and every single one regarded it as "normal" due to the pandemic conditions, and how it affected the industry. Four artists, on the other hand (21%)

said that they have participated in multiple events, in which they were paid in some of them, and the rest said that they were paid in all events they have performed.

Approaching these figures from another perspective, one may see that events' time frame is also an important variable. According to the interviews, the artists that had no financial income from their VR performance performed in the events in the first four months of the pandemic. On the other hand, the rest have taken part in VR raves since summer 2020 and did all get paid in various amounts. My experience as an artist coincides with this time frame as I was not paid before summer 2020, but I have been paid in every event I have performed since then. Furthermore, it makes even more sense considering my experience in event organization, as gathering a budget for VR events was quite hard as ticket or merchandise sales are considerably lower than at physical events. Out of 17 VR eventgoers, only one of them mentioned paying for a ticket to join events, whereas three of them donated during or after events, and the rest did not pay at all, concluding that the VR EDM economy fails to sustain itself through the conventional pre-pandemic methods.

Over the course of one year of conducting the interviews I encountered lots of eventgoers who gave up participating in VR events after experiencing technology related problems. To explore this issue, I have collaborated with the Hypercortex UK team to organize five VR events during the research. We employed co-design methods by acknowledging participant needs through feedback and comments to adjust VR spaces concerning all space users' needs. During the co-design process, we received feedback like imitating physical venues, adding virtual help desks, placing virtual bars to get virtual drinks, and even adding gender-neutral toilets to VR spaces, which also exemplifies the importance of narrative construction to sustain and enhance (joint) safe spaces in VR. However, such implementations have also overloaded VR spaces in some cases and we were ultimately forced to create VR spaces consisting of only virtual grass and a stage. "There is a cost that VR spaces require to be more inclusive in terms of accessibility", says A. İ. from Hypercortex UK, which we have executed in these events to optimize VR space in terms of inclusivity, considering the issues with accessibility and income-based exclusion. As a result, we calculated the cost of the "A Question of Taste" event series as $161,97 per event for 200 participants (which was free for entrance and funded by sponsors), which again demonstrates the difficulty of reducing accessibility-related discrimination for most organizers that cannot arrange sponsorships.

> Still, not every VR space nor organizer can choose these methods due to economic reasons. Most organizers earn nothing, so paying money for such a system is not sustainable. In my opinion, VR events will have some sort of a techno-elitist attitude for a long time because of that reason. (A. İ. on accessibility-related discrimination in VR events, 27.07.2020)

The "A Question of Taste" event series was funded by private sponsorships, demonstrating that VR events have started to attract commercial efficiencies, whereas its initial impacts result in such experiments that target increasing participant inclusivity. According to organizers, the only way to sustain VR events financially while making them as accessible as possible, is the inclusion of private sponsorships and commercial organizations. As "A Question of Taste" event series exemplifies, VR events have also started to be commercialized. On the other hand, considering EDM history, the industrialization of VR events and spaces may also harm the achievements that were provided in terms of equality and diversity.

Consequently, wider crowds have recognized VR events by mid-2021, and the industry has started to acknowledge VR as a tool to organize events. This might be helpful for VR technology to become more popular among society, and it could result in much more affordable technology in the near future. However, as previous industrial tendencies in events have caused various problems throughout the history of raves, it should be monitored as strictly as possible with similar academic works, or surveys such as female:pressure's "FACTS", or Technomaterialism's "Black dance music without Black people" (2022) in order to demonstrate existing problems, and push people and authorities for possible actions to be taken against. Otherwise, previously mentioned achievements that EDM minorities mostly benefitted could be gone too soon, and resemble raves' commercialization that created heterosexual, white, male-dominated commercial club culture.

3   Outlook: Virtual Club Culture?

According to my findings, implementing EDM events and practices in VR was an alternative imposed by the current pandemic. However, VR has proved to be a new experience due to innate features that challenge existing club culture(s) and other commercial EDM dynamics that resulted in discriminative tendencies. The research data has demonstrated diverse possibilities for rethinking EDM cultures and demography through VR, given the fact that the previous system and its ideology were suddenly interrupted. This has also been backed up by interviewees, who have predominantly referred to VR spaces with descriptions like freer, genderless, more democratic, utopian, and more equal. So, despite the necessity of its implementation due to the pandemic, the VR implementations of EDM have shown the possibilities of decreasing discrimination, equality, and inclusivity problems rooted in physicality and contributed to achieving safer spaces and a more diverse EDM demography. Moreover, in certain cases, the diversified EDM crowds have subjected and witnessed each other's practices or music, which grounded the idea of a joint safe space in virtuality and pointed out certain possibilities for future collaborations and implementations. On the other hand, VR has been a tool that served privileged participants due to excessive requirements regarding technology. Although interviewees who mentioned a background of discrimination, violence, or abuse in physical events underlined that they felt safer in VR spaces, VR has created its own minorities based on technological requirements such as necessary VR instruments or a decent internet connection, which is strictly connected to financial income, and geographical location. In other words, VR was useful for most users who could either afford or access it, but it excluded the rest, and perhaps created *virtual EDM minorities* by intensifying both class and accessibility-related discrimination.

Nevertheless, VR events obviously do not force an entirely new list of practices, nor create a new culture, but surely reveal new possibilities to play with the existing EDM culture(s) as the industry's tools of control have been weakened. In this case, it can be said that EDM's practices and values have changed slightly or even dramatically concerning both groups and individuals, and this has resulted in a virtual club culture that embraces alternative ways of co-designing and co-organizing events and (safe) spaces by removing physicality-rooted hierarchical structures. However, recent data shows that its industrial tendencies are recovering as the number of professional events and sponsorships increases, resulting in re-obtaining similar values to the past considering capitalist efficiencies, and may lead to a process that could ultimately result in a commercialized virtual club culture. In such a case that the cultural paradigm is taken under control, the possibilities that virtuality introduced could be less useful and perhaps even become unused (i.e., co-design features) as the institutions in the music industry would enforce certain ways of production, distribution, and organization practices to assure a degree of control (Tschmuck 2006, p. 229), similar to pre-pandemic conditions in the EDM industry.

Previous examples have demonstrated that discrimination and equality problems in EDM have mostly been experienced on the basis of race, gender, and ethnicity, which are all based on physical appearance. So, on the one hand, innate features of VR such as identity construction and anonymity have succeeded in creating more freedom and diversity for many; and constituted more egalitarian raves both in my experience, and the most participants that were subjected to discriminative acts through physical appearance in physical events. Ultimately, EDM minorities that have faced discrimination have participated in events more freely, indicating that VR technology was helpful in diversifying EDM demography in certain spaces by connecting various crowds in VR, and even constructing joint safe spaces for diverse groups of participants. On the other hand, virtuality failed to find a solution to location or class-based issues such as being able to afford technology, or having a stable internet connection, and caused a direct exclusion of a certain class.

Unfortunately, pandemic-related developments such as the impact of new virus variants remain unknown. This means that anything can change rapidly, and we may need additional and more prolonged lockdowns worldwide. Under such circumstances, some locations may switch to virtual events, whereas some other places can host physical events. Given that this situation may not end soon, there will be new research possibilities to track the changes in the upcoming events. As some of these events will go physical in the future, a part of the anonymous crowd that has shared the same virtual spaces will share the same physical spaces and interact without anonymity. Thus, such an interaction is worth tracking both for the sake of this work, and further research that aims to question the pandemic's impact on EDM over a longer time frame. In accordance, this study can be extended to physical, virtual, and any possible hybrid events for the foreseeable future by implementing a similar methodology, while the post-pandemic physical events may generate additional research questions.

References

Anderson, T. L. (2009). Understanding the alteration and decline of a music scene: Observations from rave culture. *Sociological Forum*, *24*(2), 307–336.

Anderson, T. L., & Kavanaugh, P. R. (2007). A 'rave' review: conceptual interests and analytical shifts in research on Rave culture. *Sociology Compass*, *1*(2), 499–519.

Barlow, J. P. (1996, February 8). A declaration of the independence of cyberspace. Retrieved from https://www.eff.org/cyberspace-independence. Accessed 16.03.2022.

Berghaintrainer. (n.d.). An interactive video training for getting into nightclubs. Retrieved from https://berghaintrainer.com/. Accessed 16.03.2022.

Davies, R. C. (2000). Virtual reality for the participatory design of work Environments. Lund University, Sweden, ISBN, 1–33.

Ducheneaut, N., Moore R. J., & Nickell, E. (2007). Virtual "third places": a Case study of sociability in massively multiplayer games. *Computer Supported Cooperative Work*, *16*(1–2): 129–166.

Gottschalk, S. (2010), The presentation of avatars in second life: Self and interaction In social virtual spaces. *Symbolic Interaction*, Vol. 33(4), pp. 501–525

Hesmondhalgh, D. (1998). The British dance music industry: A case study of Independent cultural production. *British Journal of Sociology*, *49*(2), 234–251.

IMS Business Report (2020). An annual study of the electronic music industry. Retrieved from https://www.internationalmusicsummit.com/news-ims-business-report-2020/. Accessed 16.03.2022.

Jóri, A. (2020). In the capital of electronic music women rule the scene – really?. In Ahlers, M., Grunewald-Schukalla, L., Jóri, A. & Schwetter, H. (Eds.), *Musik & Empowerment* (pp. 25–46). Wiesbaden: Springer.

Loyola, M., Rossi, B., Montiel, C., & Daiber, M, (2019). Use of virtual reality in Participatory design. *Simulation – Virtual and Augmented Reality, 1*(2), 449–454.

Ludewig, B. (2020). The Berlin techno myth and issues of diversity: About the Connections between techno, the muting of diverse perspectives, Inequalities and the persisting need for platforms like Female:Pressure. In Jóri, A., & Lücke, M. (Eds.), *The New Age of Electronic Dance Music and Club Culture* (pp. 29–53). Cham: Springer International.

McNamara (2021). How artists used the Discord app to build community during Covid-19. *Hyperallergic.* Retrieved from https://hyperallergic.com/632565/how-artists-used-the-discord-app-to-build-community-during-covid-19/. Accessed 10.03.2022.

Miyazaki, S. (2020). Counter-Dancing. In An, M., Hovestadt, L., & Bühlmann, V. (Eds.), *Architecture and Naturing Affairs* (pp. 149–157). Berlin, Boston: Birkhäuser.

Nagy, P., & Koles, B. (2014). The digital transformation of human identity: Towards a conceptual model of virtual identity in virtual worlds. *Convergence, 20*(3), 276–292.

Reynolds, S. (1999). *Generation ecstasy: Into the world of techno and rave culture.* New York: Routledge.

Spence, J. (2008). Demographics of virtual worlds. *Journal of Virtual Worlds Research, 1*(2), 1–45.

St John, G. (2009). *Technomad: Global raving counter cultures.* London: Equinox.

St John, G. (2014). Liminal being: Electronic dance music cultures, ritualization and the case of psytrance. In Bennet, A. & Waksman, S. (Eds.), *The SAGE Handbook of Popular Music* (243–260). London: Sage.

St John, G. (2015). Introduction to Weekend Societies: EDM Festivals and Event-Cultures. *Dancecult Journal of Electronic Dance Music Culture, 7,* 1–14

Steinkuehler, C. A., & Williams, D. (2006). Where everybody knows your (screen) Name: Online games as "third places". *Journal of Computer-Mediated Communication, 11*(4), 885–909.

Sylvian, R. (2005). *Trance formation: The spiritual and religious dimensions of Global rave culture.* New York: Routledge.

Technomaterialism (2022). Black dance music without Black people: a data analysis. Retrieved from https://technomaterialism.com/2022/02/10/black-dance-music-without-black-people-a-data-analysis/. Accessed 10.04.2022.

Thornton, S. (1995). *Club cultures: Music, media and subcultural capital.* Cambridge: Polity Press.

the female:pressure Trouble Makers (2020). Facts 2020 survey. Retrieved from: https://femalepressure.wordpress.com/facts2020pressrelease/. Accessed 11.03.2022.

Trott, B. (2020). Queer Berlin and the Covid-19 crisis: A politics of contact and Ethics of care. *Interface: A Journal for and about Social Movements, 12*(1), 88–108.

Tschmuck, P. (2006). *Creativity and innovation in the music industry.* Dordrecht: Springer.

Öztürk, E. (2021). *Rethinking electronic dance music events under the pandemic conditions: Impact of VR events to achieve more egalitarian raves,* M.A. thesis, Istanbul Technical University.

Wallerstein, I., & Balibar, E. (1993). *Race, nation, class: Ambiguous identities.* New York: Routledge.

Hidden Artists, Hidden Crises. Insights into German Songwriters' Life Worlds and (Mental Health) Challenges Before and During the COVID-19 Pandemic

Melanie Ptatscheck

Abstract

The article focuses on professional songwriters, who have been subject to much attention, neither in public nor academic discourse. It discusses the individual and subjective perceptions of the artists' life worlds. Based on narrative-biographical interviews with twelve songwriters, the paper elaborates on (a) the self-perceptions and motivations of the artists, (b) the mental challenges of their work routines and environment, and (c) the impact of the pandemic on these aspects of their (professional) lives. The study not only shows how pandemic-related factors such as the lack of commissions or the canceling of sessions and collaborations have detrimental effects on the work- and living conditions of songwriters; it furthermore becomes apparent that the activities of songwriters are affected by personal challenges and structural problems of the music business (e.g., financial insecurity, unpredictable schedules, lack of acknowledgement, discrimination of women). These adverse conditions may lead to (psychological) burdens that may cause or further the development of mental illness.

M. Ptatscheck (✉)
New York University | Hochschule für Musik und Tanz Köln, Bielefeld, Deutschland
E-Mail: melanie.ptatscheck@hfmt-koeln.de

© Der/die Autor(en), exklusiv lizenziert an Springer Fachmedien Wiesbaden GmbH, ein Teil von Springer Nature 2024
L. Grünewald-Schukalla et al. (Hrsg.), *Musik & Krisen*, Jahrbuch für Musikwirtschafts- und Musikkulturforschung,
https://doi.org/10.1007/978-3-658-43383-3_6

Keywords

Songwriter · Life worlds · Career trajectories · Mental health · Challenges · COVID-19 pandemic · Narrative interviews

1   Introduction

> Today is an important day, on which the people of our industry become visible. This especially concerns those ladies and gentlemen who work in front of and behind the stage, who usually remain hidden. (Roland Kaiser, press conference *Alarmstufe Rot*, 28.10.2020, transl. MP)

In his speech at the press conference of *Alarmstufe Rot*[1] in October 2020, the German Schlager singer and entertainer Roland Kaiser pointed out the difficult situation of the event and entertainment sector caused by the COVID-19 pandemic. He referred to the issues of promoters, tour crews, techniques, and many other cultural workers, as well as to the creative professionals and artists themselves. For the latter, the pandemic has first and foremost affected those who have not yet become commercially successful and whose income and promotional activities depend significantly on touring and live shows. This is not limited to stage performers but also applies to creative workers behind the scenes who provide the basis for artistic productions. In the German Schlager and Pop music business, it is common that performers often do not write the songs they present on stage. As a rule, they are supported by a team of songwriters and producers who are involved in the creation of songs and thus also in the development and maintenance of the performers' careers – such as Roland Kaisers'. From a privileged position as a renowned artist, Kaiser calls for (financial) support in times of crisis, which should be oriented towards the realities of those artists, who, following Finnegan (2007), can be described as *hidden* artists.

This article focuses on professional songwriters who hitherto have not been visible or the subject of much attention in public or academic discourse. Following a brief exploration of songwriters in the field of German Pop and Schlager, I discuss the individual and subjective perceptions of the artists' realities and life worlds. The term "life world" is understood in the sense of Schütz and Luckmann 1984, p. 11) as the epitome of subjective reality that is experienced and suffered. This empha-

---

[1] *Alarmstufe Rot* (Engl.: red alert) is an alliance of initiatives and associations of the German arts and event industry, which was founded during the Covid-19 pandemic to draw attention to the plight of cultural workers.

sizes the special importance of conversation, i.e. of communicative processes for the genesis and construction of social realities. These realities can be affected by (natural) events like the pandemic and cause insurmountable barriers (Schütz and Luckmann 1979, p. 25). To be able to understand pandemic-related processes of change and the needs of those (economically) affected, it is important to both make structural conditions transparent and to create insights into their individual life worlds.

Based on narrative-biographical interviews with twelve German songwriters conducted during the pandemic, this article depicts in the following qualitative-interpretive results on (a) the self-perceptions, motivations, and intentions of the artists, (b) the mental challenges of their work routines and environment, and (c) the impact of the pandemic on these aspects of their (professional) life worlds. The study follows recent publications that address the impact of the pandemic on the (live) music sector (e.g., the *Working in Music International Research Network* or *Musicovid*; Betzler et al. 2021; Butler and Jeziński 2021; Marcus et al. 2021; Ptatscheck 2021a, b; Mazzola and Martiniello 2020; Gloor 2020). It also contributes to a growing body of literature concerning the realities of creative labor(ers) and its sometimes-precarious conditions (e.g., Sandoval 2018; Huges et al. 2016; McRobbie 2016; Hesmondhalgh and Baker 2011), specifically focusing on the state of (mental) health and wellbeing of musicians within the music industries (e.g., Help Musicians 2021; Brunt and Nelligan 2021; Gross and Musgrave 2020; Gross et al. 2018).

2   Mental Health in Music Before and During the Pandemic

As a multidimensional stressor, the COVID-19 pandemic poses risks to mental health at various levels (RKI 2021). According to the Robert Koch Institut (RKI 2021, p. 2), the individual experience of uncertainties and fears towards the infection event, the loss of protective factors for mental health (e.g., social and leisure activities, access to care services), stresses caused by infection protection measures, the loss of relatives, as well as immediate, physical and psychological symptoms of a COVID-19 infection can have negative consequences for mental health. In addition to these general effects, the pandemic hits the cultural sector particularly hard: The measures against the spread of the virus function as an employment ban especially for people working in the music business: venues are closed, concerts are canceled, and tours have to be postponed – "for some, this means the loss of all sources of income" (Ptatscheck 2021a, p. 2). The COVID-19 pandemic is perceived by many as an extraordinarily stressful situation that can even be considered a crises experience. Simmerich et al. (1999) define a crisis as a temporary event resulting from an acute overload of habitual behavioral and coping systems due to stressful external and internal triggers. For many freelance artists and cultural workers, particularly existential fears caused by the pandemic were accompanied by psychological impairments ranging from inner turmoil to mental illness (Help Musicians 2021). While for some the COVID-19 crisis and its resulting stresses were unexpected, for others experiences of crises were not new (Ptatscheck 2021a, b). Research shows that mental health concerns were already an issue within the music business before the pandemic due to precarious employment conditions, irregular working hours, financial insecurity, lack of recognition, poor planning ability and work-life balance (e.g., due to touring), and pressure to succeed and compete (e.g., Gross and Musgrave 2016; Record Union 2019; Gross et al. 2018). Since in recent years, musicians such as Billie Eilish, Kendrick Lamar, and Halsey have been opening up about their struggles and highlighting mental health issues, the topic has become less of a taboo subject in the cultural sector and public discourses. Even in the context of public music and business events, a focus is being placed on mental health, as illustrated for example by the panel "'Black Box' Mental Health" at the Reeperbahn Festival in 2021. In addition to an increasing institutionalization (e.g., Help Musicians, MusiCares, Backline, MiM-Verband), mental health in music is also becoming a growing part of academic discussions in the field of Popular Music Studies (see, e.g., Ptatscheck 2020, 2021a, b, c; Schoop and Ptatscheck 2022). Most of the attention goes to the performing artists who are visible on stage and/or on (social) media. Artists who work in the background behind the 'stars' usually remain hidden. Regarding songwriters specifically, there is an increasing number of works (e.g., Hiltunen 2021; Tough 2013, 2017; Barber 2016, 2017; Long and Barber 2015; Negus and Astor 2015; Bennett 2011, 2012, 2014; Jones 2005) that make the creative and collaborative processes of songwriting, the product/production of songs, and its historical backgrounds the subject of scientific discourse. However, the occupational life worlds of songwriters, their career trajectories, and related (mental health) challenges are only rarely part of these discussions. This also applies to works on the situation of German songwriters.

To explore these issues and gain insight into the life worlds of songwriters and their experienced mental state, I conducted a qualitative interview study between November 2021 and January 2022. The sample consists of twelve German Schlager and Pop songwriters (aged 19–54),[2] of whom seven identify themselves as female

---

[2] Some characteristics (or the combination of characteristics) of the interviewees are too concise or unique and could allow identification of the person. Therefore, to preserve the privacy of the study participants, a detailed presentation of the individual cases and their character-

and five as male.[3] All narrative-biographical interviews (90 to 360 minutes long) were conducted in person or online via video call and subsequently transcribed. The form of data collection enables self-statements that provide access to the individual experiences and life worlds of the interviewees. Data analysis and evaluation follow the paradigms of interpretative social research using biographical case reconstruction according to Rosenthal (2018), which combines narrative analysis with objective hermeneutics and gestalt theory. The quoted passages in the following were translated to English; person-related data was anonymized, and interviewees are referred to throughout the text by using pseudonyms. As the depicted research project is in an ongoing process, this article is based on preliminary study results, which are illustrated in the following by focusing on the profession and motivations of songwriting, personal and structural challenges, and pandemic-related influences.[4]

3 Songwriters' Profession: Background and Motivations

> To put it simply, a songwriter is someone who writes a song. (Hiltunen 2021, p. 49)

The fact that song performers combine the roles of composer and lyricist in one person is a trend that found its heyday particularly with the Beatles in the 1960s. Until then, most pop stars were exclusively performers who relied on song material from creative artists working for music publishers. These so-called songwriters were "the driving force of the newly developing music industry of the time" (Anderton et al. 2013, p. 46). New York's Tin Pan Alley became synonymous with music publishing, employing a large number of songwriters "to produce an endless stream of new popular music in almost assembly-line fashion" (p. 46). A veritable "songwriting factory" (Inglis 2003, p. 217) became the Brill Building, also located in New York, whose structure, according to Barber (2016), represents an example

---

istics is omitted. To enable an age classification, the interviewees are divided into three age groups (AG): 1 (19–29 years), 2 (30–40 years), and 3 (41–54 years).

[3] It should be noted that no individuals who identify themselves as non-binary could be recruited as interviewees. The gender balance represented by the study, which in this case is limited to the socially constructed categories of 'male' and 'female', is not representative for the actual ratio of songwriters.

[4] Due to the overview nature of the article, expansion of various topics, e.g., the influence of mental health on creativity, will be omitted. A detailed discussion of the overall study is expected to be published in 2023.

of "vertical integration", "that is to say that publishers, songwriters, arrangers, producers and performers were located in such proximity that the entire process of writing a song, arranging it, transcribing it, recording a demo, pitching the song to a label or artist, and contracting a 'plugger' to take the song to radio, could all be done in-house" (p. 68). Due to the high demand for popular music, an increasing number of songwriters were hired in the late 1950s and provided with cubicles and pianos in the building. In addition to the spatial centering of various processes, various tasks were concentrated on songwriters: to simplify the process of production and save costs, songwriters were allowed to also acquire the skills of arrangers, producers, and performers (Anderton et al. 2013, p. 46). Songwriting in teams and larger groups (as established nowadays in the form of writing sessions and camps) also finds its origin within this consolidation. At this time, the phenomenon of individual artists and bands beginning to write and perform their own songs developed in parallel. During the protest and folk movement in the USA, the music of the singer-songwriters became a genre of its own, significantly influenced by artists such as Bob Dylan and Joan Baez. The history of "singer-songwriters as musical genre" (Williams and Williams 2016, p. 2) lives on with artists such as Adele and Ed Sheeran. Even though they perform their own songs, they are involved in the songwriting and production process in the tradition of "collaborative songwriting as route to success" (Anderton et al. 2013, p. 47) – as illustrated in the 2018 documentary *Songwriter* (Cullum 2018), which gives insights into the co-working process of Ed Sheeran's album *Dive*.

The study participants presented here also carry on these songwriting traditions. Accordingly, for this study, and following Hiltunen (2021), the term Pop music songwriters "means a group of professionals who create songs for mainstream Pop music markets in a contemporary songwriting setting, in studios and co-working teams of songwriters with various roles" (p. 49). The interviewed authors all define themselves as professional songwriters who earn their living either full-time or part-time by writing songs. They align themselves with the traditional roles of lyricist or composer or unite both roles in one person. Five of the interviewees also combine songwriting with their skills as producers. The fact that these fields of activity cannot be directly separated from one another anyway is shown by the emergence of additional role designations of 'topliner' and 'tracker', which are used in the contemporary songwriting industry: as defined by Hiltunen (2021), "topliners are mainly in charge of creating melodies and lyrics, whereas trackers record and produce the demonstration recordings" (p. 50).

In addition to co-writing with pop music performers who collaborate with songwriters because they either lack the songwriting skills or hope to gain new inputs from co-writing, it is common to write for performers who are not involved in the creation of the songs until they are recorded. This is especially the case with Schlager.[5] All but two respondents write Schlager either in addition to writing for Pop music performers or work exclusively for Schlager stars.[6] "Schlager stars are built up," Helms (1972) asserts, "but what they sing, from whom the Schlager comes, with which the star could penetrate the hit list, 'has never interested [the press]'" (p. 1, transl. MP). Helms refers here to 'manufactured' Schlager stars such as Roy Black, whose image and songs were constructed by authors, managers, labels, and distributors. While Black came to the fore in the marketing of the product that he, as a performing artist, offered and embodied, composer Werner Twardy and lyricist Lilibert remained unmentioned in the press and public discussions – or as interviewee Marc (AG 3; songwriter, producer, and former performing artist) puts it with a focus on today's market:

> Then the star appears in public with his great song and talks about how he writes this song because it could be marketed well because it's a good story. He doesn't say 'I'm just the puppet who has a nice voice, but actually the brain is him or her.' To present yourself as a songwriter, you aren't allowed to do that. That's still one of the unspoken rules of show business. Even at the Grand Prix Eurovision, which was actually a songwriting competition, it's all about the stars. You hardly notice who wrote the song anymore. *We* make the artist the star. If he says he wrote the song, *he* wrote the song. We know it's all untrue, but we all keep our mouths shut because it's the better story that sells in the end. If we wanted fame, we'd be standing there ourselves. (Interview with Marc)

"The pop music industry thrives on this glamour," interviewee Sarah (AG 1; solo artist and songwriter) explains, "when people behind it are suddenly made visible, the dream and the illusion of the fans would be shattered, and that's what it's all about in the end." Above all, she wants to satisfy the fans and buyers of her songs. For her, it is less important to be recognized by the public than to gain visibility in their own business community:

> It is good when someone is interested in your song, or especially when people from the music business and colleagues somehow notice it and your work is requested even more because of it. I want my music to be found to increase my success and my reputation. (Interview with Sarah)

---

[5] For a differentiated view on German Schlager, see e.g., Mendívil 2008, 2017; Grabowsky and Lücke 2014; Thiessen 2021.

[6] In practice, it is difficult to separate both these two fields of work and 'genres', not only on a musical level.

Even though the motivations to be a songwriter are very individual, the interviewees have in common that they all started as solo/band artists and initially pursued the plan to be performers themselves. All interviewees work (part-time or as a hobby) as creatives for their own projects. While half of the respondents also consider songwriting as their (future) main occupation, the others aspire to or already pursue an artistic career as a performing artist on the side. Three interviewees, including Stan (AG 2; performing artist and songwriter) and Lissy (AG 1; solo artist and songwriter), even see songwriting as financing and (due to new contacts and networks) as a steppingstone for their solo projects.

Even though some of the interviewees discovered their interest in songwriting in their youth, none of them planned to become a professional songwriter: "I didn't realize that there was such a thing as a profession from which I could make a living." (Ricarda, AG 2; former solo artist) All interviewees 'slipped' into the business by chance. For example, they were discovered through their solo projects, associated competitions, and television appearances, or were asked by managers and acquaintances in the business to write songs. Five of the interviewees were introduced to the prospect of being a professional songwriter during their music studies or advanced training courses, which they took for their artistic careers. Two of the interviewees, such as Lissy, had sent their songs to a label/publisher on their initiative. Songwriting represents both a 'puzzle piece' in the interviewees' overall artistic concept/creation and, for two others of the interviewees, an alternative to an artistic career that either did not work out ("I'm one of those who write because they didn't make it," interview with Stefan) or that they no longer wanted to pursue – e.g., due to age, not being able to combine family planning with being an artist, lack of interest ("I just didn't feel like being an artist anymore," interview with Marc), lack of success, or 'stage shyness' ("I've always made music, but I never wanted to be famous," interview with Ricarda).

All interviewees cite curiosity and the fun of songwriting as their main motivations. They see writing as a positive challenge to try out, for reorientation, practice, and (creative) balance (e.g., to their own career; or depressurization to have to be successful in their project), but also as a pragmatic 'service'. According to interviewee Lissy, this pragmatism is particularly needed to "not get lost" in it:

> The music industry is an *industry*, it's a music *business*. I have the feeling we often forget that. It's about performance, it's about sales numbers, it's about cash. And the absurd thing is that we sensitive beings play along with it. Art arises from the innermost. We are creative people, we reflect society. And a label, a distributor makes a profit out of it. In the end, it is just a job, and we can live from it in the best case. (Interview with Lissy)

This "sensitive" component may at the same time be a catalyst for creativity as well as a mental burden, as songwriter Stefan (AG 3) claims: "Songwriters very often have a delicate combination of mindsets, namely this childlike creative one, which always remains vulnerable, this thin-skinned one, which they need to work beautifully. There are many of them who, of course, also look at the performers' work with pain." Confirming this view, songwriter and performing artist Stan recounts his experience writing a hit song for another artist, which is accompanied by negative feelings such as disappointment and lack of self-fulfillment:

> With me as an interpreter, the song would have never worked. Nevertheless, I had the feeling in the first months when it became a hit, shit, that could have been me. That really got me down. Then I did nothing for two years. I didn't write for anyone anymore. It was a lesson to me that you must be careful with your ideas. (Interview with Stan)

Although the interviewees describe themselves as "creative service providers" or "artisans" (interview with Stefan) and consciously act in the role of selling their songs to other artists, this role can also present an inner conflict: "There always remains a kind of complex or a kind of envy," interviewee Stefan admits about himself, "and a kind of admiration, standing in front and shining, taking the applause, getting the better table in the restaurant, and ultimately everything revolves around them." However, Pop and Schlager songwriter Sandra (AG 2) sees the success of her songs as motivation and validation of her work, "I'm always happy when the songs you make are kind of well received. That's a good feeling, too."

'Staying true to yourself' and not losing your artistic aspirations is a burdensome challenge for several authors. Working with artists and bands with whom they have moral and political problems can also become a burden for the interviewees.[7] Schlager author and producer Olaf (AG 2) emphasizes that he must "readjust" from time to time in order not to fall into an (artistic) identity crisis:

> You must be careful in this business not to lose your love for music. There's always so much coming in that you have to question whether what you're doing is what you really want to do. Because it can happen very quickly that you have just made a beautiful song, that touched you, and the next song already feels like, you have to make songs on the assembly line. Sometimes you don't notice that because it just happens. Especially when you're trying to do it in a commercial setting. (Interview with Olaf)

The ambivalence of 'functioning' as a service provider to be able to write music that (as it is common in Pop and Schlager) provides comfort, encourages celebration

---

[7] Names mentioned in this context were Andreas Gabalier, Michael Wendler, Frei.Wild,

and ensures lightness is also particularly challenging when one is not mentally well oneself, as Stefan says: "There are music creators who are unable to work in their melancholy. (…) And I see so many who are in crisis because of it."

4 Individual Challenges and Personal Crises

> In my bubble, it's a rarity to find a person who hasn't done therapy or isn't in therapeutic supervision. Accordingly, I feel like it's becoming almost commonplace in our line of work. (Interview with Sandra)

Although songwriter Sandra considers mental impairment to be 'normal' in her environment, it is very rarely talked about; rather, toxic behaviors are exemplified. Working beyond one's limit is just as normal, she says: "I often worked through the weekends and barely had any free time. Everyone did it that way." She internalizes the narrative of having to "always go full throttle" and compensates for her stress levels with alcohol and "other substances": "I repressed a lot to function. I've always been 'team workaholic'. I've had the feeling that only when I can't take it anymore, it has been enough for the day. Which, of course, is not healthy. That goes to a certain point until your body just doesn't take it anymore." (Interview with Sandra) She is not only driven by her 'fear of missing out' ("what if I cancel this session now, and it becomes a hit") but also by the competitive pressure prevailing in the business, which is also perceived by interviewee Marc: "What unfortunately also often happens is actually that many people are afraid that other people could take something away from them because the business is oversaturated and very competitive. I think that's why a lot of people don't help you as they could, which I think is a shame." The interviewees describe not only the beginnings of their careers as exhausting ("I just wrote and worked like a maniac and did door-to-doors and collected no's and got rejected", interview with Sandra) but also the "toil of the plain or the drama of the descent", as Stefan puts it: "It started off really well and then after that, I had to come to terms with the fact that it got quieter again. That's hard. It's just a very unstable profession." And the number of successful pop song lyricists is small, as Stan mentions: "Very many try, but only a few make it."

The fact that even sustained commercial success cannot immediately prevent self-doubt and the mental suffering that comes with it is made clear by Stefan, who has won multiple gold and platinum awards, in a conversation about his self-diagnosed imposter syndrome:

> I've been in this industry for 15 years with the feeling that at some point they'll have noticed that I can't really write. And that, of course, has something to do with the fact

that it's not a qualified job.[8] And that it is not a profession that has objective criteria. And just as the majority of people may not recognize an incredibly good song, perhaps the majority of people may also be mistaken and may have been mistaken at the moment when they somehow turned my songs into hits.

Stefan is burdened not only by the (inner and outer) pressure of expectations to 'deliver', but also by having to meet his perfectionism. Also, songwriters from a 'younger' generation have to struggle with the pressure to perform and succeed, as Sandra's case shows: "I've always had higher expectations of myself. I thought, okay I had my first gold record at 25, when will the next one come, I have to be faster, further, higher, better." Interviewee Ricarda sees a danger in measuring one's self-worth by sales figures. She also found it hurtful to be perceived by others as a "number" – an experience she has made particularly in the context of major labels: "You get replaced. If you don't do it, someone else will."

Older songwriters in particular express concern about aging in the songwriting business. Stephan, for instance, describes himself as "not being in tune with the times" and "not being cool enough" as well as being "overtaken":

> It was about five years ago, in the course of a year, but felt in the course of a day, this industry has once completely changed and with one blow, the old ones were all gone and there was a big push of young ones [...] and suddenly I was the old fool because there were now suddenly all these mid-twenties, who populated the charts in Schlager. (Interview with Stefan)

Stefan relates the generational change in particular to the success of artists like Helene Fischer, who not only attracted a younger audience but also made the profession of Schlager songwriter more attractive. In addition, he says, the change is linked to the "revolution in the music industry" brought about by digitalization and changing value chains, which influences both his work routines and mental wellbeing:

> The record companies have restructured and all of a sudden only streaming-compatible material may be purchased and written and released. It must reach a new

---

[8] Songwriting is a career that most people enter as autodidacts or through continuing education programs (e.g., Eventim Popkurs Hamburg, Masterclass für Textdichter, Celler Schule). While in the USA, among other countries, it has been possible to study "songwriting" (e.g., at Berklee College of Music/Boston) since the 1980s, the songwriting profession in Germany has only become increasingly established at higher educational institutions in recent years (cf. Fritsch et al. 2020, p. 353). There are now several German universities (e.g., HS Osnabrück, Popakademie Baden-Württemberg, HMTMH Hannover) that offer "songwriting" or "singer-songwriter" as (part of a) major.

audience, it must all become more 'dancy'. And that's totally difficult for me. So that's a whole different language, that's not mine anymore. It's also very different content, I find it all very superficial and it's just a bit like no longer writing to stay tuned but writing to zap away. (Interview with Stefan)

It is inevitably necessary to "work like on an assembly line" to keep up and increase the chance of landing a hit, Olaf adds in this context. "You do notice that you slip down in priority," Ricarda reports about the experience of colleagues who are employed by a major label and whose successes have set in, "and then they just don't get any more emails, and then they just don't get any more answers for a month. They feel that they are being overtaken by others and then have to compete to get to that No. 1 hit again and again".

Fear of failure, fear of the future, and existential fears are among the main stresses mentioned by all interviewees and can lead to exhaustion as well as mental illness, such as depression or burnout, as illustrated by Olaf:

I had phases where I thought, now I'm on the verge of burnout. That was psychological pressure that you put on yourself because you have such a demand of yourself that you have to deliver, that it should be good, what do the others say? What always triggered me during the first four or five years was the fear of what would come next. There were always times in the year when I fell into a deep hole and thought to myself, how am I supposed to pay my rent?

The example of Olaf shows that worries about meeting inner demands and external expectations are related to financial fears. These in turn may result especially from the problematic structures of the business, as shown in the following.

5 Financial Strains and Structural Problems

We writers are just poorly paid. Others make millions from our songs, and we're the ones who get penalized by the third decimal place on Spotify. (Interview with Olaf)

Songwriters are usually tied to a publisher or label through (exclusive) contracts, or work as freelancers. They receive their commissions either through the artists directly or through advertised briefings. Especially lucrative are briefings that are advertised to write songs for particularly successful artists. However, interviewee Marc points out the unfair treatment and inflationary nature of such mass-produced songs associated with some of these calls:

> Of course, as many songwriters as possible are asked to write a song, and there is a huge flood of songs and frustration because most of them are not taken. Often it is also the case that the artists have their teams, but only want to get inspiration from the outside and then pick the best ideas and then implement them in their own songs. This is extremely frustrating for songwriters. (Interview with Marc)

However, songwriters depend on the acceptance of their songs. The income of songwriters is primarily dependent on sales and the number of performances; the income a songwriter receives (from record sales, broadcasting, performing, etc.) is managed and distributed by the Society for musical performing and mechanical re-production rights (GEMA). GEMA collects royalties from all users, such as television and radio stations, event organizers, and concerts, and pays them out to the author, i.e., the songwriter or publisher, according to a certain evaluation system.[9] If a songwriter writes on behalf of a client, he or she can also negotiate a compos-er's fee, which is based on the scope of the commission and their level of recognition. If a songwriter is under contract with a label or publisher, the songwriter re-ceives a financial advance for writing songs. Young writers have little bargaining power to negotiate a high advance compared to established songwriters. The ad-vance must be recouped over the term of the contract through GEMA income. For authors and publishers, there is always the risk that songs will not be successful, and no money can be earned from them. Especially the initial phase of the career is associated with uncertainty:

> If you can live from songwriting and how long it takes until the cash flow is set, you never know. Even if you write a super hit or you have a big 'cut' – so you have a share in a song – it takes 1–1.5 years until you see the first money because of the GEMA payout period. You have to bridge that time alone. It's difficult to get started at all. (Interview with Stan)

Interviewee Stan also criticizes the often-unfair distribution of copyrights. Al-though authors and publishers own the copyrights and performers earn money from the master rights of songs, it is common practice for performers to want to receive credits even though they were not involved in the composition of the songs. Song-writers from the USA, under the name "The Pact", also point out this form of ex-ploitation in an open letter:

---

[9] The GEMA distribution plan specifies the standard 60:40 split (60% of the revenue goes to the composer and lyricist; 40% to the publisher). For detailed information see https://www.gema.de.

Over the last few years, there has been a growing number of artists that are demanding publishing on songs they did not write. These artists will go on to collect revenue
from touring, merchandise, brand partnerships, and many other revenue streams,
while the songwriters have only their publishing revenue as a means of income. This
demand for publishing is often able to happen because the artist and/or their representation abuse leverage, use bully tactics and threats, and prey upon writers who may
choose to give up some of their assets rather than lose the opportunity completely.
Over time, this practice of artists taking publishing has become normalized [...] If we
take the song out of the music industry, there is no music industry. As of today, we
will no longer accept being treated like we are at the bottom of the totem pole or be
bullied into thinking that we should be making sacrifices to sit at the table.[10]

One of the interviewees,[11] a founding member of the Association of German Songwriters (VERSO), also points out these grievances and demands: "We need a voice,
we need a lobby." VERSO represents the interests of songwriters and is committed,
among other things, to fair remuneration in times of digital upheaval and to a stron-
ger positioning in GEMA.[12] The association points out, in particular, the grievance
of unfair payment models in times of declining GEMA income: songwriters only
generate income through GEMA income – that means months or years after the actual writing session and only in case the written work is published at all. They also
point out the precarious conditions of songwriting sessions and camps: here it is
still common practice that the work of the songwriters is unpaid for the time being.
Hours and days of work are not remunerated, and in many cases, the writers even
pay for travel expenses, studio fees, meals, etc. on top of that. VERSO, therefore,
demands a "walk-in fee" as compensation for the mere appearance of the songwriter at a session.

When record companies hire songwriters, they have to make sure that the work itself, the normal time that you spend, is compensated. So, you just sit there for eight
hours in the room and don't get paid for it. And then you don't even get feedback on
whether the song is good or bad. Most of the time you don't even know when the
song is recorded. You only see when it is published, 'oh yes, they have taken the song
from me'. It's frustrating that they don't value your creative work because it's free.[13]

---

[10] The Pact can be found on Instagram. Their collaborative letter is available via:
https://84f4eabf-ee97-478a-a6ce-c3aa3a410761.filesusr.com/ugd/e3c7cf_0735f6e9f0084d5
8a1611818d10e8962.pdf. Accessed 01.06.2023.

[11] In order to avoid drawing conclusions about the person by combining other characteristics
mentioned in this article/the overall study, the pseudonym is omitted.

[12] For detailed information see https://www.verso.online.

[13] See footnote 11.

Likewise, they charge an "on hold fee" in case written works are blocked with a disproportionately long reservation of labels or publishers. In this context, Lissy reports:

> I was in the studio with the artist, and we did a super amount of writing, I put 1.5 years of work into it and it's unpaid. Just before the album release, they call me and then like: 'Hey, no song made it on the album, we decided to go in a different direction just before.' No apology, nothing. Me: 'Hey guys, you blocked my songs for 1.5 years that others would have loved to have.' Of course, that affects me. You are not appreciated then. (Interview with Lissy)

Despite VERSO's efforts, another problem becomes visible within the association, which is reflected in the membership figures: Only 15% of all members are women.[14] The underrepresentation of women can also be seen as a structural problem in the group of songwriters. The fact that there are few women within the music industry in general, but also as songwriters in particular, is made clear by the results of current studies: women make up only 12.6% of songwriters (Smith et al. 2021). Despite the missing figures for the German-speaking area, the international study results coincide with the perception of the interviewed German female songwriters:[15] "There are often sessions where there's not a single woman except me." (Interview with Sarah) Being outnumbered as a woman and not being part of the 'boys club' also brings its stressors, interviewee Sandra says:

> You're treated differently than your male colleagues. I feel like I always have to take an extra step to stay on the same level as my male colleagues or be included in their networks. I see so many women who are so talented and do cool things end up not having the confidence to make it in this industry. Their place is then taken by men. That makes me so angry. (Interview with Sandra)

Almost all of the female interviewees report a lack of both safe spaces (e.g., in the songwriting process when there are only men in the room), and of female role models and leaders. In addition, they report sexism and sexualized violence (e.g., by taking advantage of positions of power), and even abuse, which places a heavy burden on their everyday work as well as on their physical and psychological condition.[16]

---

[14] The author's reading or categorization of 'women' is based on the naming and public presentation of these members.

[15] It is interesting to note that this imbalance is more likely to be addressed or even perceived by the female interviewees than by the male interviewees.

[16] The underrepresentation of female songwriters and related challenges will be discussed in detail in a separate journal article by the author, which is expected to be released in 2023.

6   Pandemic-Related Influences

> Roland Kaiser spoke up during the crisis and said that politics would have to take care
> of it. There are a few who know what their career depends on: if no one writes for Ro-
> land Kaiser anymore, he won't have any songs. But many ignore this. (Interview
> with Olaf)

Although most of the interviewed songwriters were able to carry out their profession during the pandemic, they experience financial losses, especially due to the
cancellation of live performances. Thus, it is not only for those who have their second foothold as performing artists that a financial mainstay is broken. Those whose
songs were about to be released are also missing important sources of income. Due
to digitization and the resulting decline of the recording market, songwriters rely
mainly on royalties generated from the live music sector (see Mazierska et al.
2021), television recordings and radio plays (see above). With the lack of various
platforms, the possibility of promotion is also missing, so many albums are not
released.

> Sure, I can write the songs, but what good is it if no one performs them. I had really
> good projects and was so far that I would have finally recouped my advance via
> GEMA and that I would have a stable income. And then, this moment came that all
> the albums that were in planning were put on hold or put out, but without a tour. Be-
> cause they weren't promoted properly. I lost a lot of money during that time or didn't
> make any money at all. (Interview with Sandra)

Because of GEMA's staggered billing cycle, established artists in particular benefit
by building up a financial cushion or getting a regular cash flow from royalties on
songs that have already been published:

> We probably have the Corona effect offset 1–1.5 years from the rest of the industry.
> We still had the revenue in the Corona period to the billing offset of the year before.
> We're slipping in now, of course, quite massively. (Interview Stefan)

"Because there was less advertising, radio revenues have also declined," Stefan reports, "because there is less advertising revenue, there are also fewer distributions
from the radios. There are things in the details that you don't see that way. But it
does have a more global effect." Also, Sandra expresses criticism of the system in
terms of the esteem in which her work is held by politicians and society:

> Corona was a slap in the face when I realized how super system-irrelevant my profes-
> sion is and that you can do without it in a pinch. That was sad. All the work that you

put into it... It's also about an idealistic value, because you say, yes, I'm doing this to reach people and maybe give them comfort, somehow make them happy, whatever. And especially in times of crisis, that doesn't seem to be worth anything. (Interview with Sandra)

Some of the interviewees reported that, despite various support programs (e.g., by GEMA or Neustart-Kultur), many colleagues had sought other areas of work, left the industry completely, or, in extreme cases, even committed suicide. For most of the interviewees, however, the pandemic also came as a phase of deceleration and, in some cases, relief:

I didn't manage to put the brakes on in such a way that the car started to coast; external circumstances took care of that for me. So, during the pandemic I just thought, keep quiet and don't tell anyone how well you're doing right now. I just worked through what had been lying fallow for many years. I took care of myself as well. (Interview with Stefan)

The interviewees used the time for reflection and (artistic) self-discovery, but also to become aware of their mental state.

We all had to get our bearings first and look at where we were in this crisis. Of course, there were also areas where I say I'm grateful that I was just torn out of a routine that was sometimes very toxic for me. Even during the pandemic, I did too much at first and noticed symptoms of burnout. I then looked for a place in therapy and have now also been in therapy for over a year and see a lot of things from a different perspective that I had blocked out in the frenzy of my work. (Interview with Sandra)

Even though the songwriters have found new ways to continue their work (alone) in the home office or in teams via online sessions, they typically lacked personal feedback from other colleagues: "It just drags on for so long. There's a lack of drive, I'm noticing that a lot right now. And I keep questioning my work. Can I even write anymore?" (Interview with Ricarda) In particular, the impracticality of songwriting camps during the pandemic is a burden for some of the interviewees, so Stefan: He finds the space not only an "inspiration and creative biotope", but also an opportunity to network and share challenges, fears, and concerns with other colleagues.

It's a very nice feeling, I'm not alone in the world. It also gets very physical [and emotional] at camps like this, there's a lot of cuddling and hugging and putting heads together and still sitting at the bar at night drinking and talking about life. That's always soul-searching, too. (Interview with Stefan)

7   Conclusion

The motivation and intention to be or become a songwriter are linked to individual interests, personality structures, and biographical backgrounds. These aspects influence both the perception and the evaluation of my interviewees' work situation as well as the determination of their needs. As a significant finding, the study shows that not only pandemic related factors such as the lack of commissions or the canceling of sessions and collaborations have detrimental effects on the work- and living conditions of songwriters; it furthermore becomes apparent that the activities of songwriters are accompanied by personal challenges and structural problems in general. Existential worries, resulting from financial fears but also from the perceived loss or feeling of not being able to maintain one's own artist identity, may condition the songwriters' suffering. What is striking here is that emotional and financial crises are often intermingled within in the interviewees' narratives. Financial worries in particular catalyze emotional crises. Achieving a level of success as a songwriter that ensures one's financial livelihood, and maintains it over the long term, results in what the interviewees described as constant stress. This phenomenon is not limited to the pandemic or temporary crisis experiences. Acute and permanent stress as a reaction to the feeling of 'not being good enough' and having to constantly 'function' is not just a specific phenomenon in the context of songwriters. Rather, it is to be understood as a phenomenon of society as a whole, underlying the thinking of a meritocracy that demands increasing achievement in all areas (in work as well as in consumption and leisure) (Böhme 2009, p. 8). Nevertheless, as stated before, creative professions in the music business, in particular, seem to be associated with increased (internal and external) performance demands due to the high level of competition. In addition, the business (re)produces narratives (e.g., 'the show must go on!'), which not only create a breeding ground for toxic structures but also shape individual behavior patterns and work routines that pose a risk to health (Ptatscheck 2021b; Schoop and Ptatscheck 2022).

In the course of this interview study, it also became clear that technological developments and their effects on music production, distribution, and reception (see, e.g., Endreß and Wandjo 2021; Tschmuck 2020; Tschmuck et al. 2008) not only change the working practices and financing models of songwriters but also have an impact on their financial and mental wellbeing. All interviewees hope for more attention to their (personal) concerns as well as greater awareness regarding mental health issues. This should happen not only in the workplace environment, but already during higher education, or in the context of other advanced training. It is important to obtain the necessary skills for the songwriting profession as well as to be equipped with the necessary "life skills" and (mental) coping strategies for the job market, which (preventively) prepare for a career as a songwriter. Especially songwriters at the beginning of their career often lack orientation and self-management skills. Despite limited contact possibilities during the pandemic, it remained significant for the interviewees to encourage each other and engage in dialogue. Although COVID-19 placed a heavy burden on the music business, it also becomes clear that the exceptional situation caused by the pandemic offered a chance for reflection and (re)orientation. This potential should not only be exploited by the songwriters themselves on an individual level. The interviewees also regard politics and the music industries as having a responsibility to respond to and change their work conditions. Beyond the purely economic needs of the songwriters, the challenges they face in the context of their life worlds need to become the subject of a broader discussion, specifically when those challenges are related to mental health.

Acknowledgements   Many thanks to all the interviewees who opened up and told me their stories. Thank you, Sidney König for your assistance. And special thanks to Benjamin Brümmer for your inspiration and support.

References

Anderton, C., Dubber, A., & James, M. (2013). *Understanding the music industries*. Los Angeles & London: SAGE.

Barber, S. (2017). Professional songwriting techniques: A range of views summarized from the Sodarjerker interviews. In Williams, J., & Williams, K. (eds.), *The singer-songwriter handbook* (pp. 51–70). London: Bloomsbury Publishing.

Barber, S. (2016). The Brill Building and he creative labor of the professional songwriter. In Williams, K. & Williams, J.A. (eds.), *The Cambridge companion to singer-songwriter* (pp. 67–77). Cambridge: Cambridge University Press.

Bennett, J. (2014). *Constraint, creativity, copyright and collaboration in popular songwriting teams*. Doctoral dissertation. University of Surrey: ProQuest Dissertations Publishing.

Bennett, J. (2012). Constraint, creativity, copyright and collaboration in popular songwriting teams. In Collins, D. (ed.), *The Act of Musical Composition: Studies in the Creative Process* (pp. 139–169). Farnham: Ashgate.

Bennett, J. (2011). Collaborative songwriting – The ontology of negotiated creativity in popular music studio practice. *Journal on the Art of Record Production, 5.* Retrieved from https://www.arpjournal.com/asarpwp/collaborative-songwriting---the-ontology-of-negotiated-creativity-in-popular-music-studio-practice/. Accessed 20.01.2022.

Betzler, D., Haselbach, D., & Kobler-Ringler, N. (2021). *Eiszeit. Studie zum Musikleben vor und in der Corona-Zeit*. Deutscher Musikrat, Zentrum für Kulturforschung. Retrieved from http://miz.org/downloads/dokumente/1070/2021-04_DMR_Eiszeit_Studie.pdf. Accessed 20.01.2022.

Böhme, G. (ed.) (2009). *Kritik der Leistungsgesellschaft.* Bielefeld & Basel: Edition Sirius.

Brunt, S., & Nelligan, K. (2021). The Australian music industry's mental health crisis: Media narratives during the coronavirus pandemic. *Media International Australia, 178*(1), 42–46.

Butler, M., & Jeziński, M. (2021). Pop, pandemic, politics: On the "virtual social" and ways of engagement in times of crisis – A conversation across borders and disciplines. *Rock Music Studies, 8*(1), 26–35.

Endreß, A., & Wandjo, H. (eds.) (2021). *Musikwirtschaft im Zeitalter der Digitalisierung. Handbuch für Wirtschaft und Praxis.* Baden-Baden: Nomos.

Finnegan, R. (2007). *The hidden musicians: music-making in an English town.* Middletown: Wesleyan University Press.

Fritsch, M. Kellert, P., Lonardoni, A., & Jandl, K. (2020). *Harmonielehre und Songwriting.* Neusäß: Leu-Verlag.

Gloor, S. (2020). Amplifying music: A gathering of perspectives on the resilience of live music in communities during the early stages of the COVID-19 era. *Journal of the Music and Entertainment Industry Educators Association, 20*(1), 13–43.

Grabowsky, I., & Lücke, M. (2014). 100 Jahre deutscher Schlager. In Mania, T., Grabowsky, I., & Lücke, M. (eds.), *100. Jahre deutscher Schlager!* (pp. 19–51). Münster: Telos

Gross, S. A., & Musgrave, G. (2016). *Can Music Make You Sick? Music and Depression.* A study into the incidence of musicians' mental health. Part 1: Pilot Survey Report. London: University of Westminster, MusicTank. Online available: https://westminsterresearch.westminster.ac.uk/download/4196ca464d2cc76db38b7ab138837c26cd616ff8c dd46bffe2e82ab26b454bbe/832310/Gross_Musgrave.pdf. Accessed 29.06.2024.

Gross, S., & Musgrave, G. (2020). *Can music make you sick? Measuring the price of musical ambition.* London: University of Westminster Press.

Gross, S., Musgrave, G., & Janciute, L. (2018). *Well-being and mental health in the gig economy. Policy perspectives on precarity.* London: University of Westminster Press.

Helms, S. (ed.) (1972). Schlager in Deutschland. Wiesbaden: Breitkopf und Härtel.

Help Musicians (2021). *Hidden Mental Health Crisis amongst musicians* [press release]. Retreived from https://www.helpmusicians.org.uk/news/latest-news?page=view-all. Accessed 20.01.2022.

Hesmondhalgh, D., & Baker, S. (2011). *Creative Labour. Media work in three cultural industries.* New York: Routledge.

Hiltunen, R. (2021). *Foresightfulness in the creation of pop music: Songwriters' insights, attitudes and actions.* Doctoral dissertation. Retrieved from https://helda.helsinki.fi/bitstream/handle/10138/330255/Hiltunen_dissertation_2021.pdf?sequence=1&isAllowed=y. Accessed 20.01.2022.

Huges, D., Evans, M., Morrow, G., & Keith, S. (2016). *The new music industries: Disruption and discovery.* Cham: Palgrave Macmillan.

Inglis, I. (2003). "Some kind of wonderful": The creative legacy of the Brill Building. *American Music, 21*(2), 214–235.

Jones, M. (2005). Writing for your supper – Creative work and the contexts of popular songwriting. In Williamson, J. G. (ed.), *Words and Music* (pp. 219–249). Liverpool: Liverpool University Press.

Long, P., & Barber, S. (2015). Voicing passion: The emotional economy of songwriting. *European Journal of Cultural Studies, 18*(2), 142–157.

Marcus, S., Tongson, K., Harper, P., Mack, K., Weisbard, E., & Zagorski-Thomas, S. (2021). Remote intimacy: Popular music conversations in the covid era. *Journal of Popular Music Studies, 33*(1), 11–28.

Mazierska, E., Gillon, L., & Rigg, T. (eds.) (2021). *The future of live music*. London: Bloomsbury.

Mazzola, A., & Martiniello, M. (2020). COVID-19 and the live music sector. Coping Strategies and forgotten professions. In *Cartografie Sociali. Rivista di sociologia e scienze umane* (pp. 165–177). Milan: Mimesis.

McRobbie, A. (2016). *Be creative. Making a living in the new culture industries*. Cambridge: Polity Press.

Mendívil, J. (2017). Rocking Granny's living room? The new voices of German schlager. In Ahlers, M. & Jacke, C. (eds.), *Perspectives on German popular music* (pp. 100–107). London; New York: Routledge.

Mendívil, J. (2008). *Ein musikalisches Stück Heimat: Ethnologische Beobachtungen zum deutschen Schlager*. Bielefeld: Transcript.

Negus, K., & Astor, P. (2015). Songwriters and song lyrics: architecture; ambiguity and repetition. *Popular Music, 34*(2), 226–244.

Ptatscheck, M. (2021a). Never waste a crisis!? – The impact of the Covid-19 pandemic on the mental health of EDM DJs. *Journal of the International Association for the Study of Popular Music, 11*(2), 1–18.

Ptatscheck, M. (2021b). 'The Show Must Go On!?' – Self-Narratives and Mental Health of German EDM DJs during COVID-19. *Journal of Music, Health and Wellbeing*, 1–13.

Ptatscheck, M. (2021c). Avicii and mental health of EDM stars. In Mazierska, E., Rigg, T., & Gillon, L. (eds.), *The evolution of electronic dance music* (pp. 105–123). London: Bloomsbury.

Ptatscheck, M. (2020). *Sucht & Selbstkonzepte. Biographische Studien zur Heroinabhängigkeit von Musikern in Los Angeles*. Bielefeld: Transcript.

Record Union (2019). The 73 percent report. https://www.the73percent.com/Record_Union-The_73_Percent_Report.pdf. Accessed 03.06.2024.

Robert Koch Institut (2021). Psychische Gesundheit der erwachsenen Bevölkerung in Deutschland während der COVID-19-Pandemie. *Journal of Health Monitoring*, Special Issue 7. Retrieved from https://edoc.rki.de/bitstream/handle/176904/8995.2/JoHM_S7_2021_Psychische_Gesundheit_Erwachsene_COVID-19.pdf?sequence=4&isAllowed=y. Accessed 30.06.2022.

Rosenthal, G. (2018). *Interpretive Social Research. An Introduction*. Göttingen: Universitätsverlag Göttingen.

Sandoval, M. (2018). From passionate labour to compassionate work: cultural co-ops, do what you love and social change. *European Journal of Cultural Studies, 21*(2), 113–129.

Schoop, M. E., & Ptatscheck, M (forthcoming, 2022). #GenderMachtPop. Machtverhältnisse und Geschlecht in populärer Musik. In *SAMPLES. Online Publications of the German Society for Popular Music Studies*.

Schütz, A., & Luckmann, T. (1979). *Strukturen der Lebenswelt*, Band 1 und 2. Frankfurt a.M.: Suhrkamp.

Schütz, A., & Luckmann, T. (1984). *Strukturen der Lebenswelt*. Frankfurt a.M.: Suhrkamp.

Simmerich, T. et al. (1999). Empfehlungen zur Behandlungspraxis bei psychotherapeutischen Kriseninterventionen. *Psychotherapeut, 44*(6), 394–398.

Smith, S.L., Pieper, K., Choueiti, M., Hernandez, K., & Yao, K. (2021). *Inclusion in the Recording Studio? Gender and Race/Ethnicity of Artists, Songwriters & Producers across 900 Popular songs from 2012–2020*. USC Annenberg Inclusion Initiative. Retrieved from https://assets.uscannenberg.org/docs/aii-inclusion-recording-studio2021.pdf. Accessed 20.01.2022.

Thiessen, F.C. (2021). 'Sonne und Strand' im neuen Gewand: Strukturelle Frischzellenkur im deutschen Pop-Schlager. In Schwartz, M (ed.), *Das verdächtig Populäre in der Musik* (pp. 191–208). Wiesbaden: Springer VS.

Tough, D. (2017). An analysis of common songwriting and production practices in 2014–2015 Billboard Hot 100 songs. *Journal of Music & Entertainment Industry Educators Association, 17*(1), 79–199

Tough, D. (2013). Teaching modern production and songwriting techniques: What makes a hit song? *Journal of Music & Entertainment Industry Educators Association, 13*(1), 97–124.

Tschmuck, P. (2020). *Ökonomie der Musikwirtschaft.* Wiesbaden: Springer VS.

Tschmuck, P., Gensch, G., Stöckler, E. (eds.) (2008). *Musikrezeption, Musikdistribution, Musikproduktion. Die neue Wertschöpfungskette in der Musikwirtschaft.* Wiesbaden: Deutscher Universitätsverlag

Williams, K., & Williams, J. A. (eds.) (2016). *The Cambridge companion to singer-songwriter.* Cambridge: Cambridge University Press.

#sangundklanglos bis #alarmstuferot – Kulturproteste zwischen Tacet und Fortissimo. Der (Musik)Star im Cancel-Storm

Elfi Vomberg

Zusammenfassung

The cultural protests of the crisis-ridden present have expanded their repertoire of expression and turned musicians into media activists. Thus, contemporary artists appear more politically engaged than ever before. However, the political activity of musicians in the past has often brought out the dark side of social media and promoted the phenomenon of cancel culture.

The boycotting or ostracising of individuals on the internet brings a new 'tone' to the protest movement, which now revolves around debates and the tensions of freedom of expression and art, and ultimately around the struggle of opinion sovereignty.

The Corona pandemic reinforces the effect of this cancellation culture, which has already been indicated in the USA since 2017 and is now increasingly evident in the European cultural landscape. Dissent and conflict thus now form constituent elements in this negotiation of the artist persona.

This article examines these debates on censorship and asks what role these narratives play in the social construction of identity and what consequences the topos has for the construction of stardom. At this point, the star theory will be

E. Vomberg (✉)
Institut für Medien- und Kulturwissenschaft, Universität Düsseldorf,
Düsseldorf, Deutschland
E-Mail: elfi.vomberg@hhu.de

L. Grünewald-Schukalla et al. (Hrsg.), *Musik & Krisen*, Jahrbuch für
Musikwirtschafts- und Musikkulturforschung,
https://doi.org/10.1007/978-3-658-43383-3_7

further developed around the political artist personality, which is engaged in times of crisis and becomes the focus of cancel culture movements.

Schlüsselwörter

Cancel culture · Boycott · Stars · Fandom/anti-fandom · Social media

Ein lyrischer Mezzosopran mit Knebel im Mund, ein Streichquartett, das seine Instrumente wortwörtlich an den Nagel hängt und hunderte Sinfoniker und Philharmoniker, die auf den Bühnen der Republik stehen und nach 20 tonlosen Minuten die Bühne wieder verlassen – es ist der stille Soundtrack für den zweiten Lockdown im Pandemiejahr 2020, der ein dröhnendes Schweigen im digitalen Konzertsaal hinterlässt.

Diesem kollektiven Tacet in den sozialen Medien unter dem Hashtag *#sangundklanglos* stehen die Fortissimo-Proteste mit Trillerpfeifen auf den Straßen der Republik unter dem Motto *#alarmstuferot* entgegen. Außerdem mischen sich in die stummen Bildproteste der Kollektive auch Proteste von prominenten Musikstars wie Anne-Sophie Mutter oder Till Brönner, die sich mit emotionalen Statements an die Netzgemeinschaft wenden und auf die prekäre Situation der Künstler*innen in Krisenzeiten aufmerksam machen.

Die Musikkultur scheint unter Krisenbedingungen die dynamische Tongebung ihrer Kunst neu auszutarieren und demonstrierende sowie protestierende Künstler*innen hervorzubringen. Die Kulturproteste der krisengeprägten Gegenwart zeigen ein erweitertes Ausdrucksrepertoire, indem Musiker*innen als mediale Aktivist*innen sich so stark wie lange nicht politisch engagieren und öffentlich äußern.

Diese politische Aktivität von Musiker*innen hat jüngst jedoch auch die dunkle Seite der sozialen Medien zum Vorschein gebracht und das digitale Boykottinstrument Cancel Culture befördert. Ein Kampfbegriff, der inzwischen sowohl von links als auch von rechts vereinnahmt wird, und auch in den deutschen Feuilletons Hochkonjunktur hat. Auch die Corona-Pandemie – und das damit insgesamt emotional aufgeheizte Protestklima – scheint den Effekt dieser Stornierungskultur, die sich bereits 2017 in den USA andeutete und nun auch in der europäischen Kulturlandschaft vermehrt zeigt, verstärkt zu haben. Dissens und Konflikt stellen somit inzwischen konstituierende Elemente in Aushandlungsprozessen von Künstler*innenpersönlichkeiten dar.

Der Krisenmoment der Künstler*innen ist in diesem Beitrag somit in doppeltem Sinne zu thematisieren: Als Krise der etablierten Startypen und als Verarbeitungsprozess von Musiker*innen im Krisendiskurs, die oftmals ihre Performances auf aktivistisches Engagement ausweiten, sodass nicht nur in Hinblick auf die neuen Distributionswege (Livestreaming, Autokino-Konzerte etc.), die die Corona-Pandemie hervorgebracht hat, für Musiker*innen das Ausdrucksrepertoire erweitert wird, sondern auch in Hinblick auf neue Formen der Meinungsäußerung. Denn durch die Digitalisierung und die Plattformen der sozialen Medien können Musiker*innen auch abseits der Konzertbühnen ein breites Publikum unmittelbar, ungefiltert und in bisher unbekanntem Umfang adressieren. Dadurch hat sich ebenfalls die Rolle des Fans und Rezipienten verändert, sodass zu fragen ist, ob nicht auch das Korrektiv durch Cancel Culture nur eine natürliche Konsequenz aus dieser Entwicklung ist. Was passiert also, wenn Musik und Moral aufeinandertreffen? Und inwiefern muss man die Startheorie neu denken mit einer Künstlerpersönlichkeit, die sich – durch einen sich wandelnden Aushandlungsprozess mit im digitalen Raum aggregierten Individualakteur*innen – aktivistisch engagiert und politisch positioniert?

1   *#Youarecanceled* – Kunstfreiheit trifft auf Political Correctness

Die Cancel Culture lässt sich als neue Form des kulturellen Boykotts im Digitalzeitalter definieren und soll in diesem Beitrag als Protestreaktion auf die Krise gelesen werden. Doch was wird in diesem Prozess eigentlich genau gecancelt – die Kultur an sich oder haben wir es mit einer Kultur des ‚Cancelns‘ zu tun? Um sich dieser Frage zu nähern, soll zunächst eine epistemologische Annäherung an die Begrifflichkeiten sowohl über theoretische Zugriffe als auch über mediale Diskurse erfolgen, damit der aus den USA stammende Begriff, der inzwischen auch in Deutschland rezipiert wird, kritisch hinterfragt und schließlich für die Startheorie fruchtbar gemacht werden kann.

Das Löschen, Abstrafen und Annullieren von Personen des öffentlichen Lebens, die vermeintlich gegen Normen der sozialen Akzeptanz verstoßen haben, ist Resultat dieser neuen Protest- und Kommunikationsakte im Netz, mit denen Kollektive sozial abweichendes Verhalten (von unsensiblen Witzen, über falsche Wortwahl, unethischen Äußerungen, die ins Feld der ‚Political Correctness‘ fallen, bis hin zu manifesten [Straf-]tatvorwürfen) zu reglementieren versuchen (vgl. Ching Velasco 2020, S. 2). Das Protestpotenzial der Entmachteten geht in der Cancel Culture gleichsam mit einer Verschiebung der digitalen Verantwortungspraxis einher: Fraktale Öffentlichkeiten finden sich in fluiden Räumen und Diskursen zusammen, um eine digitale Gegenöffentlichkeit zu bilden, bieten jedoch dabei weder einen lösungsorientierten Reformansatz an, noch eine konstruktive Diskussion – lediglich das Abstrafen einer Person oder Institution steht im Vordergrund.

Der Ursprung der Cancel Culture geht auf die US-amerikanische Queer-Community zurück, in der der Begriff des ‚cancelns' zunächst via Black Twitter als kritisches Meme im Diskurs von systematischer Ungleichheit verbreitet wurde. Seit der #Metoo-Debatte 2017 in den USA hat sich der Begriff dann als Angriff auf Einzelne (vor allem Prominente) für ihre individuellen Vergehen emanzipiert und „should be read as a last-ditch appeal for justice" (Clark 2020, S. 89). Als Gerichtssäle erscheinen dabei soziale Plattformen, während jede*r User*in als Richter*in fungieren kann. Auf den digitalen Pinnwänden und mit den Kommentarinstrumenten der Netzwerke wird der vermeintliche Normverstoß der prominenten Persönlichkeit diskutiert, moralisch bewertet und schließlich das ‚Urteil' öffentlich verkündet: #youarecanceled lautet der performative Schiedsspruch, der anschließend mit der Forderung nach Entlassung, Rücktritt, Löschung sowie dem Entzug durch das Netzkollektiv von Zeit, Geld und Öffentlichkeit, bzw. Medienpräsenz einhergeht. Meredith D. Clark spricht in dem Zusammenhang von einer „Mob-Mentalität" (Clark 2020, S. 89).

Während die sozialen Medien einerseits den Weg für neue Formen partizipatorischer Gesprächskulturen und soziale Bewegungen geebnet haben, bringt das Netzphänomen der Cancel Culture – oftmals begleitet von Hate Speech (bestehend aus Anfeindungen und Beleidigungen) – die ‚unsozialen' Seiten von Plattformen wie Twitter und Facebook im Spannungsfeld von digitaler diskursiver Kommunikation, Aufmerksamkeitsökonomie und Machtdynamiken zum Vorschein. Diese Ambivalenz zwischen Demokratisierung des Diskurses und Zensurdebatten drängt darauf, die hegemonialen Beziehungen von Star und Fan, Produzent*in und Nutzer*in in den Blick zu nehmen, da die Entmachtung der einen Seite gleichzeitig mit dem Empowerment der Gegenseite einherzugehen scheint:

> „For so long, the concentric circles of the social elite in arts, media, business, and politics were insulated by the norms of acceptable discourse, distanced from the realities of others who struggle through life without access to the specific privileges afforded along lines of race, gender and class. As digital connectivity shrinks those gaps, the demand for new social standards outpaces the willingness of the comfortable to consider just what their professed commitment of the promotion of social equality may actually cost them." (Clark 2020, S. 91)

Die Gründe für das Erstarken dieser digitalen Protestkultur sind zum einen im Zuge eines allgemeinen Medienkulturwandels – einhergehend mit einer niederschwelligen Partizipation mittels sozialer Medien – zu lesen, (vgl. Baringhorst et al. 2010, S. 397) andererseits in einem insgesamt aufgeheizten politischen

Klima, das aus der Gesellschaft heraus nach Wandel strebt – so wie die *#Metoo*-und *#BlackLivesMatter*-Bewegung den Weg für eine neue ‚Protest-Stimmung‘ geebnet haben.

Cancel Culture ist auf jeden Fall ein ambivalenter und umstrittener Begriff, der mit vielen Unschärfen verbunden ist und in Deutschland nur langsam in der digitalen Medienrealität ankommt. Als einer der ersten ‚erfolgreichen‘ Cancel-Fälle in Deutschland ist die Debatte rund um den „Umweltsau"-Skandal des Westdeutschen Rundfunks im Dezember 2019 zu nennen. Hier veranlassten 38.000 Tweets, die sich innerhalb von wenigen Stunden unter dem Protest-Hashtag *#Umweltsau* versammelten, die Programmmacher*innen dazu, ein satirisches Lied zu löschen (Ernst 2019). In dieser schnellen Löschung und redaktionellen Distanzierung sah das Publikum dann jedoch den eigentlichen Skandal. Interessant an diesem medial getriebenen Vorgang war auch die Rolle der sogenannten Qualitätsmedien, die als Verstärkereffekt der digitalen Erregung eine nicht unerhebliche Rolle spielten.

Weitere Cancel-Aufrufe sind u. a. im Zusammenhang mit den Comedians Lisa Eckhart und Dieter Nuhr sowie den Musiker*innen Xavier Naidoo, Michael Wendler und Nena[1] zu beobachten. Was in Deutschland noch als Ausnahmeerscheinung zu beobachten ist, ist in den USA längst im alltäglichen Aushandlungsprozess mit Künstler*innen verhaftet, sodass die Liste der US-amerikanischen Stars, die im Fokus von Cancel-Prozessen stehen, immer länger wird.

Um die Wirkmächte der Cancel Culture näher zu analysieren, bietet sich ein theoretischer Blick auf das Konzept von Öffentlichkeit an, die innerhalb vernetzter Gesellschaften im Digitalzeitalter einem starken Wandel unterzogen ist: Themen werden inzwischen transnational und transkulturell verarbeitet, vermischt, interpretiert – und bringen damit hybride Formen von Öffentlichkeit hervor (vgl. Reder 2021, S. 19). Medienwissenschaftler Bernhard Pörksen bescheinigt der digitalen Gesellschaft eine „Stimmung der großen Gereiztheit" (Pörksen 2019, S. 13): „Wir sind gereizt, weil uns der Gedanken- und Bewusstseinsstrom anderer Menschen in nie gekannter Direktheit erreicht, wir ungefiltert der Gesamtgeistesverfassung der Menschheit (…) ausgesetzt werden." (Pörksen 2019, S. 17) Dieser neue Charakter von Öffentlichkeit, der gleichsam einhergeht mit einer neuen Dramatik, Dynamik

---

[1] Gegen Dieter Nuhr und Lisa Eckhart wurden 2020 vor allem via Twitter Boykottaufrufe für ihre rassistischen bzw. antisemitischen Äußerungen in Kabarett und Comedy verbreitet; Michael Wendler fällt Ende 2020 mit verschwörungstheoretischen Aussagen während der Corona-Pandemie sowie mit Holocaust-Relativierungen auf, sodass RTL – begleitet von einem Shitstorm auf Social Media – mit einer Vertragsauflösung sowie Entfernungen aller Szenen des Sängers in der DSDS-Jury reagiert. Auch Sängerin Nena geriet 2020 wegen Äußerungen gegen Corona-Maßnahmen in die Kritik und zwei Veranstalter sagten Konzerte mit ihr ab.

und Tongebung, trägt sich ins digitale „Kommunikationsklima" (Pörksen 2019, S. 15) ein (vgl. Pörksen 2019, S. 9). Die Zugangsbarrieren zum öffentlichen Diskurs sind im digitalisierten Zeitalter zwar abgebaut, doch auf der Kehrseite sind die Diskurse und deren Deutungen damit auch gleichsam vielfältiger und diverser: „Die Pluralität normativer Ziele und Motivationen vervielfältigt sich in global verflochtenen und interkulturell verfassten Gesellschaften zunehmend, weshalb keine einheitliche narrative Ausrichtung als Kernmerkmal der Öffentlichkeit mehr angenommen werden kann." (Reder 2021, S. 24)

Die zentralen Kommunikations- und Sprechakte im gesellschaftlichen Verhandlungsraum sind auch für Jürgen Habermas' Konzept von Öffentlichkeit basal. In *Faktizität und Geltung* definiert er Öffentlichkeit „als ein Netzwerk für die Kommunikation von Inhalten und Stellungnahmen, also von Meinungen (…); dabei werden die Kommunikationsflüsse so gefiltert und synthetisiert, dass sie sich zu themenspezifisch gebündelten öffentlichen Meinungen verdichten" (Habermas 1992, S. 436). In dieser Beschreibung der Öffentlichkeit als kommunikatives Netzwerk markiert Habermas von Beginn an auch eine normative Perspektive, die er in seiner Diskursethik (Habermas 1983) weiterverfolgt und mit Kommunikationsregeln absichert. Gerade auch mit der Fokussierung von gesellschaftlichem Konsens innerhalb einer normativen Rahmung ist Habermas' Konzept damit anschlussfähig an die Cancel Culture, die zur Folge hat, gesellschaftliche Normen neu zu verhandeln. Doch um diese Handlungsnormen zu ermitteln, legt Habermas in der Diskursethik grundsätzliche Prinzipien zugrunde, die bei näherer Analyse im Aushandlungsprozess der Cancel Culture immer wieder zu fehlen scheinen. Betrachtet man Kommunikationsakte auf den sozialen Plattformen, die als Cancel-Aktionen einzustufen sind, fallen neben Regelverstößen auf dem Feld der Dialektik und Rhetorik auch fehlende Argumentationspraktiken, die für Habermas grundlegend für jeden Diskurs sind (vgl. Habermas 1973, S. 214), auf. Stattdessen dominieren performative Sprechakte, die Forderungen, Feststellungen und Beleidigungen beinhalten (Abb. 7.1, 7.2, 7.3, 7.4 und 7.5).

Die angeführten Beispiele zeigen, dass der Hashtag als neuer ‚politischer Raum' etabliert ist, in dem sich Kollektive versammeln, um Werte zu verhandeln und die Protestaktion des Boykotts in seiner digitalen Ausprägung als Cancel Culture zu organisieren. Die Hashtags *#canceled, #(person)isoverparty, #(person)isover* und vor allem *#Youarecanceled* sind die reichweitenstärksten Etiketten, mit denen Cancel-Aktionen (vor allem in den USA) versehen werden. Diese Passivkonstruktionen, die als getarnte Imperative allesamt Forderungen implizieren, setzen den Boykottprozess in Gang und machen ihn als solchen erst performativ sichtbar. „Eine geglückte performative Äußerung ist dadurch definiert, daß ich die Handlung nicht nur ausführe, sondern damit eine bestimmte Kette von Effekten

Sep 1, 2020

Racist! #CancelAdele

Abb. 7.1 #CancelAdele, Twitter

May 25, 2017

#BoycottKatyPerry her music, any media she appears on, and any sponsors. @FOXTV @ABC @MSNBC @CBS @katyperry twitter.com /Lrihendry/stat…

Abb. 7.2 #BoycottKatyPerry, Twitter

Sep 5

BILLIE EILISH IS A QUEER-BAITER #BillieEilishisoverparty

Abb. 7.3 #BillieEilishisoverparty, Twitter

Aug 30, 2016

She's dead to me #LanaDelRey #LanaDelReyIsOver

Abb. 7.4 #LanaDelReyIsOver, Twitter

Abb. 7.5 #canceled, Twitter

auslöse" (Butler 2018, S. 33), definiert Judith Butler in *Haß spricht*. Die Boykott-
handlung bzw. Cancel-Aktion wird bereits mit Nennung des Hashtags in den sozialen Netzwerken vollzogen. Die körperliche Performanz in der Öffentlichkeit für
eine Protestaktion wird hier im digitalen Raum durch den Hashtag, als äquivalent
für das Flugblatt oder das Plakat, ersetzt und somit zum Katalysator für die em-
pörte Proteststimmung. Doch dadurch, dass die Cancel Culture sich als fluide und
hybrid in ihrer Struktur und in der Zusammensetzung ihrer Kollektive ausweist,
steht sie ebenfalls einer organisierten Protestkultur entgegen. Auch durch die
Kommunikationsakte, die mit Shitstorms und Hate Speech versehen sind, lässt sich
die Cancel Culture nicht als diskursiver Austauschprozess beobachten, sondern als
kollektiver Aufschrei, als gleichzeitige Affektäußerung voneinander unabhängiger
Netzakteure.

Diese neuen digitalen Öffentlichkeiten stehen somit diametral zu Habermas'
Konzept der Diskursethik, der in seinen rhetorischen Regeln den Kern des Diskurses unter anderem über die Komponenten einer idealen Sprechsituation, im allgemeinen Teilnahmerecht, im Problematisierungs- Vorschlags- und Artikulations-
recht absichert. In den genannten Sprechsituationen im Zusammenhang mit der
Cancel Culture sind in dieser Hinsicht zahlreiche Regelverstöße nachweisbar –
nicht zuletzt durch das grundsätzliche Fehlen einer Argumentationspraxis, die in
den sozialen Medien durch Affektäußerungen ersetzt zu sein scheint und ihre gemeinsame Wirklichkeit über Tendenzen der Polarisierung und Emotionalisierung
innerhalb von Echokammern bzw. Filter bubbles konstituiert (vgl. Kaelin 2021,
S. 66 und S. 73). Somit sind letztlich in dieser Konsequenz die kumulierten
Regelverstöße auch als Zeichen des Empowerments durch die aggregierten
Individualakteur*innen zu lesen.

Doch in diesen neuen digitalen Räumen der Kommunikationsakte, die sich in
den sozialen Medien beobachten lassen, werden divergierende Inhalte – auch durch
die personalisierten Datenströme der Algorithmenstruktur – ausgeklammert und

User*innen in ihrer Filterblase isoliert, sodass der Austausch und Diskurs nicht zustande kommen kann: „Weil die Konfrontation unterschiedlicher Sichtweisen im Diskurs für Habermas innig mit der Rationalitätsforderung verbunden ist, ist in den Filterblasen bloß eine sehr beschränkte Möglichkeit vernünftiger Informationsverarbeitung durch die Nutzer*innen zu verorten." (Kiesel 2021, S. 109 f.) Dennoch haben Cancel-Prozesse eine Wirkung – auf Künstler*innen, Rezipient*innen, Institutionen – und werden vermehrt auch in den sogenannten Qualitätsmedien thematisiert und somit reproduziert. Ob dieser affektgetriebene Raum ‚Social Media' aber geeignet ist, tatsächlich einen dauerhaften sozialen Wandel über die neue Protestform Cancel Culture zu erwirken oder es lediglich bei medial inszenierten Kampagnen zur kurzfristigen Aufmerksamkeitssteigerung bleibt, soll im Folgenden mit Fokus auf die Künstler*innenpersönlichkeit untersucht werden.

2   Der Star in der Krise – Michael Wendler und Taylor Swift im Cancel-Storm

Schlagersänger Michael Wendler braucht nur 2 min und 9 s, um seine Karriere nachhaltig zu beschädigen. In einem Instagram-Video im Oktober 2020 verkündet der Teilnehmer der Castingshow *Deutschland sucht den Superstar* sein Ausscheiden aus der Jury der Sendung mit der Begründung, dass die Medien und u. a. auch sein Arbeitgeber RTL in der Corona-Pandemie „gleichgeschaltet" seien und die Bundesregierung „grobe und schwere Verstöße gegen die Verfassung" begangen hätten (INSTAGRAM STORY 2020). Der Krisenmoment des Künstlers Michael Wendler startet mit diesen verschwörungstheoretischen Aussagen und setzt damit einen riesigen Cancel-Prozess in Gang. Die Netzproteste sind dabei sowohl als Boykott als auch als Cancel-Aufruf gekennzeichnet (z. B. *#BoycottWendler* sowie *#cancelwendler*) (Abb. 7.6 und 7.7).

Nach einem weiteren Statement mit relativierenden Aussagen im Zusammenhang mit dem Holocaust wenige Wochen später ist die Karriere des Michael Wendler im Januar 2021 dann beendet (vgl. Welt 2021). Ein Vorgang, der bisher – bezogen auf eine Künstlerpersönlichkeit – einzigartig in Deutschland ist. Was die Causa Wendler von anderen Boykottaufrufen gegen Künstler*innen in Deutschland unterscheidet, ist die konzertierte Aktion von Netzgemeinschaft, Institutionen und Medien. Während RTL sich von den Statements des Sängers distanziert und Wendler sogar aus einer Sendung herausschneidet, entziehen ihm und seiner Ehefrau Werbepartner Kampagnen und sorgen somit für finanzielle Einbußen – natürlich auch aus Sorge vor Boykottaufrufen gegen die Unternehmen (Abb. 7.8):

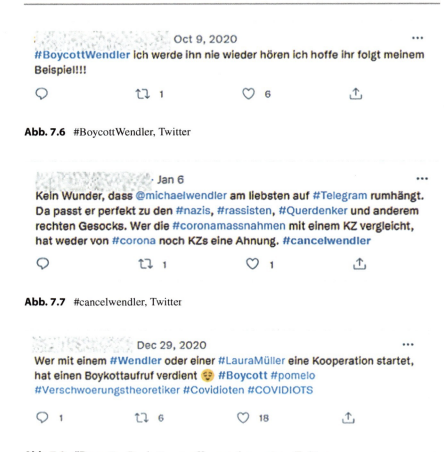

Oct 9, 2020   ···
#BoycottWendler ich werde ihn nie wieder hören ich hoffe ihr folgt meinem
Beispiel!!!

♡   ↥↧ 1   ♡ 6   ↥

Abb. 7.6 #BoycottWendler, Twitter

· Jan 6   ···
Kein Wunder, dass @michaelwendler am liebsten auf #Telegram rumhängt.
Da passt er perfekt zu den #nazis, #rassisten, #Querdenker und anderem
rechten Gesocks. Wer die #coronamassnahmen mit einem KZ vergleicht,
hat weder von #corona noch KZs eine Ahnung. #cancelwendler

♡   ↥↧ 1   ♡ 1   ↥

Abb. 7.7 #cancelwendler, Twitter

Dec 29, 2020   ···
Wer mit einem #Wendler oder einer #LauraMüller eine Kooperation startet,
hat einen Boykottaufruf verdient 😉 #Boycott #pomelo
#Verschwoerungstheoretiker #Covidioten #COVIDIOTS

♡ 1   ↥↧ 6   ♡ 18   ↥

Abb. 7.8 **#Boycott** – Boykott gegen Kooperationspartner, Twitter

Auch seine Internet-Präsenz wird mit der Löschung seines Instagram-Kontos
beschnitten, (vgl. Donike et al. 2021) sodass der Boykott hier – vom Netzkollektiv
gefordert – von institutioneller Seite durch finanzielle Einbußen und Entzug von
Aufmerksamkeit schließlich durchgeführt wird.

Am Fall Wendler lässt sich die stufenweise Eskalation eines Cancel-Prozesses
ablesen und damit auch eine erste Annäherung an eine Systematik ableiten, die sich
im Verlauf in Bezug auf die Parameter Empörung und Affekt graduell ansteigend
anordnen lässt und die Cancel Culture klassifiziert und damit von allgemeinen
Netzprotesten abgrenzt: Grundlegend für den Cancel-Fall soll an dieser Stelle der

normative Verstoß (im Einzelfall auch von strafrechtlicher Relevanz) installiert werden. Aus diesem Normbruch, der über Social Media von der Starperson artikuliert oder ausgestellt wird, resultiert die Reaktion des Netzpublikums. Hierbei möchte ich den Begriff des Cancel-Storms einführen, den ich als Shitstorm in Kombination mit einem Boykottaufruf definiere. Erst dadurch regt sich auch mediale Aufmerksamkeit, die wiederum eine Rückkopplung mit den Qualitätsmedien zur Folge hat, wodurch sich wiederum ein Verstärkereffekt ergibt. Erst dann kommen Institutionen, Veranstalter, Firmen, Werbeträger ins Spiel, die auf den Cancel-Storm reagieren und den Cancel-Prozess mit individuellen Konsequenzen endgültig vollziehen (Absage von Konzerten, Kampagnen, Zusammenarbeit) und die Person wird aus dem öffentlichen Leben verbannt. Voraussetzung für diese schematische Klassifikation ist der Starstatus der zu cancelnden Person, die mit einem existierenden Werk in den Netzwerken ausgestellt ist.

Als Gegenbeispiel zum erfolgreichen Cancel-Fall Wendler soll an dieser Stelle noch auf den Fall rund um die US-amerikanische Künstlerin Taylor Swift verwiesen werden: Bereits 2016 trendeten die Hashtags *#TaylorSwiftIsASnake* und *#TaylorSwiftIsCanceled*. Hintergrund der Netzangriffe waren von Kim Kardashian veröffentlichte Videos auf Snapchat, in denen Kanye West und Taylor Swift über seinen Song *Famous* diskutierten. 2016 nannte der Rapper Swift in einem Song „Bitch" und behauptete, das mit ihr abgesprochen zu haben. In dem geleakten Video von Kardashian zeigt sich Swift einverstanden mit dieser Textzeile (vgl. Dean 2020). Aus diesen Videos und der Debatte entwickelt sich eine Rivalität zwischen Fans von Kim Kardashian und Taylor Swift. Seitdem befindet sich Taylor Swift in einem ständigen Cancel-Storm, sodass der Hashtag *#taylorswiftisoverparty* regelmäßig und in Wellen immer wieder Cancel-Aufrufe evoziert (Abb. 7.9, 7.10 und 7.11).

Gerade an diesem letzten Post kann man sehr genau ablesen, dass der Cancel-Aufruf vom Netzkollektiv oftmals losgelöst ist von konkreter Kritik, sondern stattdessen Fan-Fehden sowie persönliche Abneigung gegenüber der Künstlerin im Vordergrund stehen. Auch daher haben die zahlreichen Netzangriffe auf

Abb. 7.9 Ein*e Twitter User*in bringt das Wort „Hass" ins Spiel, Twitter

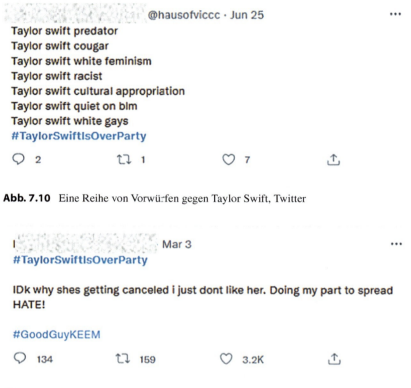

Abb. 7.10 Eine Reihe von Vorwürfen gegen Taylor Swift, Twitter

Abb. 7.11 Hass ist eine immer wiederkehrende Vokabel im Zusammenhang mit #Taylor-SwiftIsOverParty, Twitter

Swift keinen Erfolg. Swift erfährt weder einen Imageschaden noch finanzielle Einbußen oder Werbeeinbrüche. Weitet man den Blick an dieser Stelle und legt den zuvor entworfenen Kriterienkatalog an, kann laut meiner entworfenen Systematik der Cancel-Storm gegen Taylor Swift ebenfalls nicht zu weitreichenden Konsequenzen für die Künstlerin führen, da schon der erste grundlegende Punkt – der Normverstoß – nicht eingelöst ist.

Inmitten von Shitstorms, Beleidigungen, Anfeindungen und Boykottaufrufen unter spezifischen Cancel-Hashtags sind Star und Rezipient*innen im Social Media-Zeitalter miteinander in einen neuen Aushandlungsprozess getreten, sodass der Star inmitten von Cancel-Storms in der Krise scheint. Bereits mit der Etablierung des Starphänomens im Kontext der Hollywood-Maschinerie zu Beginn des 20. Jahrhunderts sind Künstler*innen von der Gesellschaft mit neuen Rollenzuschreibungen und weit reichenden Verantwortungsgebieten konfrontiert und nicht mehr länger nur mit ihrem Werkkanon ausgestellt; auch Künstler*innen als Privatpersonen sind seitdem mit ihrem persönlichen Hintergrund in den Fokus der Aufmerksamkeit für Kunstkonsument*innen gerückt (vgl. Estefan 2017, S. 11). Die Privatheit des Künstlers, nicht mehr nur sein Produkt, ist somit Gegenstand des öffentlichen Interesses geworden, wie Startheoretiker Richard Dyer definiert:

> „We're fascinated by stars because they enact ways of making sense of the experience of being a person in a particular kind of social production (capitalism), with its particular organization of life into public and private spheres." (Dyer 1986, S. 17)

War es noch im 18. Jahrhundert den Künstler*innen vor dem Hintergrund des Geniekults vorbehalten, sich außerhalb von Recht und Norm zu bewegen und begannen im krisengeschüttelten 20. Jahrhundert die Diskussionen um die wechselseitigen Einflusssphären von Kunst und Leben, werden in den neuen (digitalen) Kulturkämpfen Fragen von Kunst und Moral in global wirksamen Netzwerken verhandelt, die eine enorme öffentliche Schlagkraft entwickelt haben. Der Kultur-Boykott bzw. die Cancel Culture als seine digitale Weiterentwicklung kann somit katalysatorisch als „Crescendo von Krisennarrativen" gesehen werden (Vomberg et al. 2021, S. 26).

Das von Richard Dyer in seiner grundlegenden Startheorie festgeschriebene intertextuelle Geflecht von Kulturpraktiken und Medien hat sich im Digitalzeitalter nun um das Netz von sozialen Medien erweitert, das mit seinen eigenen Gesetzmäßigkeiten – wie neuen Techniken der Inszenierung (Hickethier 1997, S. 31) und neuen unmittelbaren Partizipationsmöglichkeiten – auch das Starkonstrukt erweitert und neu austariert. Die Cancel Culture fungiert dabei sozusagen als Brandbeschleuniger, um das Image des Stars nachzujustieren oder in manchen Fällen sogar den Star zu demontieren. Um das Wirkungspotenzial von solchen „Cancel"-Narrativen (siehe Beispiele in Abb. 7.1, 7.2, 7.3, 7.4 und 7.5) bei der sozialen Konstruktion von Identität und deren Konsequenzen für die Starkonstruktion in den Blick zu nehmen, soll eine Annäherung über die Startheorie erfolgen. Dabei sollen vor allem Kategorisierungen und Charakteristika des Startums aufgearbeitet werden, um diese dann im Spiegel der neuen digitalen Protestkultur auf ihre Gültigkeit und Aktualität hin zu überprüfen.

Grundlegend für die Kategorisierung des Stars sind die Komponenten Erfolg, Kontinuität, Image und Authentizität (Faulstich et al. 1997, S. 11 und Keller 2013, S. 138). Gerade die letzten beiden Punkte hängen eng miteinander zusammen und müssen noch stärker ausdifferenziert werden: Denn das Image des Stars muss eine enge Verbindung zwischen Rolle und Realität aufweisen, die nicht nur Authentizität ausstrahlt, sondern auch eine Aura von Rätselhaftigkeit aufbaut: „Das heißt, daß das Image interne Dissonanzen, Leerstellen oder tendenzielle Widersprüche aufweisen muß, die verhindern, daß es eindimensional und durchschaubar erscheint." (Faulstich et al. 1997, S. 18) Auch wenn das Publikum danach strebt, die ‚wahre' Persönlichkeit des Stars zu erkunden, muss „dieses Rätsel (…) jedoch ungelöst bleiben, denn durch zu viel Nähe geht der Starstatus verloren" (Seifert 2013, S. 28). Nur so kann das Interesse des Rezipienten durch eine spannungsvolle Ambivalenz von Distanz und Unnahbarkeit, die den Reiz des Stars für das Publikum ausmacht, aufrechterhalten werden.

Durch dieses Beziehungsgeflecht zum/r Nutzer*in ist der Star konstituiert, weshalb man gleichsam auch die Rezipient*innen bzw. ‚Fans' oder ‚Anti-Fans' bei der Analyse in den Blick nehmen muss: „Nur in dem Maße gibt es Stars, in dem wir sie wollen und sie ins Bild fassen. Der Star ist das Produkt kollektiven Begehrens" (Faulstich 1990/1991, S. 51), definiert Werner Faulstich. Damit projiziert der Fan gleichsam immer auch eigene Wünsche und Charaktereigenschaften auf den begehrten Star. Der Starkörper gibt damit immer auch automatisch Auskunft über das Ich des Fans: „Zum Star wird (…) eine Person erst dann, wenn das Publikum in ihm auf idealisierte, überhöhte Weise Eigenschaften wiedererkennt, die es sich selbst zuschreibt." (Hickethier 1997, S. 31)

Damit wird der Star auch zur eigenen Identitätskonstruktion, die man im Social Media-Kontext auf digitalen Pinnwänden und in Tweets öffentlich ausstellt und damit das eigene Profil aufwertet bzw. die eigene Persönlichkeit beschreibt: „Durch die Identifikation mit einem ‚mächtigen' Modell geht somit ein Teil des Glanzes auch auf die Person über, die sich nach außen erkennbar mit dem Modell identifiziert." (Rustemeyer 1997, S. 102) Eine Funktion, die auch zum Abgleich von Werten und Einstellungen für den Rezipienten relevant ist.

Gerade diese optimale Einigkeit und Übereinstimmung der Weltanschauungen von Star und Nutzer scheinen aktuell noch an Bedeutung gewonnen zu haben: Während sich früher der Fan am Star ausrichtete, und seine Werte am Star als Prototyp und Identifikationsfigur ausrichtete, zeichnet sich in den Kommentaren und Tweets ab, dass Rezipient*innen den Wertekanon des Stars hinterfragen, kritisieren und abstrafen für vermeintlich falsche Meinungen. Damit schreiben sich die Rezipient*innen nun auch aktiv in die Imagekonstruktion des Künstlers/der Künstlerin ein – eine Grenzüberschreitung, die den/die Rezipienten*in und Kritiker*in zum Prosumer und den Star im Sinne der Cultural Studies zum produzierbaren Text werden lässt. Dabei scheinen auch Distinktionsprozesse wirksam zu werden – in dem Sinne, dass es für die Rezipient*innen um einen sozialen Aufstieg geht, um eine moralisch weiße Weste, mit der sie sich vor der Netzgemeinde ausstellen können, indem sie den Star diskreditieren. Die Celebrity Studies gehen, anders als noch die Fantheorie (vgl. Jensen 1992, S. 9 ff.), davon aus, dass Fans nicht mehr „vorbehaltlos" (Rehberg und Weingart 2017, S. 16) verehren. Im digitalen Schaufenster Twitter, Instagram oder Facebook möchte der oder die User*in schließlich die beste Version des eigenen Ichs ausstellen, geschmückt mit Stars, die zu dieser Version des perfekten Egos passen – wie es der Zeitgeist vorgibt: moralisch kompatibel und politisch korrekt. Das frühere Jugendzimmer mit Bravo-Starschnitten an den Wänden war schließlich nicht so leicht zugänglich und einsehbar, wie die digitale Pinnwand von heute. Die kulturelle Mittlerfunktion von Stars ist in der digitalen Mediengesellschaft somit einerseits aufgewertet, andererseits aber auch mit den vielfältigen, neuen Ausstellungsräumen komplexer geworden: Agierte der Star früher vornehmlich auf seiner Hauptbühne, um seine Profession auszustellen und wurde für die privaten Momente von der Presse begleitet, kann sich der Star heute selber auf der ‚Hinterbühne Social Media' ausstellen und inszenieren, um den begehrten Blick auf die Privatheit zu ermöglichen. War früher diese ‚Privatheit' professionell konstruiert, organisieren manche Stars heute persönlich – teils auch aus Authentizitätsgründen – diesen Einblick hinter die Kulissen ungefiltert und unredigiert. Dieser medienkulturellen Verschiebung tragen die Celebrity Studies als Weiterentwicklung der Startheorien Rechnung, die davon ausgehen, dass sich „die Erscheinungsweisen von Berühmtheit in enger Korrespondenz mit den medialen Bedingungen und den Öffentlichkeiten, die diese generieren, entwickeln" (Rehberg und Weingart 2017, S. 12).

Das Ausmaß der Öffentlichkeit hat sich mit den digitalen Plattformen also extrem vergrößert – und durch diese „Vervielfältigung von Schauplätzen" (Rehberg und Weingart 2017, S. 13) für Künstler*innen muss gleichsam auch mehr ausgestellt werden. Das heißt durch die neuen Internetcelebrities, die nur als Privatperson ausgestellt sind – ohne besonderes Können (Paris Hilton, Kim Kardashian) – gerät auch der Star, der sonst mit seinem Kunstwerk ausgestellt ist mit seiner Privatheit in den Fokus und unter den Druck der Aufmerksamkeitssteigerung und – generierung. Ob die moralischen Fehltritte, die dabei oftmals ausgestellt werden, bewusst inszenierte Marketingstrategien sind, um Skandale zu produzieren, kann an dieser Stelle nur für den Einzelfall spekuliert werden. Entscheidend ist aber die Reaktion des Publikums auf diese ausgestellten moralischen Ansichten durch den Star, die ja immer wieder zum Hauptangriffspunkt für Cancel-Aktionen werden.

Daher soll an dieser Stelle noch der Rezipient als Komplementär zum Star in den Blick genommen werden: Dominiert in der Startheorie der Fan zunächst in seiner Rolle als Nachahmer und Bewunderer, kann in der Cancel Culture der Fan als

Kritiker*in umgedeutet werden. Mehr noch: Es hat sich innerhalb der sozialen Medien eine neue Spezies herausgebildet: der Anti-Fan, weshalb in diesem Beitrag häufiger auf den neutraleren Rezipienten-Begriff zurückgegriffen wird, wobei auch eingeräumt werden muss, dass der Anti-Fan nur selten tatsächlich Rezipient*in des kritisierten Werks ist, wie am Beispiel Taylor Swift zu sehen ist. Im Partizipationsnetz der sozialen Medien lässt sich nur schwer unterscheiden, ob es sich bei den Kritiker*innen um Fans, Anti-Fans oder destruktive Hater und Trolle handelt. Auch Taylor Swift singt in ihrem Hit „You need to Calm down" (2019) als Reaktion auf ihre zahlreichen Cancel-Angriffe „You are somebody that I don't know", womit sie die Frage aufwirft, ob die Netz-Kritiker*innen in irgendeiner Art und Weise überhaupt Rezipient*innen ihrer Kunst sind.

Melissa A. Click geht sogar so weit zu behaupten, dass der Anti-Fan der neue Fantypus schlechthin sei (vgl. Click 2019, S. 17):

> „While convergence culture has normalized affective and interactive fan practices typically considered to be cult or subcultural and media producers have increasingly sought niche audiences to build long-term relationships through media texts, audiences' affective engagements with media texts have also led to the increasing visibility of fans' negative affective evaluations of media texts and media audiences." (Click 2019, S. 9)

Dieses Vorhandensein von negativen Gefühlen in Fan-Gemeinschaften führt Click darauf zurück, dass Abneigung und Hass durch den Umfang und die Geschwindigkeit von Kommunikation in den partizipativen Internetkulturen sichtbarer geworden sind, sodass auch die traditionelle Beziehung zwischen Medienproduzent*innen und Publikum eine Neuausrichtung erfährt:

> „The emergence of digital media culture, or convergence, has forced a reassessment of the traditional relationships between media producers and audiences, normalizing fan practices once considered cult or marginal, and encouraging producers to build long- term relationships with audiences by creating texts that encourage affective investments and inviting audiences to interact with media texts in a variety of formats." (Click 2019, S. 12)

Die diskursive Neuverhandlung des Stars im Digitalzeitalter deutet auf vielfältige Widersprüche und Ambivalenzen hin: Denn der lupenreine Star mit weißer Weste, wie er vom Netzkollektiv eingefordert wird, hat seinen Preis: Dadurch, dass der Star in der Digitalkultur von einem Konglomerat aus Fans, Anti-Fans und Trollen mitgeformt wird, gehen die eigentlich für den Startypus konstituierenden Komponenten der Authentizität sowie die Nähe-Distanz-Ambivalenz durch den partizipativen Moment in der Kommentarfunktion verloren. Der Star ist durch seine eigene

Ausstellung von – durchaus inszenierter – Privatheit auf den diversen Social Media-Kanälen zwar nahbarer geworden und verschafft einen vermeintlichen Authentizitätsgewinn durch die neuen Publikationsmöglichkeiten, aber ist dadurch auch angreifbarer und ein Stück weit entzaubert. Zwar wird das Nähe-Distanz-Paradoxon zwischen Fan und Star (vermeintlich) abgebaut durch die sozialen Medien (der Star tritt oftmals ja nicht persönlich mit dem Kollektiv in den Austausch auf seinen Kanälen), dennoch erfährt der Star durch die Preisgabe von privaten Meinungen und Handlungen eine Entzauberung und der Nimbus der Einzigartigkeit, der sonst der Star Persona anhaftete und für den Fan begehrenswert erschien, schwindet.

Damit scheint die Cancel Culture als Produkt der Digitalisierung das Starkonstrukt in seinen grundsätzlichen Rahmungen zwischen Erfolg, Image, Authentizität und Kontinuität neu zu verhandeln und einen neuen Ton in die Kommunikation im Künstler*innen-Rezipienten-Gefüge zu bringen. Die sozialen Netzwerke laufen dem Begriff von Kontinuität per se zuwider: Das schnelllebige System aus neuen Plattformen, fluiden Kollektiven und Meinungsführerschaften lässt keine Kontinuität zu und produziert immer wieder neue Starimages und Starkörper (so hat etwa die Plattform TikTok wieder einen neuen Startypus hervorgebracht).

Auf den Star wirkt nun auf den verschiedenen sozialen Kanälen ein „System von Kommentierungen, Präsentierungen und Inszenierungen mittels unterschiedlicher medialer Möglichkeiten" (Schuegraf 2013, S. 121) ein. Es scheint fast so, als würden die Stars Betroffene von Cancel-Aktionen werden, die sich ihre Social Media-Hinterbühnen nachträglich aufbauen mussten und nicht genuin in die Systeme ‚hineingewachsen' sind und um die spezifischen Authentizitäts-Konstruktionen wissen. Insgesamt hat sich innerhalb der Cancel Culture in Bezug auf den Startypus ein Paradigmenwechsel weg von den Komponenten Begehren und Identifizierung (wie sie noch in der Startheorie für den Fan erstrebenswert waren) hin zu Diskurs, Aushandlung und Konflikt vollzogen. Damit erhalten die Rezipient*innen durch Social Media-Plattformen eine einflussreiche Rolle und nehmen damit auch auf das allgemeine Startum nachhaltig Einfluss (Robertson-von Trotha 2013, S. 8).

Starforscher Knut Hickethier beobachtet bereits 1997 die Tendenz, dass auch die Starbindung an bestimmte Strömungen und Phasen geknüpft ist: „Mit dem Wandel der Verhältnisse verlieren Stars ihre Attraktionen, werden durch andere ersetzt, wenn sie sich nicht glaubhaft selbst einem Wandel unterziehen können, der sie dann wieder als die Verkörperungen einer neuen Zeit erscheinen läßt." (Hickethier 1997, S. 31) Diese Verknüpfung mit einem Zeitgeist bzw. einer gesellschaftlichen Strömung scheint auch gerade in Bezug auf die Cancel Culture von Bedeutung zu sein: Es ist nicht die Zeit der rebellischen Stars, mit denen man sich schmückt, sondern offenbar ist der Star beim Netzpublikum hoch im Kurs, der sich politisch korrekt, bzw. normkonform verhält. Auch die Definition von Silke Borgstedt deutet auf die wichtige gesellschaftliche Vorbildfunktion des Stars hin:

> „Die Startheorie geht davon aus, dass wir Stars ‚brauchen', um die Welt zu ‚verstehen'. Wir können nicht alle Erfahrungen selbst machen, sondern sind auf vermittelte Informationen angewiesen. Damit konzentrieren wir uns gleichzeitig auf ausgewählte Akteure, die als Protagonisten stellvertretend Realität definieren, Ideale und allgemein Wünschenswertes verkörpern, verwerfen oder neu inszenieren. Sie sind damit Spiegel, aber auch Treiber gesellschaftlicher Entwicklungen." (Borgstedt 2008, S. 9)

Die Cancel Culture erweitert die Startheorie also um den Startypus, der sich politisch (korrekt) äußert, eingefordert durch Rezipient*innen, die entscheidenden Einfluss auf diesen Prozess nehmen. Hier kann man auch eine Entwicklung des Starkonzepts ablesen: Wurde der Star in der traditionellen Startheorie mit der Blütezeit des Hollywood-Films noch als unerreichbar positioniert (vgl. Borgstedt 2008, S. 26), hatte der Star mit Aufkommen der Yellow Press hingegen keine Hoheit mehr über seine Inszenierung in der Öffentlichkeit – lediglich über Agenturen und Marketingmaschinerien wurde versucht, das öffentliche Bild zu konstruieren. In der gegenwärtigen Digitalkultur, in der sich die Cancel Culture als diskursives Phänomen entwickelt hat, wird der Star von Rezipient*innen aktiv und digital sichtbar mitgeformt. Gerade in Krisenzeiten, wie wir sie während der Corona-Pandemie erlebt haben, erfuhr als Prototyp gerade die politisch positionierte Künstlerpersönlichkeit eine besondere Aufmerksamkeit und stand damit auch im Fokus von Cancel Culture-Bewegungen.

3   Brandbeschleuniger Cancel Culture

Fan und Star, aber auch die neueren Ausdifferenzierungen dieser „Sozialfiguren der Gegenwart" (vgl. Moebius und Schroer 2010) wie Anti-Fan, Hater, Troll, und gefallener Star – sie alle sind in den sozialen Medien als Affektgemeinschaft miteinander verbunden und verhandeln ihre Positionen im partizipativen medialen Netzwerkgefüge neu. Damit soll hier die Krisenzeit als Schwellenzeit aufgefasst werden, in der widersprüchliche und polarisierende Kräfte ebenso soziale wie ästhetische Konflikte ausfechten: „Die ‚Krise' ist also eine historische Phase mit bedeutungsoffenem und ambivalentem Charakter, in der die konfliktive Gemengelage und soziokulturelle Veränderungsprozesse zwischen Vergangenheit und Zukunft verhandelt werden." (Vomberg et al. 2021, S. 16) Sozialfiguren der

Vergangenheit, wie Fan und Star, treffen in der derzeitigen Schwellenzeit also auf Sozialfiguren der Gegenwart, wie Anti-Fan und Troll, um in einen gemeinsamen Aushandlungsprozess über moralische Grenzen zu treten. Die Cancel Culture fungiert dabei als eine Art Brandbeschleuniger, die mit radikalen Kommunikationsmitteln den Wandel vorantreibt. An dieser Stelle kann auch das Konzept der Efferveszenz des Soziologen Emile Durkheim fruchtbar gemacht werden. Als Efferveszenz bezeichnet er das „gärende soziale Milieu" und jene spezifische kollektive Erregung, in der Mitglieder einer sich im Raum verdichtenden sozialen Gruppe emotional affiziert werden. Entscheidend ist dabei, dass durch die Teilnahme an Ritualen die Erfahrungen nach und nach durch aufeinander abgestimmte Praktiken miteinander in Einklang gebracht werden (vgl. Durkheim 2014). Bezogen auf die Cancel Culture bedeutet dies, dass sich die Wahrnehmung des Meinungsklimas innerhalb des Gefüges Rezipient*in – Künstler*in verschiebt und kritische und negative Kommentare häufiger in den sozialen Netzwerken trenden und somit das Meinungsspektrum einengen. Die Konzentration auf Ausschluss (Canceln) des Störenden und die Empfindlichkeit der Einzelnen führt am Ende zu sich gegenseitig bestätigenden Affektgemeinschaften (vgl. Rauterberg 2018, S. 14).

Medienwirkungsforscherin Elisabeth Noelle-Neumann sah bereits 1973 die Gefahr gegeben, dass durch die Massenmedien verzerrend in den Meinungsbildungsprozess der Gesellschaft eingegriffen wird und somit die Mehrheitsverhältnisse in einer Gesellschaft neu geordnet werden – zum Nachteil von Minderheiten (vgl. Hasebrink 2006, S. 312). In ihrer Theorie geht sie davon aus, dass zwei Lager sich mit ihren konträren Meinungen gegenüberstehen. Im Bestreben nach Anerkennung und andererseits in Sorge vor gesellschaftlicher Isolation durch abweichende Meinungen wird die Minderheit im Verlaufe des Diskurses immer stiller, sodass sich diese Gruppe der gefühlten Mehrheitsmeinung anschließen und die abweichende eigene Meinung verschweigen (vgl. Sander 2008, S. 279). Die Schweigespirale setzt somit einen Prozess in Gang, der Minderheiten aus dem öffentlichen Diskurs ausgrenzt:

> „Dreht sich eine Schweigespirale bis zum Ende, verschwindet das verlierende Lager praktisch aus der Öffentlichkeit, seine Meinung wird am Ende nicht mehr, oder allenfalls von wenigen Unentwegten – dem sogenannten harten Kern – noch vertreten. Das siegreiche Lager beherrscht nun die öffentliche Meinung, es ist diese Meinung, die man allein öffentlich äußern oder zeigen kann, ohne sich sozial zu isolieren." (Roessing 2011, S. 14)

Auch in Bezug auf den Cancel-Prozess wird der Meinungsbildungsprozess der Einzelnen hin zur cancelnden Protestgemeinschaft durch Effekte einer Schweigespirale verstärkt. Man muss jedoch einschränkend darauf hindeuten, dass in dieser neuen Protestkultur Minderheiten oftmals eine bisher nicht gehörte Stimme gegeben wird – und der Prozess des Empowerments im Vordergrund steht. „Eine Schweigespirale ist ein Prozess, in dessen Verlauf ein gesellschaftlicher Konflikt zugunsten eines Meinungslagers gelöst wird" (Roessing 2009, S. 15) – im Falle der Cancel Culture ist es das Meinungslager der bisher Ungehörten, die sich im Cancel-Prozess plötzlich Gehör verschaffen.

Das Konzept der Schweigespirale kann daher in ihrer grundlegenden Anlage der Spiralwirkung zwar nutzbar gemacht werden, um diese neuen kollektiven Meinungsverteilungen in den sozialen Medien nachvollziehen zu können – beispielsweise in der Grundvoraussetzung, dass sich Schweigespiralen vor allem im Umfeld von emotional aufgeladenen Diskursen entwickeln und dass der Einfluss von (inzwischen sozialen) Medien auf die öffentliche Meinung hoch ist. Doch die gesellschaftlichen Gegebenheiten haben sich mit den neuen gesellschaftlichen Protesten seit #Metoo, #FridaysforFuture und #BlackLivesMatter verschoben, sodass sich Stimmen und Verhältnisse verändert haben und das Meinungsfeld der Cancel Culture anders anordnen als bisherige gesellschaftliche Diskurse.

Damit ist die Cancel Culture auch als eine *accountability Culture* anzusehen. Im Fall von R. Kelly, bei dem es um Vorwürfe sexuellen Missbrauchs Minderjähriger geht, zum Beispiel, blieben juristische Konsequenzen lange Zeit aus. Nun haben Aktivist*innen und Netzkritiker*innen durch Proteste dafür gesorgt, dass eine strafrechtliche Verfolgung aufgenommen wird. Damit stellt sich die Cancel Culture auch als Prozess dar, der im Verlauf mehr und mehr durch Bild und Sprache affiziert, um dann ein Gefühl der Verantwortlichkeit *(accountability)* des performativen Mitmachens im Canceln bzw. Re-Canceln verbreiten soll. Der Star kann dabei eine Schlüsselfunktion einnehmen, Nähe produzieren und Einfluss auf diesen Akt nehmen durch Posten und Teilen von Statements. Wo Musik und Moral aufeinandertreffen spannt sich derzeit in den sozialen Medien also ein breites Spektrum von Affekten und Zielrichtungen auf, die von destruktiv bis produktiv reichen.

Der Beitrag konnte zeigen, dass sich nicht nur der Star im Cancel-Storm verändert, sondern auch der Rezipient im digitalen Aushandlungsprozess eine neue Position als Kritiker einnimmt. Der Reaktionsprozess des Künstlers im Krisenmodus konnte in diesem Beitrag nur am Rande in den Blick genommen werden. Weitergehende Analysen sollten im nächsten Schritt die Produktionsebene stärker in den Blick nehmen und zeigen, wie der Star Cancel-Angriffe auf die eigene Person in seinem Opus verarbeitet. Es gibt bereits mit Taylor Swifts „You need to calm down" oder „Shake it off" (2014) erste Musikstücke, in denen die Künstlerin ihre Cancel- bzw. Shitstorm-Erfahrungen thematisiert. Weitergehende Analysen könnten hier ansetzen und zeigen, wie die Rückkopplungseffekte der destruktiven Seite der Cancel Culture wiederum produktiv auf die Künstler*innen einwirken (Vomberg 2023).

Literatur

Baringhorst, S., Kneip, V., & Niesyto, J. (2010). Unternehmenskritische Kampagnen im Netz. Zum Wandel von Protest- und Medienkulturen. In Hepp, A., Höhn, M., & Wimmer J. (Hrsg.), *Medienkultur im Wandel* (S. 385–400). Konstanz: UVK.

Borgstedt, S. (2008). *Der Musik-Star. Vergleichende Imageanalysen von Alfred Brendel, Stefanie Hertel und Robbie Williams* Bielefeld: transcript.

Butler, J. (2018). *Haß spricht. Zur Politik des Performativen.* Berlin: Suhrkamp.

Ching Velasco, J. (2020). You are cancelled: Virtual Collective Consciousness and the Emergence of Cancel Culture as Ideological Purging. *Rupkatha Journal on Interdisciplinary Studies in Humanities, 12*(5), 1–7.

Clark, M. D. (2020). Drag them: A brief etymology of so-called 'cancel culture'. *Communication and the Public, 5*(3–4), 88–92.

Click, M. A. (2019). Introduction: Haters Gonna Hate. In Click, M. A., *Anti-Fandom. Dislike and Hate in the Digital Age* (S. 1–22): New York: University Press

Dean, C. (2020, 21. März). Taylor Swift told the TRUTH about call with Kanye West over his song Famous as she aired concerns over it being 'mean' and he failed to tell her about 'b***h' lyric, leaked video proves. Artikel mit Video. *Dailymail.* https://www.dailymail.co.uk/tvshowbiz/article-8137515/Taylor-Swift-told-TRUTH-call-Kanye-West-song-Famous.html. Zugriff am 07.04.2022.

Donike, S., Rüdinger, J., Walther, C., & Stattrop, S. (2021, 11. Februar). Konsequenzen auf Social Media. Instagram sperrt Michael Wendlers Account. *SWR.* https://www.swr.de/schlager/stories/michael-wendler-nach-corona-verschwoerungstheorien-aus-bei-dsds-100.html. Zugriff am 14.09.2021.

Durkheim, E. (2014). *Die elementaren Formen des religiösen Lebens.* Frankfurt am Main: Suhrkamp.

Dyer, R. (1986). *Heavenly Bodies. Film Stars and Society.* London: bfi.

Ernst, A. (2019, 28. Dezember). Der Kinderchor singt, der Ministerpräsident schäumt. Artikel. *Süddeutsche Zeitung.* https://www.sueddeutsche.de/medien/wdr-umweltsau-kinderchor-satire-1.4738637. Zugriff am 10.09.2021.

Estefan, K. (2017). Introduction: Boycotts as Openings. In Estefan, K., Kuoni, C., & Raicovich, L. (Hrsg.), *Assuming Boycott. Resistance, Agency, and Cultural Production* (S. 11–17). New York/London: OR Books.

Faulstich, W. (1990/1991). Stars: Idole, Werbeträger, Helden. Sozialer Wandel durch Medien. In Deutsches Institut für Fernstudien an der Universität Tübingen DIFF (Hrsg.), *Funkkolleg Medien und Kommunikation. Konstruktionen von Wirklichkeit* (S. 39–88). Weinheim; Basel: Beltz.

Faulstich, W., Korte, H., Lowry, S., & Strobel, R. (1997). Kontinuität – zur Imagefundierung des Film- und Fernsehstars. In Faulstich, W., & Korte, H. (Hrsg.), *Der Star. Geschichte – Rezeption – Bedeutung* (S. 11–28). München: Fink.

Habermas, J. (1973). *Legitimationsprobleme im Spätkapitalismus.* Frankfurt am Main: Suhrkamp.

Habermas, J. (1983). *Moralbewußtsein und kommunikatives Handeln.* Frankfurt am Main: Suhrkamp.

Habermas, J. (1992). *Faktizität und Geltung. Beiträge zur Diskurstheorie des Rechts und des demokratischen Rechtsstaats.* Frankfurt am Main: Suhrkamp.

Hasebrink, U. (2006). Schweigespirale. In Hans-Bredow-Institut (Hrsg.), *Medien von A bis Z* (S. 311–314). Wiesbaden: VS Verlag für Sozialwissenschaften

Hickethier, K. (1997). Vom Theaterstar zum Filmstar. Merkmale des Starwesens um die Wende vom neunzehnten Jahrhundert zum zwanzigsten Jahrhundert. In Faulstich, W., & Korte, H. (Hrsg.), *Der Star. Geschichte – Rezeption – Bedeutung* (S. 29–47). München: Fink.

Jensen, J. (1992). Fandom as Pathology: The Consequences of characterization. In Lewis, L. A. (Hrsg), *The Adoring Audience. Fan culture and popular media*. (S. 9–29). London: Routledge.

Kaelin, L. (2021). Politische Allmende. Aspekte der gegenwärtigen Öffentlichkeit. In Kaelin, L., Telser, A., & Hoppe, I. (Hrsg), *Bubbles & Bodies. Neue Öffentlichkeiten zwischen sozialen Medien und Straßenprotesten* (S. 61–77). Bielefeld: transcript.

Keller, K. (2013). Parasozial vernetzt – der Star und seine Nutzer im Kontext von Social Media. Wie die Aktivitäten von Stars auf Facebook, Twitter und Co. Konstruktionen von Identität beeinflussen. In Robertson-von Trotha, C. Y. (Hrsg.), *Celebrity Culture. Stars in der Mediengesellschaft* (S. 129–142). Baden-Baden: Nomos.

Kiesel, C. (2021). Filterblasen als postmodern modelliertes Öffentlichkeitsphänomen. Eine Analyse mithilfe der Theorien Jean-François Lyotards und Friedrich Kittlers. In Kaelin, L., Telser, A., & Hoppe, I. (Hrsg.), *Bubbles & Bodies. Neue Öffentlichkeiten zwischen sozialen Medien und Straßenprotesten* (S. 99–120). Bielefeld: transcript.

Moebius, S., & Schroer, M. (Hrsg.) (2010). *Diven, Hacker, Spekulanten. Sozialfiguren der Gegenwart*. Berlin: Suhrkamp.

Pörksen, B. (2019). *Die große Gereiztheit. Wege aus der kollektiven Empörung*. München: Hanser.

Rauterberg, H. (2018). *Wie frei ist die Kunst? Der neue Kulturkampf und die Krise des Liberalismus*. Berlin: Suhrkamp.

Reder, M. (2021). Performativität, Differenz und Kritik. Für einen neuen Begriff der (politischen) Öffentlichkeit. In Kaelin, L., Telser, A., & Hoppe, I. (Hrsg.), *Bubbles & Bodies. Neue Öffentlichkeiten zwischen sozialen Medien und Straßenprotesten* (S. 19–38). Bielefeld: transcript.

Rehberg, P., Weingart, B. (2017). Celebrity Cultures. Einleitung in den Schwerpunkt. *Zeitschrift für Medienwissenschaft, 16*(1), 10–20.

Robertson-von Trotha, C. Y. (2013). Vorwort. In Robertson-von Trotha, C. Y. (Hrsg.), *Celebrity Culture. Stars in der Mediengesellschaft* (S. 7–10). Baden-Baden: Nomos.

Roessing, T. (2009). *Öffentliche Meinung – die Erforschung der Schweigespirale*. Baden-Baden: Nomos.

Roessing, T. (2011). *Schweigespirale*. Baden-Baden: Nomos.

Rustemeyer, R. (1997). Geschlechtsspezifische Rollen bei Medienstars. In Faulstich, W., & Korte, H. (Hrsg.), *Der Star. Geschichte – Rezeption – Bedeutung* (S. 99–113). München: Fink.

Sander, U. (2008). Theorie der Schweigespirale. In Sander, U., Gross, F., & Hugger, K. (Hrsg.), *Handbuch Medienpädagogik* (S. 278–285). Wiesbaden: Springer VS.

Schuegraf, M. (2013). Celebrities und Youtube-Berühmtheiten: das Selbst im Netz. In Robertson-von Trotha, C. Y. (Hrsg.), *Celebrity Culture. Stars in der Mediengesellschaft* (S. 119–129). Baden-Baden: Nomos.

Seifert, A. (2013). /Celebrity/ – Versuch einer Begriffsbestimmung. In Robertson-von Trotha, C. Y. (Hrsg.), *Celebrity Culture. Stars in der Mediengesellschaft* (S. 25–39). Baden-Baden: Nomos.

Swift, T. (2019). *You need to calm down.* Universal Music.

Swift, T. (2014). *Shake it off.* Universal Music.

Vomberg, E., Stauss, S., & Schürmer, A. (2021). Einleitung: Von konzertierten Ausnahmezuständen. In Vomberg, E., Stauss, S., & Schürmer, A. (Hrsg.), *Krise – Boykott – Skandal. Konzertierte Ausnahmezustände.* München: edition text + kritik.

Vomberg, E. (2023. im Erscheinen). „You need to calm down" – Im Candystorm der Pop-Kultur. In Dreckmann, K., & Vomberg, E. (Hrsg.), *More than Illustrated Music. Hybridization Processes Between Film, Video Art and Music Video Productions.* London: Bloomsbury.

Welt (2021, 6. Januar). Nach KZ-Vergleich – RTL schneidet Wendler aus „DSDS"-Folgen. https://www.welt.de/kultur/medien/article223837286/Michael-Wendler-RTL-schneidet-Saenger-aus-DSDS.html. Zugriff 14.09.2021.

Videoquellen

Instagram Story (2020). Michael Wendler DSDS Aus wegen Bundesregierung und Corona. https://www.youtube.com/watch?v=XD8jUpVc6Ys Letzter Zugriff: 10.09.2021.

Teil II

Young Scholars

Behind the scenes. Genderspezifische Strukturen in der deutschen Populärmusikindustrie am Beispielbereich Booking. Eine qualitativ-empirische Untersuchung der Perspektive von cis und trans Frauen

8

Astrid Stoltenberg

Zusammenfassung

The paper deals with gender specific structures and discrimination within the German popular music industry and its production culture. It focuses on the perspective of women, meaning trans and cis by analysing and interpreting qualitative expert interviews. The presented categories are 'payment', 'personal motivation', 'hierarchies', 'work atmosphere', 'Reconciling family and work', 'participation opportunities' and 'change'. In these categories, gender specific issues such as a postfeminist sensibility, exclusion or precarity are presented and put into context of the state of the research so far. In addition, intersections to class-specific aspects are dealt with in isolated cases.

Special thanks to all my interview partners for their time, effort, openness, honesty, and trust and to my examiner Prof. Dr. Michael Ahlers for encouraging me.

A. Stoltenberg (✉)
Hochschule Merseburg, Leipzig, Deutschland

L. Grünewald-Schukalla et al. (Hrsg.), *Musik & Krisen*, Jahrbuch für Musikwirtschafts- und Musikkulturforschung,
https://doi.org/10.1007/978-3-658-43383-3_8

Sexism · Discrimination · Music industry · Production culture · Women · Trans

1 Einleitung

Spätestens seit 2017, seit der Kampagne #metoo wird das Sexismusproblem der Kreativindustrie in der Öffentlichkeit diskutiert (Bähr 2018). Aber Übergriffe sexistischer Art sind nur die Spitze des Eisbergs. Die Musikindustrie ist in diesem Zuge Teil des kritisierten Feldes. Populärmusikkulturen und -industrie sind ein cis männlich dominiertes Feld, so zeichnet sich beispielsweise der gesamtgesellschaftliche Gender Pay Gap auch hier deutlich ab (Ries et al. 2016). Doch nicht nur bei finanziellen Aspekten, auch bei Fragen der Teilhabe und Repräsentation sowie generellen kulturellen Praktiken findet nicht nur gender-, sondern auch klassenspezifische Diskriminierung und Benachteiligung statt. Dies wird beispielsweise im Zugang zu musikalischen Räumen (Björck 2013), Informationen und Netzwerken (Strong und Raine 2018, S. 1), sowie durch die Musikkanon- und -geschmacksbildung und deren Bewertung sichtbar. (Strong und Raine 2018, S. 1)

Derartige Strukturen werden in verschiedener wissenschaftlicher Literatur behandelt. Da die Forschung bislang auf das Performen und Rezipieren von Musik mit einem Fokus auf genderspezifische Themen fokussiert war (Whiteley 2000), weisen Catherine Strong und Sarah Raine auf die Notwendigkeit eines Perspektivwechsels hin. Nicht nur Musiker*innen auf der Bühne, sondern auch Bereiche hinter der Bühne müssen betrachtet werden, um ein ganzheitliches Bild der Musikbranche zu gewinnen. Die Autorinnen stellen fest, dass insbesondere die für die Musikbranche typischen prekären Arbeitsbedingungen ein zentrales Thema in Hinblick auf die genderspezifischen Ungleichheiten sind, (Strong und Raine 2018) und streifen damit gleichzeitig Fragen von klassenspezifischer Teilhabe und Zugängen. Das vorliegende Paper geht diesem Aspekt nach und zieht neben dem Fokus auf Genderspezifisches immer wieder Verbindungen zwischen den klassen- und genderspezifischen Diskriminierungen. Das Zusammenspiel dieser Diskriminierungsstrukturen wird vor dem Hintergrund der Intersektionalitätstheorie nach Kimberlé Crenshaw verstanden. Der in diesem Paper verwendete Begriff Klasse folgt dem Verständnis von Bourdieu, der Begriff Gender folgt dem Verständnis von Butler. Die zentrale Forschungsfrage des Papers lautet: Welche genderspezifischen Diskriminierungsstrukturen gibt es für cis und trans Frauen in der deutschen Populärmusikindustrie am Beispielbereich Booking? Die Frage nach klassenspezifischer Diskriminierung und der Intersektion dieser beiden Diskriminierungsstrukturen wird als sekundäre Forschungsfrage betrachtet. Das Paper stellt die zentralen Themen der eigenen Bachelorabschlussarbeit in gekürzter Form dar.

Wie bereits bei Raine und Strong in Bezug auf die Populärmusikindustrie Großbritanniens angedeutet, wird auch zur deutschen Populärmusik vor allem zum Performen und Rezipieren von Musik geforscht. Bisherige Studien beziehen sich dabei jedoch nicht auf industrielle Populärmusikproduktionskulturen. Außerdem folgen sie einem binären Forschungsdesign, sodass die Perspektiven von trans, inter, nicht-binären und anderen queeren Personen, die beispielsweise als Promoter*in, Veranstalter*in, Manager*in oder Booker*in tätig sind, bislang nicht betrachtet werden. Als Beitrag dazu, diese Lücke zu schließen, wurden sechs cis und trans Frauen, die als Bookerinnen tätig sind oder waren, mit Hilfe von qualitativen Expertinneninterviews befragt. Ihre Tätigkeit umfasst das Erstellen von musikalischem Programm für Festivals und Clubs oder das Vermitteln von Touren und Konzerten für Künstler*innen und Bands im Rahmen der Arbeit in Agenturen.

Die Konzeption dieser Interviews basiert auf dem bisherigen Forschungsstand, welcher im Folgenden vertiefend erläutert wird. Anschließend wird auf einzelne Aspekte der verwendeten Methode, dem leitfadenbasierten qualitativen Expert*inneninterview eingegangen. Zuletzt werden die Ergebnisse und Daten ausführlich dargestellt, diskutiert und kritisch reflektiert.

2   Theoretischer Hintergrund: Die Kreativindustrie unter feministischer Betrachtung

Da es außer der Studie „Women in the US-Music Industry: Obstacles and Opportunities" (Barra et al. 2018) international keine Studien gibt, die explizit das Feld Booking/Promoting und die sozioökonomischen Hintergründe und Situationen der nicht-cis männlichen Arbeiter*innen darstellen, werden empirisch-quantitative Studien zum Forschungsobjekt der allgemein industriellen populärmusik- und Kreativproduktionskulturen als Ergänzung zur eigenen empirisch-qualitativen Studie genutzt. Keine der bekannten Studien schließt explizit trans Frauen in das Forschungsdesign ein, daher können in diesem Kapitel nur Rückschlüsse auf cis Perspektiven dargestellt werden. Da sowohl die USA als auch Deutschland kapitalistische, westlich geprägte Industrienationen sind, wird die Vergleichbarkeit der Branchen angenommen, ein detaillierter Vergleich kann dennoch sinnvoll sein. Musikindustrielle Produktionskulturen sind.

„(…) professional worlds within the recorded music subsector, rather than the representation and reception of the subjects and objects it produces. Music's industrial production cultures circulate conventions, discourses, styles and practices binding personal, social and professional dimensions across a range of spaces (offices, gigs, pubs, conferences awards ceremonies, texts, social media) and intermediary occupations. Beyond writing, recording and performing artists, the latter includes A&R executives, managers, promoters, producers, engineers, (…) and other support workers." (Bennett 2018, S. 26 nach Caldwell 2008)

Diese Produktionswelten sind genderspezifisch aufgeteilt und werden dementsprechend wertgeschätzt. Hesmondhalgh und Baker (2015) verdeutlichen in „sex, gender and work segregation in cultural industries" unter anderem die geschlechtsspezifische Ausübung von kreativen und nicht-kreativen Berufen. So sind vor allem in Bereichen wie Public Relations und Medien seit den 1970ern, sowie „(…) those types of work concerned with the co-ordination and facilitation of production" (Baker und Hesmondhalgh 2015, S. 27) vornehmlich Frauen beschäftigt, während Männer eher in als kreativ geltenden Berufen zu finden sind. Diese Aufteilung der Kreativität wird auch in anderen Studien (Wreyford 2018) über explizit musikalische Zusammenhänge hinaus erkannt. Stereotypisierungen und die damit einhergehende Zuschreibung unterbewerteter Arbeit führen dazu, dass als feminin und weniger kreativ angesehene Berufe schlechter bezahlt, und entsprechend vergeben und ergriffen werden. Solche Bereiche sind beispielsweise Kostümdesign, in denen die durchaus benötigten kreativen und handwerklichen Fähigkeiten verkannt werden (Baker und Hesmondhalgh 2015, S. 25). Bereichen wie der Tontechnik werden hingegen hohe technische oder handwerkliche Anforderungen beigemessen, sie werden weiterhin eher von cis Männern ausgeführt (Rock City e.V. 2018, S. 1). Hesmondhalgh und Baker (2015) bemerken:

„(…) creative roles might sometimes be more prestigious, and more recognized publicly, [while] actual creative workers receive very unequal rewards and have very different levels of power and autonomy from each other. Creatives are highly hierarchized, in 'winner take all' markets where the successful few are disproportionately rewarded. (S. 29)"

Diese Segregation geht einher mit einer naturalisierten Vorstellung von ‚Frau' mit Zuschreibungen von Attributen wie fürsorglich, liebevoll, einfühlsam, sozial kompatibel, organisiert und Ähnlichem, weshalb Frauen öfter in kommunikativen Bereichen wie Public Relations arbeiten. Diese Attribute werden in Hesmondhalghs und Bakers (2015, S. 32) Studie teilweise sogar als konträr zu den für einen kreativen Beruf benötigten Eigenschaften genannt.

Die Darstellung, dass Frauen nicht geeignet seien, um in bestimmten Bereichen der kreativen Produktion tätig zu sein, geht mit Othering-Mechanismen einher: Gretchen Larsen erläutert dies am Beispiel der Degradierung von weiblichen Fans zu Groupies. Damit ist das als vermeintlich weniger von künstlerischer, sondern ausschließlich sexualisierter Begeisterung angetriebene, auf ‚Feminität' reduzierte Fantum gemeint. Es beschreibt einen Dualismus von authentischen, krediblen Musikproduzierenden, (cis Männern) und unauthentischen, inkrediblen Musik-konsumierenden (cis Frauen), in dem weibliche Fans Othering und Alienating erfahren. Sie werden als unmündige Konsument*innen exkludiert, die das Ausmaß der Kunst nicht begreifen könnten. Dabei werden ihnen kaum eigenen Handlungsmöglichkeiten zugeschrieben, um selbst in oder um Musik tätig zu werden (Larsen 2017).

Bereits frühes musikalisches Interesse wird häufiger bei Jungen gefördert, während Mädchen oftmals gar nicht oder in der Unterzahl präsent sind und mit sexistischen Anforderungen wie dem Groupie-Narrativ konfrontiert werden (Larsen 2017; Björck 2013). Dabei hat ein musikalisch-assoziierter Raum für ‚sich selbst' enorme Wichtigkeit in der musikalischen Entwicklung. Der ‚Boys-Club', also ein Netzwerk, das ausschließlich aus cis Männern besteht, erschwert Anderen zusätzlich Teilhabe an musikalischen Netzwerken und Zugang zu Informationen (Strong und Raine 2018, S. 1). So werden Mädchen mit Musikinteresse bereits in jungem Alter, weit vor möglichen Professionalisierungswünschen an der weiteren Verfolgung ihres Interesses gehindert. Dies erscheint besonders problematisch, da die Bedeutung des eigenen Fantums, selbstbestimmten Musizierens und der Identifikation für den späteren Wunsch nach Professionalisierung in der Populärmusikindustrie und die professionelle Selbstidentität klar erkennbar sind (Bennett 2018, S. 27).

Dieser Filter funktioniert nicht nur genderspezifisch, sondern auch klassenspezifisch: Mangelnde finanzielle Möglichkeiten und kaum Zugänge zu Konzerten, Musikunterricht oder das Fehlen des entsprechenden, durch die soziale Herkunft bereitgestellten kulturellen Kapitals und eines als legitim bewerteten Musikgeschmacks beeinflussen Zugänge und Informationen (Parzer 2011).

Diese Ungleichheiten manifestieren sich auch in spezifischen Arbeitsprozessen und -konditionen. Der Zugang zur Professionalisierung und weiterer Karriereschritten bestand bei 54 % der von Barra et al. (2018, S. 3, S. 23) befragten Frauen der US-amerikanischen Musikindustrie in der Ausübung von Praktika. In vielen Fällen bedeutet das jedoch, für einen längeren Zeitraum unter- oder unbezahlt zu arbeiten (Lindvall 2013). Das ist nur möglich, wenn die finanzielle Ausgangssituation, beispielsweise eine Finanzierung durch die Familie es zulässt und oder durch universitäre Programme Pflichtpraktika genutzt werden können. Doch auch nach dem Einstieg in die Professionalisierung haben Frauen nicht bessere Chancen auf eine gute Bezahlung. In den USA waren 48 % der Befragten im Bereich Promoting in der niedrigsten Einkommensklasse der Studie (Barra et al. 2018, S. 13). Zugleich gaben 83 % der Befragten im Bereich Promoting an, mindestens einen Bachelortitel zu haben (Barra et al. 2018, S. 8). Akademische Titel bilden also die Norm und garantieren keinesfalls höhere Positionen oder bessere Entlohnung. Gleichzeitig bleibt die Erlangung von akademischen Titeln weiterhin eine Klassenfrage. In Deutschland stammen 79 von 100 Studierenden aus Akademiker*innenfamilien (Charta der Vielfalt 2021, S. 4).

All dem steht die Selbstdarstellung der Populärmusikindustrie als freiheitlich und gleichberechtigt gegenüber. Die neo-liberale Vorstellung, dass eine Person, die viel leistet, automatisch viel Erfolg haben wird, ist nach Bennett besonders in der Kreativindustrie zu finden. Die meritokratische Charakterisierung von Ungleichheit als natürliches Phänomen erschwert das Erkennen von strukturimmanenten Diskriminierungen und Marktlogiken, verschlechtert die Möglichkeiten, diese zu bekämpfen und ordnet Leistungen und Verhalten der Arbeiter*innen ausschließlich als Ergebnis von Talent oder Charakter ein. Besonders unterschiedliche, klassenspezifische Ausgangssituationen wie Reichtumsunterschiede oder kulturelles Kapital werden dadurch unsichtbar. Zudem werden Risiken auf Arbeiter*innen übertragen. So stellen beispielsweise das Gewähren einer Elternzeit oder eine Festanstellung und die damit einhergehenden Sicherheiten eine Seltenheit dar (Bennett 2018, S. 26). Der Druck nach endloser Flexibilität gepaart mit stärkerer Beanspruchung der Frauen durch die gesellschaftlich erwartete Übernahme von Care-Arbeit stellt eine doppelte Belastung dar (Strong und Raine 2018, S. 3). So beschreiben in der Studie 62 % der befragten Frauen, dass sie sich in ihrer Karriere aufgrund der „Work/Life Balance" gegen Kinder entschieden haben (Barra et al. 2018, S. 15). Besonders Frauen ab 40 fühlen sich in diesem Spannungsfeld und im Vorantreiben ihrer Karriere nicht unterstützt. Vor diesem Hintergrund sind, wie bei Barra et al. (2018, S. 17) ersichtlich, die Karrieren von Frauen tendenziell kürzer als die von Männern.

Die dargestellten Strukturen gehen einher mit der Abweisung von eigener Verantwortung und dem Verweis auf den Konsument*innenwillen: „moral responsibility is outsourced to creators and audiences, while the company is apparently rendered powerless" (Bennett 2018, S. 26). Konkrete Handlungsoptionen, wie beispielsweise das Umsetzen von gendergerechten Einstellungs- und Entlohnungspolitiken, werden weniger stark verfolgt und als überholt dargestellt. Stattdessen wird anhand von notwendigen Charaktereigenschaften und dem Engagement des Einzelnen argumentiert (Bennett 2018).

Der Diskurs wird von einer postfeministischen Sensibilität dominiert, nach der genderspezifische Probleme von feministischen Kämpfen der Vergangenheit gelöst worden seien und Feminismus nicht mehr von Notwendigkeit in der Gegenwart, sondern veraltet sei. Bennett betont dabei die Notwendigkeit von Kontinuität und intergenerationeller Gerechtigkeit. Es müsse anerkannt werden, dass bestimmte Kämpfe, wie beispielsweise bezüglich um den Gender Pay Gap, bereits von älteren Generationen geführt wurden und dennoch nicht an Dringlichkeit verloren haben. Gleichzeitig müsse anerkannt werden, dass jüngere Generationen bestimmte Probleme auf andere Art und Weise thematisieren. Bei der Betrachtung und Zusammenführung von Frauen mehrerer Generationen kann es dabei zur Hürde werden, dass sich subjektiv-geteilte Erfahrungen im Laufe der Zeit stark verändert haben. Diese müssen im historischen Kontext betrachtet werden, denn besonders die Ausdrücke von Sexualität variieren intergenerationell, wobei häufig jüngere Frauen von älteren Frauen kritisch beurteilt werden (Bennett 2018, S. 34).

Klar erkennbar ist zusätzlich eine senkrechte hierarchische Aufteilung der Kreativindustrie. Die Aufstiegschancen von Frauen in höhere und damit besser bezahlte Positionen zu gelangen, sind in der U.S.-amerikanischen Musikindustrie deutlich schlechter als die von Männern. Während wenige Frauen in höheren, entscheidungstreffenden Positionen vorzufinden sind, sind viele in Einstiegspositionen angesiedelt und verweilen dort nach eigenen Einschätzungen länger als ihre männlichen Kollegen (Bennett 2018, S. 13; McCormack 2017). Conor et al. (2015) warnen davor, dies als Erreichen einer Quote anzusehen und sich darauf auszuruhen: „Celebrations of entry-level gender parity in institutional workforce monitoring – as a 'positive green shot', that prove 'the gender gap is narrowing' – are optimistic 'progress narratives' that imply 'equality is somehow inevitable and requires no active intervention'." (Bennett 2018, S. 34)

Barra et al. (2018) verdeutlichen, dass 47 % der befragten Frauen im US-amerikanischen Promoting denken, sie sollten „weiter" in ihrer Karriere sein. Frauen, die in ihrer Karriere eine Art von Mentoring erfahren haben, sind öfter zufrieden mit dem Punkt, an dem sie sich in ihrer Karriere befinden. Das betrifft 61 % aller Befragten. Trotz all dieser Erkenntnisse bleibt die am häufigsten genannte Position auf die Frage nach den größten Problemen, die Frauen in der US-amerikanischen Musikindustrie haben, mit 45 % „gender discrimination/harassment/abuse": Von der Notwendigkeit, sich mehr durchsetzen und mehr leisten zu müssen, kontinuierlich unterschätzt zu werden bis hin zur verbalen und physischen Belästigung umfasst diese Kategorie diverse Abstufungen: „As a young female next to a powerful male CEO, even though I'm 30-plus, I still get treated as an 'assistant.'" oder „Constant sexual harassment. Constant. And it hasn't changed (…)"

(Barra et al. 2018, S. 13). Diese Ausführungen zeigen, dass Frauen, besonders solche aus niedrigeren sozialen Klassen vor zeitlichen und damit einhergehenden finanziellen Herausforderungen stehen, dass sie mit sexistischen Stereotypisierungen, Belästigungen und Vorurteilen konfrontiert werden, weniger ge- und befördert werden und mehr Engagement zeigen müssen, um überhaupt Teil der Musik- beziehungsweise Kreativindustrie zu werden.

3 Methode und Vorgehensweise

Da die verwendete Studie sich auf den US-amerikanischen Raum bezieht und Studien zur Situation von cis Frauen in der deutschen Musikindustrie nicht explizit auf den Bereich Booking sowie auf andere nicht-männliche Perspektiven eingehen, wurden für den verwendeten Leitfaden Untersuchungsfragen abgeleitet, die sich explizit mit diesem Bereich und der Perspektive von cis und trans Frauen auseinandersetzen. In der vorliegenden Arbeit wird die Methode des leitfadengestützten qualitativen Expert*inneninterviews nach Gläser und Laudel (2010) verwendet. Da in der Betrachtung die genderspezifischen Komponenten im Vordergrund stehen, sind die Befragten aufgrund ihres Genders in Verbindung mit dem Beruf, den sie ausüben, interessant. Personen, die von den bereits aufgeführten Verhältnissen benachteiligt werden, können am besten über weitere Details ebendieses Betrachtungsgegenstands Auskunft geben, indem sie von ihrer persönlichen Erfahrung berichten. Implizite, klassenspezifische Strukturen können dann aus dem Material herausgearbeitet werden. Diese exklusive Stellung stellt im zu untersuchenden Kontext das spezialisierte Wissen dar (Gläser und Laudel 2010, S. 117). Die offenen Fragen des angewendeten Leitfadens (Meuser und Nagel 1997, S. 487) wurden aus dem im Kap. 2 präsentierten Forschungsstand sowie dem Forschungsdesign von Barra et al. (2018) formuliert.

Bei der Interviewpartner*innenakquise wurde sich auf Frauen, inter, nicht-binäre, trans und agender Personen[1] konzentriert, die hauptberuflich Booker*innen sind oder waren. Dabei wurde deutlich, dass ausschließlich Kontakt zu *weißen* Interviewpartner*innen bestand. Auch nach einer verstärkten Suche wurde keine nicht-*weiße* Person gefunden. Dies wird am Ende dieses Papers reflektiert. Das Sample soll die Diversität des Tätigkeitsbereichs von Booker*innen in Clubs, Festivals bis Agenturen abbilden, sowie unterschiedliche Anstellungsverhältnisse von Selbstständigen bis Festangestellten beinhalten. Das Thema des Interviews war den Interviewten bei der Anfrage bewusst, dennoch wurde nicht verstärkt nach Frauen, inter, nicht-binären, trans und agender Personen gesucht, die sich mit der

---

[1] Diese Personengruppe ist von Sexismus und patriarchalen Strukturen benachteiligt und nicht bis wenig in bisherigen Forschungen vorkommend.

Thematik explizit auseinandergesetzt haben. Die Bereitschaft zur Teilnahme war sehr hoch. Das Sample hat die Größe von sechs Interviewten.

Da trotz verstärkter Suche nach trans Männern, inter, nicht-binären oder agender Personen alle Beteiligten trans oder cis Frauen sind und das Pronomen „sie" nutzen, wird im Zuge der Auswertung sowie in Bezugnahme auf die konkreten Interviewpartnerinnen das generische Femininum anstatt „_" verwendet. Es wurden fünf cis und eine trans Frau interviewt. Das Sample beinhaltet drei Personen zwischen 20 und 30 Jahren, zwei Personen zwischen 30 und 40 Jahren und eine Person über 40 Jahren. Eine Person arbeitete zum Zeitpunkt des Interviews für ein Festival, zwei Personen für eine Agentur und zwei für einen Club. Eine Person arbeitet in einem verwandten Bereich und war zuvor selbstständig in einer eigenen Agentur tätig. Die meisten der Befragten haben darüber hinaus in mindestens einem anderen Bereich gearbeitet. Alle Befragten haben studiert, nicht alle mit Abschluss.

Die Datenauswertung folgt Kuckartz (2012) und Kuckartz und Rädiker (2020). Hierbei wird eine themen- beziehungsweise kategorienorientierte, inhaltlich-strukturierende Inhaltsanalyse gewählt (Kuckartz 2012, S. 48, S. 50). Die Auswahleinheit umfasst sechs Interviews, eine Analyseeinheit umfasst ein Interview. Mit Hinblick auf die Forschungsfrage werden die einzelnen Hauptkategorien ausgewertet und mit Hinblick auf die primäre und sekundäre Forschungsfrage untersucht. Die Erstellung der Kategorien verlief sowohl deduktiv als auch induktiv (Kuckartz 2012, S. 96). Außer der evaluativen Kategorie Wandel sind die Kategorien thematisch (Kuckartz 2012, S. 34). Im Folgenden wird lediglich die Auswertung der fruchtbaren Hauptkategorien dargestellt, wenn auch eine Vielzahl an weiteren interessanten Kategorien denkbar gewesen wäre. Weitere Informationen zur Methodik stehen in der Abschlussarbeit zur Verfügung.

4   Ergebnispräsentation

Im Folgenden wird eine Auswahl der fruchtbaren Hauptkategorien der Auswertung dargestellt und aufgeschlüsselt. Die sechs Interviewten werden als Befragte 1–6 erwähnt. Die Namen der entsprechenden Agenturen, Clubs und Festivals wurden durch entfremdete Kürzel ersetzt.

4.1   Löhne

Die Bezahlung ist in den Fallbeispielen in den verschiedenen betrachteten Bereichen sehr unterschiedlich organisiert. So erhalten einige Befragte durch eine Festanstellung ein Fixgehalt, ein Fixgehalt plus Bonus, durch bewusst gewählte

Autonomie einen klar definierten Anteil, Vermittlungsprozente oder in der Selbstständigkeit das, was nach Veranstaltungen übrig bleibt. Dies beeinflusst das Sicherheitsrisiko der Befragten, was besonders in der aktuellen Corona-Krisensituation sichtbar wird. Wie Befragte 1 erläutert, erhalten beispielsweise Solo-Selbstständige im COVID-19-bedingten Lockdown Arbeitslosengeld II (Hartz IV), während Angestellten durch Kurzarbeitsgelder deutlich mehr gezahlt wird (Befragte 1).

Doch auch an der Situation vor dieser speziellen Krisensituation wird hinsichtlich der Löhne viel kritisiert. In fünf von sechs Fällen wird bemängelt, dass die Löhne nicht transparent und nicht fair sind und dies geschlechterspezifisch ist. Es wird zudem berichtet, dass durch eine starke Tabuisierung des Themas Bezahlung eine Intransparenz zwischen Kolleg*innen und Vorgesetzten entsteht. Gehaltsunterschiede sind in der Hälfte der Fallbeispiele lediglich über den „Flurfunk" bekannt (Befragte 2 & 3). Im Nachhinein wurden Gehaltsunterschiede mit reiner Verhandlungskunst der jeweiligen Person gerechtfertigt:

> „Ich finde nicht, dass die Löhne transparent sind und auch nicht fair. Das ist in den meisten Fällen extreme Verhandlungssache und das habe ich sehr konkret erlebt in meiner Zeit bei AB, dass da ganz klar Typen erstmal höher eingestiegen sind und je nachdem, ob verhandlungsmäßig (…) also, dass die hinterher sagen, ja ok gut, der hat halt besser verhandelt. Die haben je nach dem einfach mehr Geld bekommen, tatsächlich. Und da wurde auch nicht drüber gesprochen. (Befragte 6)"

Die Intransparenz entzieht den Betroffenen Verhandlungsgrundlagen und lässt große Lücken in der senkrechten hierarchischen Rangordnung, sowie im Horizontalen entstehen. Besonders cis männliche Kollegen, die gleich viel oder weniger Verantwortung übernehmen und gleich lang oder kürzer tätig sind, kommen dadurch leichter zu mehr Entlohnung.

Durch die beschriebene Argumentationsweise wird, wie bereits in Kap. 2 erläutert, die gender- und klassenspezifische Strukturimmanenz ignoriert. Die strukturelle Verwurzelung des Gehaltsunterschieds wird auch von drei Befragten wahrgenommen, in einem Fall anschließend jedoch durch den Verweis auf subjektive Wahrnehmung relativiert. Teilweise werden die Strukturen gerechtfertigt, indem auf die wirtschaftlichen Interessen der Arbeitgeber*innen verwiesen wird. Aufgrund von kommerziellen Zwängen müsse bei jeder Möglichkeit gespart werden. Dadurch werde Unsicherheit, beispielsweise in Gehaltsverhandlungen, besonders bei Frauen, ausgenutzt, sodass sie öfter in niedrigeren Lohnsektoren bleiben (Befragte 2).

Befragte 1 berichtet, dass die Gehälter in ihrer Agentur CD vor zwei Jahren angepasst wurden, sodass alle ähnlich viel verdienen. Vorher seien die Einstiegsgehälter prekär und eine Gehaltserhöhung erst nach längerer Tätigkeit möglich gewesen, nun sei die Situation nach ihrem Empfinden in Ordnung. Doch müsse man

erst eine Weile „die Zähne zusammenbeißen". Befragte 5 sieht keinerlei Un-
gerechtigkeit in Lohnstrukturen, beteuert aber, dass in ihrem Fall der Club vor
finanziellen Zwängen stehe und sowieso niedrige Löhne gezahlt werden, dabei
gäbe es aber keinerlei Korrelation zu Genderspezifischem.

Bei den Befragten 3 und 6 ist eine starke Unterscheidung in der Bewertung der
Lohnverhältnisse der vorherigen und aktuellen Tätigkeiten zu erkennen. In beiden
Fällen wurden zuerst eine starke Intransparenz und Unfairness und nun Transparenz und Fairness benannt. Beide wechselten von einem cis männlich dominier-
ten Arbeitsumfeld in Selbstständigkeit beziehungsweise in eine Führungsposition
und fühlen sich nun wohler.

Befragte 4 kritisiert, dass in den oftmals erwarteten Praktika Nicht- oder Unter-
bezahlung die Regel sei. Dies konnte sie nur durch die finanziellen Möglichkeiten
und den Rückhalt der Eltern bewältigen.

Booking wird in den Interviews häufig als „People's Business" charakterisiert,
es funktioniere, so die Interviewten, auf Grundlage von Vertrauen. Vertrauenswürdigkeit, so erklären alle Befragten mindestens je einmal, sei Charaktersache.
Das dies ein Trugschluss ist, zeigt jedoch bereits Bourdieu auf; ein gemeinsamer
sozialer Habitus, das soziale Kapital und -spezifisch auf Musik angewandt- der als
legitim empfundene Musikgeschmack wirken in der Ökonomie als Grundlagen für
gegenseitiges Vertrauen und sind somit stark anfällig für klassen- sowie genderspezifische Diskriminierung (Fröhlich und Rehbein 2014, S. 137).

Dies wird durch meritokratische Vorstellungen, welche in den Interviews kritisiert
und deutlich wurden, sichtbar beziehungsweise verstärkt. Frauen ohne den erwarteten klassenspezifischen Habitus haben dadurch weniger gute Aufstiegschancen,
schlechtere Aussichten auf Erfolg und werden trotz gegebener Qualifikation nicht in
entsprechende Positionen oder Gehaltsstufen eingeordnet. Die genannten Aspekte
äußern sich in den Fallbeispielen beispielsweise in den internen Positionen, sodass
hier eine Überschneidung der Kategorien Hierarchie und Löhne vorliegt; besser bezahlte Führungspositionen sind in den Fallbeispielen überwiegend cis männlich,
während schlechter bezahlte Assistenzpositionen überwiegend weiblich besetzt sind.
Wie bereits in Kap. 2 angemahnt, werden auch in den geführten Interviews viele
weibliche Assistentinnen teilweise als Erfolg in Fragen von Gendergerechtigkeit
interpretiert. Der von Bennett beschriebene Postfeminismus ist also zu finden.

4.2   Persönliche Motivation

In dieser Kategorie wurde vor allem der Zusammenhang von Prekarität und Persön-
licher Motivation deutlich. Die Befragten wünschen sich,

„(…) dass die Musikbranche nicht mehr so prekär ist. Also dass es vollkommen okay ist, wenn man für seine Arbeit bezahlt wird. Dass man nicht mehr als Merchperson umsonst mitfährt, sondern wirklich ganz klar ist, dass jeder Job ein Job ist und der muss auch bezahlt werden. … Ich glaub, dass so generell so dieses Bild vorherrscht, weißt du, das ist halt so ein cooler Job, und so eine coole Szene irgendwie und dann nimmt man halt in Kauf, dass man wenig Geld bekommt, oder am Existenzminimum knabbert. (Befragte 1)"

Gleichzeitig wurde bei allen Befragten deutlich, dass ein hohes Maß an Identifikation mit Musik und Booking motivierend und sinnstiftend sind. „Liebe zur Musik" (Befragte 4), „Leidenschaft für's Booking" (Befragte 3) sind nur einige Auszüge davon. Befragte 2 berichtet, dass auch in ihrem Einstellungsgespräch das Wichtigste die hohe persönliche Motivation beziehungsweise, dass sie „richtig Bock hatte" war. Das hohe Maß an Identifikation mit dem Beruf beziehungsweise der „Berufung" (Befragte 6) und die Glorifizierung von Musik und der damit einhergehenden Produktionskultur ist mitunter der Grund für die Hinnahme von Prekarität und Ausbeutungsstrukturen.

4.3 Hierarchie

Wie bereits in 4.1 erläutert wurde, gibt es Doppelcodierungen von Segmenten in den Kategorien „Löhne" und „Hierarchien". Neben horizontalen werden vor allem senkrechte Hierarchien deutlich. Klar benennen tun dies jedoch nur Befragte 3 und 6. Beide merken an, dass die Verhältnisse nur vermeintlich freundschaftlich und auf Du-Basis sind. Befragte 3 erläutert dazu weiter:

„Offiziell [gibt es Hierarchien] natürlich nicht, das ist halt so das Ding, bei so coolen Firmen. Da wird dann so von flachen Hierarchien gesprochen, natürlich gab es Arbeitsteilung und natürlich gab es einen Chef. Natürlich hatten die auch eine gewisse Autorität gegenüber allen und auch gegenüber den anderen cis Dudes. Natürlich. Und es wurde immer so hingestellt worden, dass, ja, ist alles locker und chillig und so. Aber die Hierarchien waren eigentlich voll krass da. Sie haben sich halt total unkonventionell dargestellt, dass eben eigentlich genau solche Hierarchien sie genau nicht wollten, aber das waren sie eigentlich schon sehr. Und da hab' ich mit den anderen Mitarbeitern auch drüber geredet und ja. Das war auch [auf] jeden Fall sehr präsent."

Hier sei anzumerken, dass, wie bereits erwähnt, in beiden Fällen anschließend ein Arbeitswechsel stattgefunden hat. In beiden Situationen war das vorherige Umfeld von cis männlicher Führung und einhergehender Atmosphäre oder eingeschränkten

Tätigkeitsmöglichkeiten geprägt und bei Befragter 3 neben Privatem Grund für einen Arbeitswechsel.

Derartige Verteilungen sind der Befragten 2 auch in anderen Unternehmen aufgefallen. So beschreibt sie eine Situation in Zusammenhang mit der Agentur AB:

> „Das hast du bestimmt auch mitbekommen, als letztes Jahr AB [die kleinere Agentur] ef übernommen hat und da viele Leute übernommen hat aus der Agentur. Da gab es einen riesigen Aufschrei, dass alle Booker männlich sind und die Frauen alle nur die Assistentinnen sind. Naja, und jetzt haben sie es auf der Homepage halt geändert, da steht jetzt bei den Männern Booker und bei den Frauen steht dann Project Manager. Also das ist so ein bisschen (…) Hm. Ok.“

Befragte 6 nimmt auch derartige Strukturen wahr und bemängelt diesbezüglich zusätzlich das Verhältnis von Verdienst und Arbeitsleistung: „Das ist irgendwie naja also letztlich machst du genau den gleichen Job wie die Promoter nur für weniger Geld.“

Dass die Aufgaben die gleichen sind, sagten auch die Befragten 1, 2 und 5 aus, sie aber sehen es als Zeichen für flache oder keine Hierarchien. Die Besetzung sei aufgrund der jahrelangen Kontinuität der Führungspositionen und Traditionen nicht zu ändern. Die drei Befragten sprechen davon, dass sie Vorgesetzte haben oder hatten, die bereits mehrere Jahrzehnte in ihrer Position verweilen, sodass sie und ihre Arbeitsweisen daher unangefochten seien. Die Wahrnehmung der drei Befragten ist gegensätzlich zu denen der Befragten 3 und 6. Diese erklären, dass es offiziell einen cis männlichen Vorgesetzten gibt, sich ansonsten derartige genderspezifische Hierarchien jedoch nicht bemerkbar machten. In der Betrachtung aller Fallbeispiele wird aber deutlich, dass es sich nicht um Einzelfälle, sondern um strukturelle Merkmale handelt. In allen Fallbeispielen außerhalb der Selbstständigkeit sind die höheren Positionen mit der entsprechenden Entlohnung und Gestaltungsmacht cis männlich besetzt, während Assistenzstellen weiblich besetzt sind. Entgegen der Wahrnehmung der Befragten ist also eine genderspezifische senkrechte Hierarchie vorhanden. Da alle Befragten der Studie weiblich sind, ist anzumerken, dass außerhalb dieser Betrachtung die Anzahl an nicht cis männlichen Booker*innen den Befragten zu Folge sehr gering ist und sich dies, wie in der Kategorie „Umgangston und Atmosphäre“ aufgezeigt, auch in der Arbeit äußert. Insofern gibt es auch horizontale Hierarchien.

Doch nicht nur Hierarchien innerhalb eines Clubs, eines Festivals oder einer Agentur kommen in den Interviews zur Sprache. Auch Hierarchien zwischen kleineren Independent-Agenturen, Clubs und Festivals auf der einen und etablierten Branchengrößen auf der anderen Seite werden angesprochen. Befragte 4, welche aufgrund ihrer Selbstständigkeit nicht in den obenstehenden Zusammenhängen erwähnt wird, erläutert:

> „Du musst dich schon irgendwie verkaufen und du musst sehr viel networken und du musst so ein bisschen, ja, hinterherrennen. Und wenn du nicht so ein Mensch bist, der Bock hat, den Leuten die ganze Zeit in den Arsch zu kriechen, dann hast du es da einfach sehr schwer, wenn du irgendwie dein eigenes Business aufbauen willst, so das gehört halt irgendwie dazu. Dieser Networkingfaktor und dieses … ganze Hinterhergerenne und diese Kultur. Und im Endeffekt wirst du aber immer gegen die Big Player verlieren. Und das ist das, was mich ankotzt, dass es halt wirklich eine Industrie ist. Und dass man sehr wenig Raum hat, sich als cooles, andersdenkendes Unternehmen zu positionieren."

4.4   Umgangston und Atmosphäre

Fünf von sechs Befragten geben an, auf unterschiedliche Art ein genderspezifisches Verhalten im Umgang mit Kolleg*innen oder Kooperationspartner*innen erlebt zu haben oder zu erleben. Dabei wurden ähnlich wie bei Barra et al. (2018) Erfahrungen des Unterschätztwerdens, eine stärkere Notwendigkeit von Durchsetzungsvermögen oder das Absprechen und die Annahme von mangelnder Autorität und Expertise geschildert. Der Befragten 2 ist zusätzlich eine genderspezifische Veränderung im Umgangston nach ihrem Coming Out als Frau deutlich aufgefallen. Seitdem wurden andere Erwartungen an sie gestellt und sie ist mit „Samthandschuhen" angefasst worden. Diese von der Befragten 2 als „Inside-Out" betitelte Perspektive unterstreicht den Unterschied in der Behandlung von Frauen und cis Männern. Frauen wird deutlich weniger zugetraut und vertraut. Auch von „Mansplaining", also dem Verhalten von typischer Weise cis Männern, die denen von ihnen als weiblich wahrgenommenen Personen etwas in herablassender und oder patronisierender Art und Weise erklären, was bereits bekannt und/oder unerwünscht ist (Jule 2018, S. 75), berichtet sie. So habe sie als Tourmanager nicht mehrfach verdeutlichen müssen, dass tatsächlich sie die Ansprechperson ist. Als Tourmanagerin sei dies jedoch alltäglich.

Zwei Befragte sprachen von einem unerwünschten „Flirtfaktor" (Befragte 4), letztlich sexualisierendem Verhalten, der beim Networking mit cis Männern unterschwellig stets dabei sei. Dies wird teilweise auch als positive Chance wahrgenommen, so beschreibt die Befragte 6 beim Networking die Möglichkeit, durch freundschaftliches Miteinander einen bleibenden positiven Eindruck zu hinterlassen. Die von der Befragten 1 benannte „Rock'n'Roll"-Attitüde von cis Männern und Bookern auf Veranstaltungen, also ein glorifiziertes, dominantes, rücksichtsloses Verhalten einhergehend mit der Sexualisierung und Anwesenheit von vielen „girls", nimmt auch Befragte 6 wahr. Die beiden ältesten Befragten 2 und 6 sehen im Verlauf ihrer Berufslaufbahn jedoch einen Rückgang dessen. Auf diese Tendenz wird in der Kategorie „Wandel" weiter eingegangen.

Im Umgang mit derartigen Situationen sagen drei von sechs Befragten, dass sie es schwierig finden, Kritik zu üben. Dies wird auf zwei unterschiedliche Weisen begründet:

Befragte 6 erklärt, dass sie als Bookerin in einem Abhängigkeitsverhältnis steht und nicht den Verlust eines*r Geschäftspartners*in riskieren könne, denn

> „(…) wenn du Kritik übst, [dann wirst du] ganz schnell so im Abseits stehen, auch mit dem, was du dann vielleicht in der Zukunft kannst … Also sowohl jetzt aus Agentursicht, also wenn du irgendwie einen Künstler oder eine Künstlerin betreust und der Agent oder die Agentin, wenn da irgendwas nicht so läuft, und du sagst, ey irgendwie … Im Zweifelsfall sagt er dann na ja gut also die meckert ja nur oder so, dann geh ich doch mit meinem Künstler woanders hin und genauso ist das natürlich auf der Clubebene auch."

Dieses Abhängigkeitsverhältnis und ein erschwertes Kritiküben an Arbeitsatmosphären stellt auch Befragte 5 fest: Die von ihr beschriebenen niedrigen Gehälter gehen einher mit ökonomischen Zwängen und Leistungsdruck auf die Angestellten. Da dürfe Gender „kein Thema spielen, denn wenn eine Show mal nicht funktioniere" oder externe Partner*innen nicht zufrieden sind, führe dies dazu, dass sie „am Ende des Monats schon ein Problem [hat]. [U]nd dann wird es nicht mehr lustig". Auch die anderen Befragten empfinden Kritiküben als schwierig, mit der zusätzlichen Begründung, dass der Gegenstand der Kritik oftmals als subjektiv beziehungsweise charakterspezifisch dargestellt wird und somit eine sachliche Analyse behindert wird. Das Festhalten an Geschäftspartner*innen wird in diesen Fällen durch das Hinnehmen von genderspezifischen Strukturen ermöglicht. Dieses Hinnehmen wird durch die Charakterisierung von Ungleichheiten als charakterspezifisch und subjektiv zum Zweck der ökonomischen Risikominimierung getarnt und unsichtbar gemacht.

Ausgehend von derartigen Erlebnissen nennen die Befragten 1, 2 und 4 eine weitere Umgangsstrategie, nämlich die des Vermeidens solcher Situationen. In manchen Situationen wurden cis Männer absichtlich „auf Abstand" (Befragte 1) gehalten, um nicht in unangenehme Situationen zu kommen, sowohl für die eigene Erfahrung als auch in der Außendarstellung. Diese Strategie bedarf jedoch einer gewissen Anstrengung. Befragte 4 berichtet beispielsweise, dass sie, um den „Flirtfaktor" zu umgehen, es vermieden habe, sich allein mit Partner*innen zu treffen und stattdessen stets im Team mit vertrauten Kolleg*innen externen Partner*innen begegnet sei.

Im Gegensatz dazu steht Befragte 3: Ihre Umgangsstrategie ist Konfrontation. Dies sei entweder mit dem Verstummen der konfrontierten Person oder mit langen Diskussionen verbunden. Auf Diskussionen gehe sie aus Zeit- und Energiegründen am Arbeitsplatz nicht immer ein. Besonders in Bezug auf derartige Situationen lobt sie Solidarität unter Frauen und Queers, explizit zur Zeit ihres Coming Outs als auch in ihrer jetzigen Agentur. An dieser Stelle ist zu sehen, dass einzig Befragte 3 und 4 aus eigener Initiative nicht nur von cis weiblichen Personen sprechen, wenn sie über die Betroffenheit von Sexismus sprechen. In den anderen Interviews wird deutlich, dass das sogenannte „queere Ding" (Befragte 2) weiterhin ein Randthema bleibt und kaum konsequent mit eingedacht wird.

4.5   Vereinbarkeit von Familie und Beruf

Zwei von sechs Frauen nehmen einen Konflikt von Beruf und privaten Familienplanungen wahr. Beide Frauen gehören zur ältesten Altersgruppe. Beide kritisieren, dass geforderte permanente Erreichbarkeit und branchenübliche Arbeitszeiten schwer mit der gesellschaftlich erwarteten Übernahme von Care-Arbeit zu vereinen sind. Durch die Doppelbelastung müssen Frauen damit rechnen, weniger und kürzer arbeiten zu können (Barra et al. 2018, S. 15). Dies hat Auswirkungen auf die Unabhängigkeit und Altersvorsorge der Betroffenen. Vor allem Frauen ohne Ausweichmöglichkeiten wie beispielsweise Unterstützung durch Familienangehörige, gute Kinderbetreuung oder Haushaltshilfen können diese Doppelbelastung schwerer umgehen. Die unzureichenden Optionen in der Kreativbranche, Familien- und Berufswünsche zu vereinbaren, werden von den Befragten bemängelt. Als notwendig gefordert wird die Umorganisation von Care-Arbeit und das Umdenken im privaten Bereich.
Befragte 1 und 5 verweisen beide auf die große Flexibilität des Berufs als Chance. Befragte 3 und 2 fühlen sich aus unterschiedlichen privaten Gründen von der Thematik nicht betroffen.

4.6   Zugang

Alle Befragten gaben an, Vorerfahrung verschiedener Arten im musikalischen oder in verwandten Bereichen gesammelt zu haben. Die am häufigsten genannten Felder sind Jugendzentren, DIY-Projekte wie eigene Bands und damit verbundenes Veranstalten oder das Spielen von kleinen Tourneen und Konzerten oder Nebenjobs wie Arbeiten in Plattenläden oder in Bars und Uniprojekten wie Uni-Radio oder Festivalorganisation. Wie bereits erläutert, sind diese Zugänge klassen- und genderspezifisch geprägt: Populärmusikalische Räume sind cis männlich dominiert und basieren besonders in den Einstiegsbereichen auf unbezahlter Arbeit. Musikunterricht und Instrumente kosten häufig viel Geld und das ehrenamtliche Engagement in Projekten wie Uni-Radio, Jugendzentren oder ähnlichen Initiativen ist zeitintensiv. Diese Aspekte waren jedoch entscheidende Faktoren in den frühen Vorerfahrungen aller Befragten.

Bei Interviewten, die an Universitätsprojekten teilnahmen oder Nebenjobs und Ehrenämter ausübten, konnten diese als berufsorientierende Einstiegsmöglichkeiten genutzt werden. An anderen Stellen waren Praktika entscheidende Erfahrungen und Türöffner zu Kontakten in der Branche. Gleichzeitig werden Praktika von den Befragten als nicht zufriedenstellend bis erniedrigend beschrieben (Befragte 3). Darüber hinaus sind beide Zugänge nur möglich aufgrund der finanziellen Ausgangssituation, sich unbezahlte Praktika, zeiteinnehmende Ehrenämter oder schlecht bezahlte Nebenjobs leisten zu können (Befragte 4), also über ökonomisches Kapital zu verfügen. Dies geschah im Fall von Befragter 4 durch Unterstützung der Familien.

Dieser Werdegang tritt in ähnlicher Form auch bei den Befragten 1 und 6 auf. Sie sind zum Booking gekommen „wie man da eben so reingerät". Damit ist gemeint, dass es sich nicht um einen Ausbildungsberuf handelt, sondern ihnen durch Nebenjobs, Freund*innenschaften, Jugendzentren, eigene Bands oder dem Veranstalten im DIY-Rahmen Kontakte zur Verfügung standen, die ihnen die Möglichkeit gaben, Booking professionell zu verfolgen.

Befragte 1, 2, 3, 4 und 6 verweisen mit Hinblick auf die Zugänglichkeit des Berufsfeldes darauf, dass viele Stellen nicht ausgeschrieben werden, sondern an befreundete oder durch persönliche Kontakte bekannte Personen vergeben werden. Entscheidend ist hier die bereits beschriebene senkrechte Hierarchie, an dessen Spitze, und somit in den entscheidenden Positionen, cis Männer sitzen. Stellen werden an Netzwerke vergeben (Befragte 2), die auf dem Prinzip der Homosozialität beruhen. Dies wird dann durch die von der Befragten 5 vertretene Argumentationslinie legitimiert: Charaktereigenschaften, Vertrauenswürdigkeit und Qualität der Arbeit der Arbeitnehmer*innen beziehungsweise potenziell Interessierten seien das einzig relevante Kriterium der Anstellung. Die damit einhergehende Verschleierung der klassen- und genderspezifisch geprägten Ausgangssituationen wurde bereits erläutert.

Befragte 3 nennt einhergehend mit ihrem Zugang zum Booking die starke Mystifizierung und Glorifizierung der Musikindustrie als Problem. Es sei ihr nicht klar gewesen, welche Berufe es gäbe, wie diese genau aussehen und wo und wie es Zugang zu ihnen gibt. Sie habe Glück gehabt, letztlich etwas gefunden zu haben.

Alle Frauen geben an, dass sie entweder durch gezielte Förderung einer Einzel-
person oder durch Förderung in einem Netzwerk in Form von Wissens- und
Kontaktweitergabe Vorteile hatten und dies entscheidend für ihren beruflichen
Werdegang gewesen sei. Hier ist eine ähnliche Tendenz wie die der Befragten der
US-amerikanischen Musikindustrie zu erkennen. Auffällig ist zudem, dass Selbst-
ständigkeit trotz der hohen Risiken für die Hälfte der Befragten ein Wunsch beziehungsweise eine Zugangsmöglichkeit zur Ausübung des Berufs ist. Dies wird in
Zusammenhang mit der hohen persönlichen Identifikation mit dem Beruf genannt
sowie in Zusammenhang mit den Zuständen, die die Befragten umgehen wollten.
Wie bereits zu Beginn der Auswertung erläutert, ist das persönliche Risiko das
Frauen ohne finanziellen Rückhalt eingehen, größer als das von Frauen mit großem
ökonomischem Kapital. Dennoch bietet die Selbstständigkeit, wie im Fall der Befragten 3 die Chance der Abhängigkeit von Menschen zu entkommen, die einen sexistischen Umgang pflegen.

Diese Kategorie enthält 48 codierte Segmente. Anders als bei Barra et al. (2018)
stellt die Kategorie Zugänge damit das am meistdiskutierteste Thema da.

4.7   Wandel

Die Befragten sehen überwiegend einen langsamen, aber fortschreitenden Wandel
der Zustände im Bereich Booking/Promoting.

Befragte 2 setzt ihre Hoffnung in eine neue Generation von Booker*innen, die
aktuell noch in Assistenzstellen sind und kleinere Aufgaben übernehmen, bald jedoch in höhere Positionen wachsen können. Die Unterrepräsentanz werde sich
„auf natürlichem Wege verbessern".

Befragte 6 und 3 zählen auch auf eine jüngere Generation und hoffen, „dass
irgendwie die alten Typen auch langsam mal aussterben". Dieser Hoffnungsaus-
druck wird im Gegensatz zu Befragter 2 ergänzt durch die klare Eigeninitiative der
drei Befragten. Durch das Umsetzen von diskriminierungssensiblen Einstellungs-
politiken, sowie gezielter Förderungen und Unterstützung der von Sexismus und
patriarchalen Strukturen benachteiligten Personen zeigen sie eindeutige Handlungsinitiative. Als Hürde für ihre Vorhaben nennen sie die Funktionsweise des
„People's Business"; Vertrauen in Kolleg*innen und den homosozialen Netzwerk-
charakter.

Befragte 2, 3 und 6 kritisieren die Handlungsinitiative von cis männlichen Kollegen. Entscheidungsträger*innen zeigen demnach oftmals schlicht nicht genug
Willen, den Zustand der permanenten, selbstverständlich anmutenden Unterrepräsentanz von Frauen zu verändern. Weiter führt Befragte 2 aus, dass zwar gern
öffentlichkeitswirksam die gesellschaftlichen Erwartungen von gleichmäßiger

Genderverteilung erfüllt werden wollen, eine tatsächliche Umsetzung jedoch oftmals an tiefergreifenden oder selbstkritischen Arbeitsschritten scheitere:

> „Ich habe so ein bisschen das Gefühl, dass wenn jetzt zum Beispiel ein männlicher Veranstalter, der sein ganzes Leben lang oder seine ganze Karriere lang da nie drauf geachtet hat, weil es ihm gar nicht bewusst war. Was ja okay ist, manchmal weiß man es ja auch nicht. Dass da immer so ein bisschen, naja, es ist ihnen wichtig, aber es ist auch anstrengend. Weil es halt ein weiterer Arbeitsschritt ist, was ich nicht so ganz nachvollziehen kann. Und dann hört man oft so Sachen, so, ja auf meinen Konzerten schaue ich immer, dass Frauen auch gut vertreten sind, aber jetzt will ich halt grade so ein ein-Tages-Ding machen mit unseren Tour Buddys. Und dann hast du da fünf Bands und Travel Parties stehen in denen halt nur Dudes sind. Wo sich dann bei mir die Frage stellt, ich meine, ich kann das verstehen, aber wenn man sagt, man möchte halt mit Freunden was machen, warum hast du bei deinen Buddys keine weiblich gelesene Person dabei?"

Hier mangelt es also an expliziter Verantwortungsübernahme und Selbstreflexion. Die Befragten 2, 4 und 6 erläutern dazu ähnlich wie zu Möglichkeiten des Kritikübens, dass finanzielle Zwänge von Clubs, Agenturen und Festivals oftmals gendersensible und sexismuskritische Vorhaben verhinderten. Das finanzielle Überleben käme für die Führungsebene an erster Stelle, denn „es ist nach wie vor ein Business" (Befragte 6).

Befragte 6 berichtet von einem persönlichen Wandel ihrer Einstellung in Zusammenarbeit mit anderen Frauen. Dies ist besonders interessant vor dem in Kap. 2 erwähnten Generationenkonflikt. So beschreibt sie ihre frühere Ablehnung gegenüber „Popowackeln" und „Augenklimpern" als Gegensatz zu ihrer jetzigen Akzeptanz dieses Verhaltens. Sie bemängelt nun eher auch ihr eigenes ehemaliges Konkurrenzverhalten unter Frauen anstatt weiblicher Solidarität und möchte dem in ihrer jetzigen Tätigkeit aktiv entgegenwirken, indem sie aktiv mehr Frauen einstelle, diese gezielt fördere und als Ansprechperson zur Verfügung stehe.

Alle Befragten haben gemeinsam, dass sie sich mehr Sensibilität und Bewusstsein innerhalb der Branche wünschen. Teilweise ist dabei neben der Präsenz von mehr Frauen in höheren Positionen, auch das Sichtbarmachen und das Verändern von diskriminierenden Strukturen gegen Minderheiten und Frauen gemeint.

5 Fazit

5.1 Zusammenfassung der Ergebnisse

Das vorliegende Paper ging der Frage „Welche Diskriminierungsstrukturen gibt es entlang der Kategorien Gender für cis und trans Frauen in der deutschen Populärmusikindustrie am Beispielbereich Booking?" nach. In Ansätzen wurden zudem

Verbindungen zu klassenspezifischer Diskriminierung gezogen. Die Fragestellung wurde mit Hilfe von sechs qualitativen Expertinneninterviews mit Bookerinnen aus den Bereichen Club, Agentur und Festival bearbeitet.

Da das Forschungsdesign genderspezifische Diskriminierung fokussiert, stellt Klassenspezifisches eher einen Zusatz zu den Ergebnissen dar. Dennoch wurde aufgezeigt, dass besonders aufgrund von Reichtumsunterschieden und klassenspezifischem Habitus, kulturellem und sozialem Kapital und Geschmäckern Frauen zusätzlich entlang von Klasse benachteiligt werden. Bei einer Einordnung der Daten in den bisherigen Forschungsstand wird deutlich, dass es ein Zusammentreffen dieser Diskriminierungen gibt und wie dieses wirkt. In diesem Sinne kann von intersektionaler Diskriminierung gesprochen werden. Im Folgenden werden die Ergebnisse zusammengefasst und interpretiert.

Die Befragten identifizieren sich zwar alle mit dem musikalischen Bereich und den musikindustriellen Produktionskulturen, die eigene Kreativität spielte im Ermessen der Befragten in den Interviews jedoch keine entscheidende Rolle. Nach Baker & Hesmondhalgh fällt dadurch Booking/Promoting in den als feminin assoziierten Bereich. Dies ist jedoch vor dem Hintergrund der dargestellten Ergebnisse, besonders in Hinblick auf die senkrechten Hierarchien nicht gänzlich zutreffend. Das Berufsfeld zeigt sich in dieser Untersuchung als cis männlich dominiert, sowohl in der Verteilung als auch in der Strukturierung.

Es kann festgehalten werden, dass vor allem die Zugänge zum klassen- und genderspezifisch diskriminierend und benachteiligend sind, was auch durch deren häufige Thematisierung in den Interviews deutlich wird. Die Diskriminierung äußert sich vor allem durch unter- oder unbezahlte, zeitintensive Arbeit in Einstiegsleveln, sowie durch homosoziale, cis männlich dominierte Netzwerke. Im Gegensatz zu den hier präsentierten Ergebnissen ist bei Barra et al. (2018) die meistgenannte Position „gender discrimination/harassment/abuse". Aussagen, die Barra et al. in diese Kategorie einordnen wurden in der dortigen Härte hier nicht getätigt, weshalb die Kategorie hier etwas abgeschwächt „Umgangston und Atmosphäre" heißt. In der Auswertung der eigenen Ergebnisse bilden vergleichbare Aussagen die zweitgrößte Kategorie. Dazu passt der Wunsch nach höherer Sensibilität und Achtsamkeit für die entsprechenden Themen.

Entgegen der Wahrnehmung mancher Befragten konnten in der Auswertung vor allem senkrechte Hierarchien sichtbar gemacht werden. Betroffene werden laut eigenen Aussagen weniger gut bezahlt und sind häufiger als Assistenzen in Einstiegsleveln tätig, während sie ähnliche oder gleiche Arbeit verrichten wie ihre Vorgesetzten. Je höher die Position in den Arbeitsumfeldern, desto männlicher und älter ist die Besetzung verteilt.

Durch die branchentypischen Arbeits- und Entlohnungsstrukturen sind Frauen aus niedrigen Klassen mehr persönlichen, sozialen und wirtschaftlichen Risiken ausgesetzt. In den Interviews wird ein Abhängigkeits- und Dominanzverhältnis von Selbstständigen, kleineren Agenturen, Clubs und Festivals zu dominanten Branchengrößen angemerkt. Die Selbstständigkeit kann jedoch einen Ausweg aus sexistischen Strukturen wie verwehrten Zugängen und unangenehmem Verhalten darstellen. Dennoch sind für die Selbstständigkeit ökonomisches und soziales Kapital sowie das entsprechende Wissen nötig. Die damit einhergehenden Risiken wurden in der durchgeführten Studie besonders in der Krisensituation durch die COVID-19 Pandemie sichtbar.

Darüber hinaus verkürzen und beeinflussen mangelnde Möglichkeiten der Elternzeit und Unterstützung der Arbeitgebenden, die branchentypischen Arbeitszeiten gepaart mit der gesellschaftlich erwarteten Übernahme von Care-Arbeit die Berufstätigkeit sowie die Wünsche nach Familienplanung von Betroffenen entscheidend. Dies wirkt sich beispielsweise auf die Unabhängigkeit von Familien oder Partner*innen aus und stellt Frauen mit wenig finanziellem und sozialem Kapital vor größere Herausforderungen.

Die bei Bennett und Baker & Hesmondhalgh angesprochenen, neo-liberalen, leistungsorientierten „winner-takes-it-all" Erzählungen verschleiern die ungleichen Ausgangsbedingungen und zeichnen die Populärmusikindustrie in einem progressiven, gleichheitlichen Licht. Die suggerierte Chancengleichheit erschwert es Betroffenen von klassen- und genderspezifischen Diskriminierungsstrukturen zusätzlich, diese zu erkennen, zu benennen, zu kritisieren und zu verändern. Die prekarisierenden Strukturen werden durch die starke Identifizierung mit Musik sowie durch eine Glorifizierung von sexistischem Verhalten hingenommen. Zusätzlich dominiert eine Fokussierung auf Charaktereigenschaften sowie eine Ignoranz von bekannten strukturellen Problemen in Bezug auf eigene Handlungsoptionen und Betroffenheit des eigenen Umfelds.

Darüber hinaus wurden in einzelnen Fallbeispielen Gendergerechtigkeit als Einstiegslevelparität und feministische Bestrebungen als nicht notwendig und lediglich popkulturell abgetan. Diese Arbeit zeigt jedoch die strukturelle Verwurzelung sowie erste Bereiche, die es zu verändern gilt, um eine tatsächlich progressive Populärmusikindustrie zu erreichen, auf.

5.2   Offene Fragen und Reflexion

Die Ergebnisse der Interviewstudie beleuchten fallbeispielhaft einen Bereich der deutschen popmusikindustriellen Produktionskultur und fokussieren die Lebensrealität von cis und trans Frauen mit Hinblick auf genderspezifische und teilweise klassenspezifische Diskriminierung im Bereich Booking/Promoting. Zuerst wird das Forschungsdesign reflektiert.

Es wurde versucht, möglichst viele nicht cis-normative Perspektiven einzubeziehen. Dies wurde im Ansatz geschafft. Die cis und die trans Perspektiven waren dabei ähnlich. Zudem wurde aus der trans Perspektive eine große Solidarität von cis Frauen wahrgenommen. Dennoch blieb das kritische Hinterfragen von Genderverständnissen und Einbeziehen queerer Perspektiven bei vielen Interviewten aus. Dies wird durch Formulierungen wie „das Queere-Ding", welches nochmal separat betrachtet werden müsse, oder andere exkludierende Aussagen erkennbar. Doch auch andere exkludierende Formulierungen wie „Frauen-Bands" beziehungsweise „female bands" häufen sich bei den Befragten. Interessant wäre eine weitere Betrachtung des zugrunde liegenden Genderverständnisses.

Bei Anfragen zu Interviews wurde eine hohe Bereitschaft zum Gespräch in Bezug auf das Thema Sexismus in der Musikindustrie festgestellt. Dies könnte möglicherweise an einem hohen Leidensdruck sowie einer starken Thematisierung von Feminismus im popkulturellen Diskurs und der damit einhergehenden Sensibilisierung liegen. Bei der Konkretisierung der Problematiken ist während der Gespräche aufgefallen, dass feministische Themen ohne nähere Konkretisierung Gefahr laufen, einen buzzwordartigen Charakter zu bekommen, der wenig in die benötigten Tiefen und Vielseitigkeit der Thematik eindringt. Es gewinnt daher an Wichtigkeit, die besprochenen Thematiken präzise zu formulieren.

Die Arbeit versuchte ursprünglich, die Intersektion von Klassismus und Sexismus feiner herauszuarbeiten. Intersektionalität nach Crenshaw hat ihren Ursprung in der Verbindung von Rassismus, Sexismus und Klassismus. Das Fehlen nicht-*weißer* Interviewteilnehmer*innen ist dafür dringend zu reflektieren; Trotz der verstärkten Suche wurde keine nicht-*weiße* Person gefunden. Dieser Umstand weist auf die immanent *weiß*-dominierten Strukturen der genutzten Netzwerke hin und sollte in weiteren Ausführungen zu Rassismus und rassistischen Strukturen in der deutschen Populärmusikindustrie beleuchtet werden. Darüber hinaus wurde in der Interviewakquise nicht explizit auf die soziale Herkunft der Befragten geachtet und auch in den Interviews nicht explizit darauf eingegangen. Die Schlüsse wurden implizit aus den Zusammenhängen gefolgert. An vielen Stellen der Interviews zeigt sich jedoch, dass gerade in der coronabedingten Krisensituation finanzielle Sicherheit ein großes Thema für die Befragten und ihren Arbeitsalltag ist. In weiteren Betrachtungen sollte diese Intersektion daher genauer beleuchtet werden.

Da die dargelegte Forschung im Rahmen einer Bachelorarbeit stattgefunden hat, konnte sie sich exemplarisch nur auf einen Bereich fokussieren. Eine breitere Betrachtung verschiedener Tätigkeitsfelder und die Verbindung dieser ist interessant, da in den Interviews zum Teil über verschiedene Argumentationslinien zu Gendergerechtigkeit gesprochen wurde, die die Verantwortungen in anderen Bereichen als dem jeweils Eigenen verorten.

Ausgehend davon und in Kombination mit den bereits bestehenden Initiativen können weitere Handlungsoptionen und Zusammenschlüsse gebildet werden. Die hier vorgestellte Forschung, insbesondere die vielen Codierungen im Bereich Zugänge zeigen, dass Überlegungen zum Thema nicht erst in der Populärmusikindustrie anfangen können, sondern bereits viel früher, beispielsweise in inklusiveren Musikszenen, -zentren und -förderungen, ansetzen und dort Strukturelles fokussieren sollte.

Literatur

Bähr, J. (2018, 10. Oktober). Was hat #metoo bewegt? Die Täter sollen sich schämen. *Frankfurter Allgemeine Zeitung*. https://www.faz.net/aktuell/feuilleton/debatten/ein-jahr-danach-wie-metoo-die-welt-veraendert-hat-15829410.html. Zugriff am 04.05.2021.

Baker, S., & Hesmondhalgh, D. (2015). Sex, gender and work segregation in the cultural industries. In Conor, B., Gill, R., & Taylor, S. (Hrsg.), *Sociological review monograph series, 63*(1), 23–36.

Barra, E., Kramer, S., & Prior, B. (2018). Women in the U.S. Music Industry. Obstacles and opportunities. *Berklee Institute for Creative Entrepreneurship*. https://college.berklee.edu/sites/default/files/d7/bcm/Women%20in%20the%20U.S.%20Music%20Industry%20Report.pdf. Zugriff am 19.01.2022.

Björck, C. (2013). A music room of one's own: Discursive constructions of girls-only spaces for learning popular music. *Girlhood Studies, 6*(2), 11–29.

Bennett, T. (2018). The Whole Feminist Taking-Your-Clothes-Off-Thing. Negotiating the Critique of Gender Inequality in the UK Music Industries. In Steinbrecher, B. (Hrsg.), *IASPM@Journal, 8*(1), 24–41.

Caldwell, J. (2008). *Production Culture: Industrial Reflexivity and Critical Practice in Film and Television*. Durham: Duke University Press.

Charta der Vielfalt (2021). *Die Dimension „soziale Herkunft" in der Arbeitswelt aus einer intersektionalen Perspektive*. https://www.charta-der-vielfalt.de/fileadmin/user_upload/Studien_Publikationen_Charta/Policy_Paper_CIJ_Die_Dimension_soziale_Herkunft_in_der_Arbeitswelt.pdf. Zugriff am 10.04.2021.

Conor, B., Gill, R., & Taylor, S. (2015). Gender and Creative Labour. *The Sociological Review, 63*(1), 1–22.

Fröhlich, G., & Rehbein, B. (2014): *Bourdieu Handbuch. Leben – Werk – Wirkung*. Stuttgart: Springer VS.

Gläser, J., & Laudel, G. (2010). *Experteninterviews und qualitative Inhaltsanalyse als Instrumente rekonstruierender Untersuchungen*. Wiesbaden: VS Verlag für Sozialwissenschaften.

Hesmondhalgh, D., & Baker, S. (2015, 1. Mai). Sex, Gender and Work Segregation in the Cultural Industries. *The Sociological Review, 63*(1). https://doi.org/10.1111/1467-954X.1223.

Jule, A. (2018). *Speaking Up. Understanding Language and Gender*. Bristol: Multilingual Matters.

Kuckartz, U. (2012). *Qualitative Inhaltsanalyse. Methoden, Praxis, Computerunterstützung*. Weinheim: Beltz Verlagsgruppe.

Kuckartz, U., & Rädiker, S. (2020). *Fokussierte Interviewanalyse mit MAXQDA. Schritt für Schritt*. Wiesbaden: Springer VS.

Larsen, G. (2017). *It's a man's man's man's world. Music groupies and the othering of women in the world of rock*. In Finkel, R., Jones, D., Sang, K., & Stoyanoa, R. (Hrsg.), *Organization, 24*(3), 397–417.

Lindvall, H. (2013, 15. August). Why unpaid interns are bad for the music industry. Bigg US record labels are being sued by former interns who worked for free – how do their UK counterparts measure up? *The Guardian*. https://www.theguardian.com/media/2013/aug/15/unpaid-interns-music-industry. Zugriff am 10.04.2021.

McCormack, A. (2017, 6. März). By the Numbers. The Gender Gap in the Australian Music Industry. *Triple J Hack*. http://www.abc.net.au/triplej/programs/hack/by-the-numbers-the-gender-gap-in-the-australian-music-industry/8328952. Zugriff am 10.04.2021.

Meuser, M., & Nagel, U. (1997). Das ExpertInneninterview – Wissenssoziologische Voraussetzungen und methodische Durchführung. In Friebertshäuser, B., & Prengel, A. (Hrsg.), *Handbuch Qualitative Forschungsmethoden in der Erziehungswissenschaft* (S. 481–491). Weinheim; München: Juventa Verlag.

Parzer, M. (2011). *Der gute Musikgeschmack. Zur sozialen Praxis ästhetische Bewertung in der Popularkultur*. Frankfurt am Main: Internationaler Verlag der Wissenschaften.

Strong, C., & Raine, S. (2018). Gender Politics in the Music Industry. In Steinbrecher, B. (Hrsg). *IASPM@Journal, 8*(1), 2–8.

Ries, C., Schulz, G., & Zimmermann, O. (2016). Frauen in Kultur und Medien. Ein Überblick über aktuelle Tendenzen, Entwicklungen und Lösungsvorschläge. *Deutscher Kulturrat*. https://www.kulturrat.de/wp-content/uploads/2016/12/Frauen-in-Kultur-und-Medien.pdf. Zugriff am 03.03.2021.

Rock City e.V. (2018). *Music Women Hamburg. facts & figures*. https://musichhwomen.de/wp-content/uploads/2018/09/180917_factsandfigures_musichhwomen_jr.pdf. Zugriff am 10.04.2021.

Whiteley, S. (2000). *Women and Popular Music. Sexuality, Identity and Subjectivity*. London: Routledge.

Wreyford, N. (2018). *Gender inequality in screenwriting work*. Basingstoke: Palgrave Macmillan.

Teil III

Praxisbericht

Musikstrategie Osnabrück

9

Holger Schwetter und Patricia Mersinger

Zusammenfassung

In June 2022, the Department of Culture within the Osnabrueck municipality published Building Block 4 "Music Site Osnabrueck" as part of its modular cultural strategy. The basis of the publication is a multi-stage participation process. This participation process was triggered by suggestions from citizens and an acute crisis in 2018. This article presents the initiation, the participation process and the results. From them, a strategy for Osnabrueck as a music city is being derived. Osnabrück's strength is music education, many solo self-employed, medium-sized music companies and start-ups in a geo location best described as "central periphery". Osnabrück is a remarkable music location with a lot of potential. It can become a city of music if the stakeholders, administration and politics become aware of the potential and involve music more in the development and marketing of the city and use networking potentials. Osnabrück is one of the few municipalities in Germany to develop a music strategy.

H. Schwetter (✉)
Systematische Musikwissenschaft, University of Kassel, Kassel, Deutschland
E-Mail: schwetter@uni-kassel.de

P. Mersinger
Kulturhaus, Stadt Osnabrück, Osnabrück, Deutschland
E-Mail: mersinger@osnabrueck.de

© Der/die Autor(en), exklusiv lizenziert an Springer Fachmedien Wiesbaden GmbH, ein Teil von Springer Nature 2024
L. Grünewald-Schukalla et al. (Hrsg.), *Musik & Krisen*, Jahrbuch für Musikwirtschafts- und Musikkulturforschung,
https://doi.org/10.1007/978-3-658-43383-3_9

215

Schlüsselwörter

Cultural development · Participation processes · City of music · Music funding · Music hub

1   Einleitung

Im Juni 2022 hat der Fachbereich Kultur im Rahmen seiner modular angelegten Kulturstrategie den Baustein 4 „Musikstandort Osnabrück" veröffentlicht. Die Grundlage der Veröffentlichung ist ein mehrstufiger Beteiligungsprozess. Dieser Beteiligungsprozess wurde durch Anregungen aus der Bürgerschaft und eine akute Proberaum-Krise im Jahr 2018 ausgelöst. In diesem Beitrag werden Auslöser, Beteiligungsprozess und Ergebnisse vorgestellt. Aus ihnen lässt sich eine Strategie für den Musikstandort Osnabrück ableiten. Damit ist Osnabrück eine der wenigen Kommunen in Deutschland, die eine Musikstrategie entwickeln.

2   Der Beginn: eine Krise

Im Jahr 2018 machte die Musik in Osnabrück Schlagzeilen: Zufällig mussten zwei Proberaumzentren zum gleichen Zeitpunkt schließen. Zum einen der *Freiraum Petersburg*, ein privat geführter Kulturort mit dreißig Räumen auf dem Gelände des ehemaligen Güterbahnhofs, dem Betreiber wurde von den Eigentümern gekündigt. Zudem hatten sich im Rahmen einer Zwischennutzung in zahlreichen Baracken einer ehemals von den britischen Streitkräften genutzten Kaserne am Limberg Musiker*innen eingemietet. Diese Baracken sollten nun abgerissen werden, dabei ging es um circa sechzig Räume. Binnen kurzer Zeit musste Ersatz gefunden werden, um eine dauerhafte Verschlechterung der Probensituation und damit der Arbeitsmöglichkeiten für Musiker*innen in Osnabrück zu vermeiden. Hier wurde die Stadt Osnabrück aktiv. Patricia Mersinger, Leiterin des Fachbereichs Kultur, hatte bereits im Jahr 2011 in ihrer damaligen Funktion als Leiterin der Stadtentwicklung das Konzept *Stadt ist Zukunft! Stadtentwicklungskonzept Wissen & Kreativität* (Stadt Osnabrück 2011) vorgelegt und darin die mögliche Umnutzung eines anderen Ensembles von ehemaligen Militärgebäuden als *Kreativquartier Hafen* vorgestellt. Die Gebäude gehörten den Stadtwerken Osnabrück, mit dem sich nun abzeichnenden Druck beim Raumbedarf von Musiker*innen konnte ein lokaler Investor überzeugt werden, dort zwei ehemalige Speichergebäude zu er-

Abb. 9.1 Das Kreativquartier im Osnabrücker Hafen. Zentral im Hintergrund das Proberaumzentrum Lauter Speicher mit ca. 80 Räumen, rechts im Bild das Gebäude der Deutschen Rockmusikstiftung. Es beherbergt das Kulturzentrum K.A.F.F. sowie ein weiteres Proberaumzentrum mit neun Räumen. (Foto: Holger Schwetter)

werben und in einen Lauten Speicher (mit Proberäumen) und einen Leisen Speicher (mit weiteren Kreativnutzungen) zu entwickeln (Abb. 9.1).

Bereits im März 2019 konnte der Laute Speicher eingeweiht und so ein nahtloser Übergang aus den alten in die neuen Proberäume gewährleistet werden. Er ist seitdem voll belegt. Die Proberaumkrise hatte neben der Gründung des Kreativquartiers am Hafen einen zweiten positiven Effekt: sie machte der Öffentlichkeit deutlich, dass es viele Musiker*innen in Osnabrück gibt. Engagierte Bürger*innen und Musikakteure wiesen zudem in den Beteiligungsprozessen zur Kulturstrategie immer wieder darauf hin, dass die Musik in Osnabrück einen großen Stellenwert habe, dessen Potenzial von der Stadt Osnabrück noch nicht strategisch berücksichtigt und ausgeschöpft wird.

3 Der Beteiligungsprozess

Der Fachbereich Kultur nahm die Impulse aus der Krise und der Bürgerschaft auf und startete im Herbst 2018 einen mehrstufigen Beteiligungsprozess. Der Prozess besteht aus drei Phasen mit Gesprächen, Interviews und Recherchen, einer

Podiumsdiskussion und einem Workshop. In Phase eins standen das Thema Probe-räume und die Musiker*innen der Popularmusik im Vordergrund. Im Rahmen dieser Recherchen wurden zentrale Akteure vor Ort interviewt, Best Practice Beispiele in anderen Städten untersucht und Gespräche mit den Geschäftsführungen beispielhafter Institutionen geführt. Ein Bericht mit dem Titel „Musikstandort Osnabrück – Erste Recherchen zu Räumen und Potentialen" wurde dem Kulturausschuss am 22.05.2019 vorgelegt (Stadt Osnabrück 2019).

Danach weisen Lokale Akteure und die Best Practice Beispiele als optimale Umsetzung einer Förderung von Proberäumen übereinstimmend auf die Schaffung eines eigenständigen, gemeinnützigen Proberaumzentrums in einer Immobilie mit günstigen Betriebs- oder Mietkosten hin. Ein solches könnte laut des Berichts als Ergänzung des bestehenden Angebots mittelfristig in Osnabrück eingerichtet werden. Auch weitere Themen, die sich im späteren Verlauf als wichtig erweisen, werden bereits sichtbar, darunter der Wunsch nach Einrichtung einer kleinen, nicht kommerziell betriebenen Bühne für die lokalen Musikszenen und die Bearbeitung von Förderthemen in einem Netzwerk Osnabrücker Akteure – und nicht bei einer neuen, „Top down" geschaffenen Institution.

In einem zweiten Schritt wurden dann die Klassik und die Musikwirtschaft untersucht. Ein zweiter Zwischenbericht auf der Grundlage von acht weiteren Expert*inneninterviews wurde im Juni 2020 veröffentlicht (Stadt Osnabrück 2020a). Im Bereich Klassik werden sehr aktive Szenen sichtbar. Sie fußen zum einen auf professionellen Musikerinnen und Musikern, die für öffentliche Institutionen wie das Theater Osnabrück, das Symphonieorchester, Hochschule und Universität arbeiten und von denen viele auch selbstständig sind. Die andere Säule bilden sehr aktive Laien, die in zahlreichen Ensembles musizieren, professionellen Musiker*innen Arbeit geben und zugleich ein anspruchsvoller Teil des Osnabrücker Konzertpublikums sind. Eine wichtige Rolle spielen auch die bei den Osnabrücker Kirchengemeinden angestellten Musiker*innen. Die musikalische Bildung sorgt gleichzeitig für musikalisch aktiven Nachwuchs und gibt Musiker*innen Arbeit, in der kommunalen Musik- und Kunstschule sowie in privaten Musikschulen. Deutlich wird auch im Bereich der klassischen Musik ein großer, nicht gedeckter Bedarf an Proberäumen und Konzertsälen.

Das professionelle Musikleben ist vor allem durch Solo-Selbstständige und kleine bis mittelständische Unternehmen geprägt, die auf regionalen bis internationalen Märkten tätig sind. Viele verfolgen Portfolio-Karrieren, d. h. sie sind in verschiedenen Rollen am Musikmarkt tätig. Zentral für den Musikstandort sind die Ausbildungsinstitutionen, allen voran die Universität und die Hochschule. Durch Schulpädagogische und musikwissenschaftliche Studiengänge an der Universität sowie das im Jahr 2000 an der Hochschule eingeführte musikpädagogische Angebot befindet sich ständig ein Pool von bis zu 600 Musikstudierenden in der Stadt. Die Hochschule bietet den künstlerisch-pädagogischen Bachelor of Arts „educating artist" mit den vier Schwerpunkten Pop, Jazz, Musical und Klassik an. Im Bereich Jazz ist Osnabrück damit zum größten Ausbildungsstandort in Deutschland geworden, im Pop gibt es neben der Popakademie in Mannheim bundesweit kaum vergleichbare Angebote, und im Bereich Musical ist Osnabrück einer von vier Standorten in Deutschland. Diese Stärke in der Ausbildung schlägt sich in vielfältigen Aktivitäten in den Musikszenen und in Unternehmensgründungen nieder. Manche Absolvent*innen lassen sich in Osnabrück nieder, gründen private Musikschulen oder andere Musikunternehmen. Andere treiben als Selbständige ihre musikalischen Karrieren voran (Abb. 9.2).

Nach Fertigstellung von Bericht zwei wurden bis Juni 2021 weitere Interviews durchgeführt und ausgewertet, um weitere Aspekte des Musikstandorts zu berücksichtigen, u. a. die Genres Jazz und die elektronische Tanzmusik/Clubkultur. Die Interviews wurden anhand eines Leitfadens geführt und in Form von Falldarstellungen dokumentiert. Bei der Auswertung wurde nach zentralen Themen und Positionen gesucht. Außerdem wurde darauf geachtet, ob bei den genannten Themen eine theoretische Sättigung im Sinne der Grounded Theory eintritt. Die Erhebung kann damit als sozialwissenschaftlich inspiriert gelten, allerdings folgen Art und Umfang dieser Phase des Beteiligungsprozesses nicht streng wissenschaftlichen Kriterien. Dieses Vorgehen wurde gewählt, um einerseits verlässliche Ergebnisse zu produzieren, andererseits aber den Zeitaufwand in einem mit dem regulären Personal durchführbaren Rahmen zu halten.

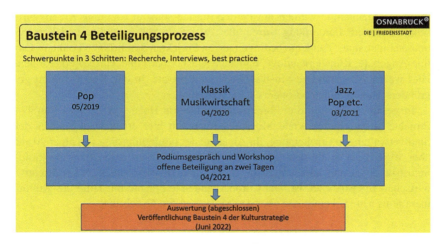

Abb. 9.2 Baustein 4 Beteiligungsprozess. (Quelle: Eigene Darstellung)

Insgesamt wurden zwischen März 2019 und Februar 2022 31 Interviews und Gespräche mit Akteuren und Expertinnen und Experten geführt.[1] Der ursprünglich für das Frühjahr 2020 geplante abschließende Teil des Beteiligungsprozesses mit Barcamp, Workshop und einer Podiumsdiskussion musste wegen der Corona-Pandemie verschoben werden. Im Frühjahr 2021 wurde dieser Beteiligungsschritt schließlich digital durchgeführt. Dort wurde die Auswertung den Protagonist*innen vorgestellt und mit ihnen diskutiert. Zudem wurden sie Expert*innen aus anderen Städten zur Diskussion vorgelegt.

Workshop und Podiumsdiskussion bestätigten die bereits identifizierten zentralen Themenfelder und brachten weitere Anregungen zu möglichen konkreten Maßnahmen. Mit dieser Bestätigung und Ausdifferenzierung wurde die Erhebungsphase abgeschlossen. In der zweiten Jahreshälfte wurde die endgültige Auswertung durchgeführt. Auf dieser Grundlage wurde in 2022 der abschließende Bericht als Baustein 4 der Kulturstrategie geschrieben (Stadt Osnabrück 2022).

4   Noch eine Krise: Corona

Im Verlauf des Beteiligungsprozesses waren die Arbeitsmöglichkeiten für Musikschaffende in Osnabrück durch die Corona-Pandemie zeitweilig stark beeinträchtigt. Der Fachbereich Kultur setzte mit Hilfe mehrerer Osnabrücker Stiftungen und einer vom Rat der Stadt Osnabrück bewilligten zusätzlichen Förderung eine Corona Sonderförderung um. Für diese unter dem Titel Kulturmarathon firmierende Maßnahme wurden die Förderkriterien stark in Richtung Kreativwirtschaft erweitert. Förderfähig wurde alles, was Solo-Selbstständige und Kreativunternehmen unter Pandemiebedingungen an Projekten durchführen konnten: Online-Angebote, Künstlerkataloge, und auch Musikvideos und Musikproduktionen. Hier waren selbstständige Musiker*innen und private, in den letzten Jahren gegründete Musikschulen besonders stark vertreten.

Insgesamt wurden in drei Förderrunden Mittel in Höhe von 935.000 € an 474 Projekte ausgeschüttet. Viele Musikakteure traten hier erstmals gegenüber der Stadtverwaltung in Erscheinung. Ihr Anteil an der Förderung stieg von unter 20 auf über 50 %. Dies ist ein deutlicher Hinweis darauf, wie groß der Anteil der Solo-Selbstständigen und Kleinunternehmen aus dem Bereich Musik an der Kreativwirtschaft in Osnabrück ist. Die Corona-Pandemie brachte mit Hilfe des Kulturmarathons neue Erkenntnisse über den Musikstandort Osnabrück.

---

[1] Den Interviews liegt ein Leitfaden zugrunde, der im Anhang abgedruckt ist.

5 Zentrale Ergebnisse des Beteiligungsprozesses

Verlässliche Zahlen zu Art und Umfang der musikbezogenen Aktivitäten in Osnabrück lassen sich nur punktuell gewinnen. Dies hat vielfältige Gründe: Passende statistische Instrumente fehlen ebenso wie ein regionaler Branchenverband, und die Musik ist ein sehr vielfältiges Phänomen, das viele verschiedene kulturelle Praktiken und wirtschaftliche Aktivitäten entstehen lässt. Aussagen zur Struktur und Qualitäten der musikbezogenen Aktivitäten lassen sich dagegen sehr gut gewinnen und unter Zuhilfenahme des Drei-Sektoren-Modells (privatwirtschaftlicher, staatlicher und intermediärer Sektor) systematisieren. Mit Hilfe dieses Modells konnten wir bereits in Baustein 3 der Kulturstrategie „Kultur als Standortfaktor" (Stadt Osnabrück 2020b) zeigen, wie die Aktivitäten in den verschiedenen Sektoren miteinander in Verbindung stehen und wie wichtig gerade die Solo-Selbstständigen für den Transfer von Wissen und die Kulturproduktion in allen drei Sektoren sind. Dies gilt auch für die Musik, daher ist die neue, durch den Kulturmarathon entstandene Sichtbarkeit einer großen Anzahl von Selbstständigen und Kleinunternehmer*innen ein Indiz für einen sehr aktiven Musikstandort.

Was zeichnet diesen Standort aus? Da ist zunächst eine besondere Lage, die sich folgendermaßen beschreiben lässt: die zentrale Lage in der Peripherie der Metropolen. Viele Zentren der Musik sind innerhalb eines halben Tages zu erreichen: Berlin, Hamburg, Köln, Amsterdam. Diese Lage wird als ein wichtiger Standortvorteil immer wieder von den Gesprächspartner*innen hervorgehoben. Von Osnabrück aus können sie Termine in mehreren Musikmetropolen als Tagesreisen wahrnehmen. Bei Abendterminen sind es zwei halbe Tage mit Übernachtung. So können Netzwerke in mehreren Metropolen mit überschaubarem Aufwand von Osnabrück aus gepflegt werden. Und für Geschäftspartner*innen und Kund*innen in den Metropolen gilt das Gleiche. Eine Reise nach Osnabrück stellt einen vertretbaren Aufwand dar. Vielen Osnabrücker Musikschaffenden und Unternehmer*innen gelingt es, dauerhafte Beziehungen in den Musikmetropolen zu entwickeln und zu pflegen.

Hinzu kommt: Durch online vernetztes Arbeiten wird die zentral gelegene Peripherie immer attraktiver. Spätestens durch Corona ist jedem bewußt geworden, was in der Musikwirtschaft als Vorreiterindustrie der Digitalisierung schon längst Praxis ist: Online vernetztes Arbeiten beschleunigt und vereinfacht Kontaktpflege und Arbeitsprozesse und macht physische Präsenz vor Ort in den Musikmetropolen weniger wichtig.

Viele Musikschaffende nutzen die Digitalisierung und die zentrale Peripherie, um sich auf die Weiterentwicklung ihrer Projekte zu fokussieren. Unsere Gesprächspartner*innen beschreiben die Metropolen als Orte ständiger Ablenkung und extremer musikalischer Konkurrenz. In Osnabrück gewinnen sie den Abstand von den aktuellen Trends, der nötig ist, um ihre eigenen Projekte zu entwickeln und voranzutreiben. Zugleich ermöglichen lebendige Musikszenen in Pop/Rock, Jazz und Klassik Arbeits- und Entwicklungsmöglichkeiten für professionelle Musikschaffende und Musikunternehmen. Osnabrück bietet lebendige Szenen in allen Musikkulturen. Neue Projekte können hier erprobt und regional erfolgreich umgesetzt werden, denn es gibt Platz für Startups: Die Musikszenen sind nicht überlaufen. Wer ein spezielles Interesse und eine gute Idee hat, wird angeregt, diese Nische selbst zu besetzen und kann dort leicht Aufmerksamkeit generieren.

Sehr wichtig ist ein weiterer Faktor, den wir eingangs bereits erwähnt haben: Etablierte Institutionen geben Musiker*innen verlässliche Arbeitsmöglichkeiten und bilden Nachwuchs aus. Osnabrück unterhält das Symphonieorchester Osnabrück und eine Musiksparte am Theater Osnabrück. Die Stadt ist zugleich ein großer Ausbildungsstandort für Musikpädagoginnen und Musikpädagogen, Lehrerinnen und Lehrer und Wissenschaftlerinnen und Wissenschaftler. Die circa 250 festangestellten Musikschaffende und Wissenschaftler*innen geben vielfältige innovative Impulse in die Musikkulturen. Sie gründen zudem eigene Ensembles und starten eigene Projekte. Viele der um die 600 Studierenden treiben in ihrer Zeit in Osnabrück eigene Projekte voran, manche siedeln sich nach dem Studium als Selbständige und als Angestellte in der Region an. Hier liegt ein großes Potenzial für die weitere Entwicklung des Musikstandorts Osnabrück.

Zusammenfassend lässt sich sagen: Osnabrück ist Standort vieler Solo-Selbstständiger, etablierter mittelständischer Musikunternehmen und eines starken Nachwuchses. Viele Selbstständige und Unternehmen agieren langfristig von Osnabrück aus, ebenso die sehr engagierten Laien und Amateure. Die musikbezogenen Gründungen haben in den letzten Jahren stark zugenommen, seit der Gründung des Instituts für Musik an der Hochschule Osnabrück. Am Sichtbarsten wird dies im Bereich der privaten Musikschulen.

Sichtbarkeit durch Architektur kann die Wahrnehmung eines Themas fördern: Startup-Zentren dienen der Vernetzung von Akteuren und markieren zugleich die besondere Bedeutung bestimmter Wirtschaftszweige, ein Konzerthaus zeigt einen großen Stellenwert von Musik in einer Kommune an. In diesem Sinne sorgt das neue Proberaumzentrum im weithin sichtbaren Lauten Speicher bereits für eine deutlich verbesserte Wahrnehmung der Musikakteure in Osnabrück. Das Institut für Musik hat zudem mit finanzieller Unterstützung einer Stiftung aus der Region einen Neubau namens „Plektrum" realisiert und im Mai 2022 eröffnet. Dieser hilft bei einer stärkeren öffentlichen Wahrnehmung der musikbezogenen Ausbildungsangebote in der Osnabrücker Bürgerschaft (Abb. 9.3).

Abb. 9.3 Neubau des Instituts für Musik der Hochschule Osnabrück mit Probenhaus, Bewegungshaus und Bühnenhaus in Form von drei Gitarren-Plektren, die durch eine großzügige Passage miteinander verbunden sind: mit Studio, Tanz- und Musikproberäumen und einem Veranstaltungssaal mit 199 Plätzen. (Foto: Institut für Musik, Hochschule Osnabrück)

Auch der Beteiligungsprozess selbst führt zu einer größeren Wahrnehmung des Musikstandorts durch Öffentlichkeit und Politik. Regelmäßig berichtet der Fachbereich Kultur im Kulturausschuss zum Fortgang des Prozesses und wird von der Kulturpolitik unterstützt. Zudem wird in der Presse über die Veranstaltungen und den Fortgang des Beteiligungsprozesses berichtet. Beteiligungsprozesse wie der hier vorgestellte verhalten sich nicht neutral zur Stadtgesellschaft. Sie sorgen für eine veränderte Wahrnehmung und setzen, wenn sie gut gelingen, Veränderungsprozesse in Gang.

Abschließend kommt der Fachbereich Kultur in der Auswertung des Beteiligungsprozesses zu folgendem Ergebnis.

„Osnabrück ist ein bemerkenswerter Musikstandort mit viel Potential. Osnabrück kann eine Musikstadt werden, wenn die Akteure, Verwaltung und Politik sich des Potentials bewusst werden und die Musik stärker in die Entwicklung und Vermarktung der Stadt einbeziehen sowie Netzwerkpotentiale nutzen." (Stadt Osnabrück 2022)

6   Der Beginn einer Musikstrategie: Maßnahmen zur Entwicklung des Musikstandorts

Der Fachbereich Kultur hat aus den Erkenntnissen zu den Potenzialen und Bedarfen der Musikakteur*innen einen Maßnahmenkatalog entwickelt. Art und Umfang der Maßnahmen reichen von einfach und zeitnah zu realisierenden Prozessen bis hin zu langfristigen Projekten, die die strategische Planung und langfristige Kulturentwicklung berühren. Einige der zeitnah zu realisierenden Prozesse hat der Fachbereich bereits parallel zum Beteiligungsprozess in Angriff genommen. Andere werden der Politik zur Beratung vorgelegt. Das gesamte Vorgehen wird kontinuierlich mit dem Kulturausschuss abgestimmt.

Der Maßnahmenkatalog ist nach vier Themenfeldern strukturiert, die für die Entwicklung des Musikstandorts zentral sind: Vernetzung, Räume, Vermarktung und Förderung. Die möglichen Maßnahmen in den vier Themenfeldern werden im Folgenden in Tabellen dargestellt. Bereits abgeschlossene Maßnahmen sind grün hinterlegt, laufende Maßnahmen gelb und strategische Maßnahmen, die in einer politischen Debatte diskutiert werden, rot. Ausgewählte Maßnahmen werden im Text erläutert (Tab. 9.1).

Mehr Vernetzung, das wird von vielen Akteuren als notwendig angesehen und gewünscht, um neue Gelegenheiten zu erschließen. Mangelnde Vernetzung kann hingegen zu Nachteilen führen. So kommt es in manchen Musikszenen immer wieder zu Termindoppelungen, weil die Akteure sich ihrer eigenen Wahrnehmung nach nicht genügend abstimmen.

Der Fachbereich Kultur hat sich dazu entschieden, einen Auftakt für neue Netzwerkformate in den Bereichen Klassik und Populäre Musik zu organisieren. Diese Trennung ergibt sich aus den Ergebnissen des Beteiligungsprozesses. Dort zeigte sich, dass die Szenen deutlich verschieden sind, dass sie andere Protagonisten und Bedarfe haben. Erfolgreiche Netzwerkformate zu entwickeln, ist nicht leicht. Ein großer, im Gespräch geäußerter Bedarf heißt noch lange nicht, dass die Akteure ein neues Veranstaltungsformat besuchen. Unser Ansatz besteht darin, die Netzwerkformate gemeinsam mit den Akteuren zu entwickeln. So entsteht Vernetzung bereits bei der Vorbereitung und Zusammenarbeit. Die beiden Vorbereitungsgruppen haben sich für ein ganz unterschiedliches Vorgehen entschieden: Im Bereich Klassik entwickeln die Beteiligten ein kleines Format mit gegenseitigen Besuchen in den Institutionen, im Bereich populäre Musik wird ein großer Aufschlag in Form eines Agency Festivals, einer Mischung aus Workshops, Vorträgen und Konzerten geplant: Das Furios 3000.1 Festival. Entsprechend intensiv ist die Zusammenarbeit in der monatelangen Vorbereitung (Tab. 9.2).

Auch beim Thema Räume haben sich unterschiedliche Handlungsbedarfe in den Bereichen Populäre Musik und Klassik gezeigt. Für die populäre Musik ist der

Tab. 9.1 Vernetzung

| Vernetzung | | | |
Mögliche Maßnahmen	Nächste Schritte	Effekt	Bearbeitungsstand
Neue Vernetzungsformate entwickeln.	Netzwerkformat Populäre Musik entwickeln	Stärkung der Zusammenarbeit	In Arbeit: Furios 3000.1 am am 22.10.22 in Lagerhalle/Haus der Jugend
		Entwicklung neuer Projekte	
	Netzwerkformat Klassik entwickeln		
			Erstes Treffen am 02. Juni 2022 im Institut für Musik, Hochschule Osnabrück
Vernetzungen und Netzwerkende sichtbarer machen	Preis „Kulturschrittmacher"	Stärkung der Netzwerkarbeit	Erste Verleihung in 2021. Wird fortgeführt.

dringendste Bedarf an Proberäumen gedeckt. Für Studierende und den Nachwuchs sind zudem günstige Proberäume wünschenswert. Solche zusätzlichen Probe-räume und „Spielwiesen" helfen den Akteuren, Neues zu entwickeln. Sie sind daher für die Entwicklungsdynamik des Musikstandorts von besonderer Be-deutung. Zudem wird für Rock, Pop und Jazz wird eine kleine Bühne für die loka-len Szenen als besonders hilfreich angesehen: Dort können im kleinen Rahmen neue Projekte der Öffentlichkeit vorgestellt und getestet werden. Eine solche Bühne wird sich nicht kommerziell realisieren lassen, entsprechende Versuche sind in der nahen Vergangenheit bereits gescheitert. Beide Raumfragen sind mit einem Finanzierungsbedarf verbunden und berühren strategische Fragestellungen: Soll ein weiteres, eventuell gemeinnützig geführtes Musikzentrum für populäre Musik entstehen oder sind dezentrale Lösungen praktikabler?

In der klassischen Musik ist der Raumbedarf noch dringender: Osnabrück hat eine starke Klassik, unter anderem ein professionelles Sinfonieorchester, aber kei-nen ausreichenden Konzertsaal. Ebenso werden dringend große Proberäume für

Tab. 9.2 Räume (Proben und Konzerte)

Räume (Proben und Konzerte)			
Mögliche Maßnahmen	**Nächste Schritte**	**Effekt**	**Bearbeitungsstand**
Preisgünstige Proberäume	Gute Lösungen entwickeln	Stärkung der Innovationsdynamik	Strategische Frage mit Finanzierungsbedarf
Bühne für die lokalen Szenen und Sessions	Die Akteure einbinden		
Proberäume für größere Ensembles und Chöre		Stärkung der Qualität und Reichweite lokaler Ensembles	Strategische Frage mit Finanzierungsbedarf
Kammermusiksaal für 600 Gäste	Gute Lösungen entwickeln Die Akteure einbinden	Stärkung der (über)regionalen Wahrnehmung	Strategische Frage mit Finanzierungsbedarf
Konzertsaal für 1000 bis 1200 Gäste		Kommerzielle Konzertveranstalter nach Osnabrück ziehen	

Orchester und Chöre benötigt, von den Profis bis zu den Laien. Lösungen können auch hier dezentral geschaffen oder an einem Ort gebündelt werden. Ein für alle Interessierten zugängliches Klassikzentrum kann den Raumbedarf decken, für neue Nutzungen sorgen und den Klassik Standort weithin sichtbar machen. Ob die Gründung eines solchen Zentrums verfolgt werden sollte und kann, auch das ist eine strategische Frage (Tab. 9.3).

Unter den vielen möglichen Maßnahmen zur Vermarktung des Musikstandorts ist besonders eine hervorzuheben: Eine Bewerbung als UNESCO City Of Music. Osna-

Tab. 9.3 Vermarktung

Vermarktung			
Mögliche Maßnahmen	**Nächste Schritte**	**Effekt**	**Bearbeitungsstand**
Deutschlandweite Präsenz des Musikstandorts stärken	Präsenz auf Branchentreffen und Festivals	Größere Sichtbarkeit und Vernetzung	Erster Schritt erledigt: Präsenz bei Schwerpunkt Niedersachsen auf der Most Wanted: Music, Berlin.
Online Musikportal	Webseite des Kulturmarathon zu Kulturportal ausbauen	Leichtere Kontaktaufnahme Stärkung der Sichtbarkeit	In Arbeit.
Einbindung ins Stadtmarketing mit entsprechendem Branding („Osnabrooklyn")	Claim entwickeln	Stärkung der überregionalen Wahrnehmbarkeit	Zu prüfen in Zusammenarbeit mit Marketing Osnabrück
Bewerbung als UNESCO City Of Music	Bewerbung prüfen	Stärkung des Musikstandorts durch Strategieentwicklung und internationales Netzwerk Größere internationale Wahrnehmung von Osnabrück	In Arbeit.
Ein(e) Musik-Beauftragte(n)	Gespräche mit vorhandenen Netzwerk-Akteuren	Ansprechpartner für Musikakteure Entwicklung neuer Projekte Nationale und internationale Kooperationen	Strategische Frage mit Finanzierungsbedarf

brück als Musikstadt sichtbar zu machen, wertet die lokalen Akteure im nationalen
Wettbewerb auf, und für die Stadt ergibt sich internationales Potenzial: Das UNESCO
City Of Music Netzwerk ist ein kreativwirtschaftliches Label, zugleich hat es Völker-
verständigung mit den Mitteln der Musik zum Ziel. Hier trifft das Selbstverständnis
von Osnabrück als Friedensstadt auf die Musik. Eine Bewerbung wird jetzt geprüft.
Die Vermarktung des Musikstandorts Osnabrück könnte auch durch eine/n Musik-
beauftragte/n vorangebracht werden, der/die zugleich die lokalen Akteure international vernetzt. Eine digitale Präsenz des Musikstandorts wird dringend gewünscht
und könnte in diesem Zusammenhang geschaffen werden (Tab. 9.4).

Tab. 9.4 Förderung

Förderung			
Mögliche Maßnahmen	**Nächste Schritte**	**Effekt**	**Bearbeitungsstand**
Zusammenarbeit von Marketing Osnabrück, Wirtschaftsförderung Osnabrück und Fachbereich Kultur verbessern	AG gegründet	Anlaufstelle für Osnabrücker Musikschaffende und Musikwirtschaft	In Arbeit: Initiative gestartet.
Musikbezogene Startup Förderung entwickeln	Konzepte entwickeln, Träger finden	Absolventinnen und Absolventen in Osnabrück halten	In Arbeit: Konzeptentwicklung in Zusammenarbeit mit Marketing Osnabrück und Wirtschaftsförderung Osnabrück.
Förderinstrumente für die Musikwirtschaft entwickeln	Konzepte entwickeln, Träger finden	Osnabrücker Musikunternehmen stärken	Zu prüfen.

In Osnabrück gibt es bislang nur wenige musikbezogene Förderprogramme. Es gibt Kinder- und Jugendförderung vor allem im Bereich der Klassischen Musik, für die populäre Musik den Wettbewerb „Rock in der Region" und einige weitere Auftrittsformate. Ein kreativwirtschaftliches Angebot, das auf Solo-Selbstständige und/oder Unternehmen zugeschnitten ist, fehlt ganz. Akteure berichten davon, keine Ansprechpartner*innen zur Förderung ihrer Projekte zu finden. Die Befragten wünschen sich daher eine bessere Zusammenarbeit der Institutionen. Der Fachbereich Kultur hat daher zusammen mit WFO und der für die Vermarktung zuständigen städtischen Gesellschaft mO (Marketing Osnabrück) eine Arbeitsgruppe gebildet, die nun Förderkonzepte entwickelt. In einem ersten Schritt wird ein Konzept für eine musikbezogene Start-Up Förderung mit besonderem Blick auf die Absolvent*innen der Musikstudiengänge in Osnabrück erarbeitet und erprobt. Dies ist ein erster Schritt auf dem Weg dahin, eine passgenaue Förderlandschaft für den Musikstandort Osnabrück zu entwickeln. Auf Landes- und Bundesebene gibt es immer mehr Förderprogramme für Musik. Eine Anlaufstelle für die Beratung zu Förderprogrammen scheint ebenfalls eine sinnvolle Maßnahme zu sein.

7   Fazit

Der Beteiligungsprozess hat den Blick von Kulturverwaltung, Öffentlichkeit und Politik auf den Musikstandort Osnabrück verändert und eine bisher unterschätzte Stärke der Stadt in Bezug auf Musik sichtbar gemacht. Auch wenn konkrete Zahlen schwer zu ermitteln sind, konnte gezeigt werden, dass Osnabrück seine Stärken im Bereich der Ausbildung, der Solo-Selbstständigen, den mittelständischen Musikunternehmen und einer breiten Basis musikbegeisterter Amateure und Laien hat. Es wurden vier zentrale Themen für die Entwicklung des Musikstandorts und eine Vielzahl möglicher Maßnahmen herausgearbeitet sowie Vorschläge für strategische Maßnahmen vorgelegt. Osnabrück ist ein Musikstandort. Ob es eine Musikstadt sein will, also eine Stadt, die sich ihrer musikbezogenen Qualitäten bewusst ist, sie strategisch fördert und in das Standortmarketing integriert, kann jetzt diskutiert werden.

Literatur

Stadt Osnabrück, Referat für Stadtentwicklung und Bürgerbeteiligung. (2011). *Stadt ist Zukunft! Stadtentwicklungskonzept Wissen & Kreativität*. Stadt Osnabrück.
Stadt Osnabrück, Fachbereich Kultur. (2019). *Musikstandort Osnabrück – Erste Recherchen zu Räumen und Potentialen*. Stadt Osnabrück.

Stadt Osnabrück, Fachbereich Kultur. (2020a). *Musikstandort Osnabrück, Teil 2: Klassik und Musikwirtschaft.* Stadt Osnabrück.

Stadt Osnabrück, Fachbereich Kultur. (2020b). *Kultur als Standortfaktor* (Baustein 3; Kulturstrategie 2020/2030). Stadt Osnabrück.

Stadt Osnabrück, Fachbereich Kultur. (2022). *Baustein 4: Musikstandort Osnabrück* (Baustein 4; Kulturstrategie 2020/2030). Stadt Osnabrück.

Anhang: Gesprächsleitfaden

Fokussierter Leitfaden für Interviews mit lokalen Experten
Stand: 19.01.2021

1. **Fragen zur Arbeit der Interviewpartner*in**
   - Bitte erzählen Sie uns etwas zu ihrer Institution und Funktion. Was tut sie für die Musik?
   - In welchem Genre und Marktsegment sind Sie tätig?
   - Machen Sie auch selbst Musik?
   - Wie weit erstreckt sich Ihr Arbeitsgebiet geografisch?
   - Wie viele Mitarbeiter*innen haben Sie?
   - Wie lange sind die bereits in Osnabrück aktiv?
   - Warum sind Sie in Osnabrück tätig?
   - Ist Osnabrück für Sie ein guter Standort?
   - Welche strategischen Ziele haben Sie sich in den kommenden drei Jahren vorgenommen?

Hinzu kommen je nach Gesprächspartner*in spezifische Fragen zur jeweiligen Tätigkeit und Institution.

2. Fragen zum Standort Osnabrück

- Wie schätzen Sie Osnabrück als Standort in ihrem Arbeitsbereich ein – auch im Vergleich zu anderen Kommunen?
- Wie schätzen Sie die Arbeitsmöglichkeiten der Musiker*innen in Osnabrück ein?
- Wie schätzen Sie die Proberaumsituation in Osnabrück ein?
- Gibt es genügend Auftrittsmöglichkeiten?
- Wie schätzen Sie die vorhandenen Kreativräume und Kreativquartiere (z. B. am Hafen) ein?
- Wie bewerten Sie die vorhandenen Musikformate/Akteure, von Pop bis Klassik? Gibt es genügend Kooperationspartner in ihrem Bereich?
- Wo gibt es Entwicklungsmöglichkeiten? Sehen Sie ungenutzte Potenziale?
- Wo sehen Sie Möglichkeiten zur Förderung der Entwicklung von Osnabrück als Musikstandort?
- Wo gibt es Defizite?
- Gibt es ausreichend Kontakte und Austausch untereinander?
- Gibt es Maßnahmen, die die Kommune ergreifen sollte, um die Musikschaffenden zu fördern?
- Was halten Sie von einem neuen Festival-Format „Frieden" in 2023?

Printed by Printforce, the Netherlands